정치의 품격

정치의 품격

세종에게
정치의 길을 묻다

다산
초당

광화 光化

작가는 근본적으로 질문을 던지는 존재입니다. 세상의 온
갖 부조리를 느끼고, 그 부조리에 대해 질문을 던지는 것으로
써 생의 비밀을 탐구하는 존재가 바로 작가입니다. 작가는 학
문하는 연구자도 도덕가도 성인군자도 아닙니다. 적어도 내가
생각하는 작가는 실존의 탐구자이며 동시에 역사를 상상하는
사람입니다. 작가로서 나는, 대왕 세종에 대해 그리고 인간 이
도李祹에 대해 관심이 아주 많았습니다. 늘 그의 실존이 궁금
했습니다.

나는 어머니말에 생애를 기대어 사는 사람입니다. 작가에
게 조국은 어머니말입니다. 누천년 동안 전해지고 있는 어휘

와 말의 무늬들과 이야기에 빚지고 살아가는 존재입니다. 또한 남북 공동의 국어사전인《겨레말큰사전》편찬 사업을 시작한 사람으로서 어머니말의 정부政府를 만들어낸 대왕 세종에게 궁금한 것이 참 많았습니다. 나는 대왕 세종이 입고 있는 구리옷을 벗겨내고 동상에서 일으켜 세우고 싶었습니다. 광화문 앞에서 세종과 만나 그의 시대정신에 대해 이야기를 나누고 싶었습니다. 그 마음이 참으로 간절했습니다.

세종은 1450년, 즉위한 지 32년 되는 해에 53세의 나이로 승하했습니다. 무려 32년 동안 최고지도자로 지냈으니 그가 어깨에 짊어진 국가라는 부담이 얼마나 크고 무거웠을지……. 짐작조차 어렵습니다.

나는 세종에게 질문을 던지고자 합니다. 질문에 대한 세종의 답변은 그의 실록에 있습니다. 나는 실존적으로 혹은 정치적으로 세종을 여행하고자 합니다. 여행에서 얻어지는 인상과 풍경에 대한 나의 해석과 상상이 학술적으로 흠도 있을 것이고 정확하지 않을 수도 있습니다. 하지만 해석과 상상은 온전히 작가의 몫입니다. 나는 학자가 아니고, 이 글은 논문이 아닙니다. 게다가 여러 인터넷 사이트에 올라온 글들도 참조했고 공저인 단행본《백성을 섬긴 왕, 세종이 꿈꾼 나라》의 글을 수정하고 보완하기도 했으며 그대로 옮겨온 곳도 많습니다. 그러한 과정에서 미처 출처를 밝히지 못한 문단이나 문장이 있을 수도 있습니다. 독자들께서 친절하게 지적해주면 참으로 고맙겠습니다.

나는 실록의 기록에만 의존하지 않겠다고 생각했습니다. 역사에 대해 혹은 아득한 어느 날의 풍경에 대해, 그 풍경 속의 사람에 대해 상상하기로 했던 것입니다. 기록된 것과 상상한 것의 차별과 부정확이 두렵진 않습니다. 중요한 것은 세종에게 입혀진 구리옷을 벗기는 일입니다. 동상에서 세종을 해방시켜 실존을 드러내는 것이 작가인 나의 목표입니다.

600년이라는 아득한 세월을 거슬러 그날의 구름과 바람, 궁궐 지붕 위의 어처구니들 사이로 비끼는 저녁노을 그리고 창호지에 그림자를 만들어내는 촛불의 풍경 속으로 성큼 걸어가고자 합니다. 궁궐의 깊은 처소에 앉아 촛불 아래 '가'라고 발음하는 어린 문종과 수양대군을 만나고, 그 발음에 집중하는 아버지 세종의 모습을 보며 이 나라 산하의 새소리와 물소리 그리고 천년의 바람 소리까지 포착해 표현할 수 있는 위대한 문자의 탄생에 대해 질문을 던져보는 것도 의미 있을 것이라고 생각합니다.

그리고 세종의 다른 측면을 다루고자 한다는 것은 새로운 사료를 찾아냈다는 것이 아니라 이미 존재하고 있는 사료에서 '다른 내면'을 읽어보려고 노력했다는 것을 의미합니다. 하지만 소설가는 역사 전공자가 아닙니다. 역사학 전공자들에게는 참으로 송구한 면이 없지 않지만 나는 '나의 길'을 가고자 합니다. 또한 이 책은 2009년 '시대의 창' 출판사에서 출간한《백성을 섬긴 왕, 세종이 꿈꾼 나라》를 바탕으로 하고 있습니다. 완전히 새로운 책이 되도록 노력하였으나 부족한 면이 없지 않습니다. 독자 여러분께서 널리 헤아려주시기를 바랍니다.

어느 시대에나 그 시대를 이끌어가는 시대정신이 존재해왔습니다. 그러나 어떤 시대정신은 시대와 역사를 초월하여 존재하기도 합니다. 지금 여기의 시대정신과 1418년 세종의 시대정신에는 600년의 거리가 있습니다. 600년이란 긴 시간을 초월하여 나는 두 시대정신을 이어보고 싶었습니다. 그 시대정신 속에 한반도라는 공동체의 나아갈 방향이 있으리라 믿고 있습니다. 대한민국을 넘어 세종의 대지 전체로 시대정신이 확장된다면 더 말할 나위 없이 행복하겠습니다. 세종의 대지에는 분단도 휴전선도 없었기 때문입니다.

어떤 일을 끝마쳤는데 기분이 영 찜찜한 경우가 있습니다. 시간이 흐를수록 찜찜함은 더욱 커져만 가고 그 작업이 생각날 때마다 마음이 흔쾌하지 못할 때가 있는 것이지요. 2009년에 공저로 출간한《백성을 섬긴 왕, 세종이 꿈꾼 나라》가 바로 그런 경우에 속합니다.

2016년 겨울, 광화문에서 촛불이 활활 타오르고 있을 때 나는 용기를 냈습니다. 공저자였던 최재혁 아나운서에게 전화를 걸어 '나 혼자' 작업을 다시 하겠노라고 했습니다. 최재혁 아나운서는 흔쾌하게 그렇게 하라고 했습니다. 참으로 고마운 일입니다.

2016년의 그 뜨거운 겨울에 세종실록을 다시 읽기 시작했습니다. 주말이면 촛불을 들고 거리로 나갔습니다. 내가 살고 있는 자그마한 도시 익산에도 촛불을 든 사람들이 꽤 많았습니다. 어떤 주말에는 버스를 대절하여 서울 광화문으로 올라가기도 했고, 가까운 전주로 가서 촛불을 들기도 했습니다. 어떤 날에는 진눈깨비가 내렸고, 어떤 날에는 바람이 거셌습니다. 대개는 추웠고 배가 고팠습니다. 하염없이 걷고 소리치며 그 겨울을 견뎠습니다. 그러다 문득 '촛불이야말로 광화'라는 생각이 들었습니다. 이 책은 세종대왕의 대지를 환히 밝히는 광화의 촛불을 위해 집필되었습니다. 대지의 위대함은 생명을 지속시키는 데에 있습니다.

영정조 이후로 지금에 이르기까지 조선과 대한민국의 정치는 품격을 잃은 지 오래되었습니다. 조선 후기의 세도정치는 자당의 이익만 추구했고 백성의 안전도 심지어는 주권도 지키지 못했습니다. 세계의 변화에 부응할 수 있었던 소현세자를 뚜렷한 이유도 없이 살해한 이후로 조선은 내리막길을 걸었습니다. 소현의 살해 이후 조선은 스스로를 소중화라 칭하고 반청복명의 논리 속으로 빠져들었습니다. 이미 사라져간 명나라를 복원하겠다는 조선 사대부들의 저 어처구니없는 성리학적 태도야말로 조선을 망하게 한 지름길이었습니다. 그런 자들이 정치를 했으니 그 품격이야 오죽하겠습니까.

대한민국의 정치는 또 어떻습니까? 분단체제로 인한 지독한 진영논리가 고착되어 정치에 있어서 증오와 혐오 그리고 선동이 날마다 증폭되고 있습니다. 객관적 사실이나 이치에 합당한 정책도 진영논리로 부정당하기 일쑤였습니다. 그 바탕 위에 오늘의 정치가 놓여 있으니 참으로 답답하기만 합니다.

그래서 나는 세종에게 정치의 길을 묻고 싶었던 것입니다. 세종이라면, 반청복명의 정치논리를 당연히 배격했을 터였고, 분단체제를 극복하기 위한 탈분단의 평화정책을 적극적으로 펼쳤을 것입니다. 그리하여 반생명의 분단체제에서 생명의 평화통일체제로 나가기 위한 정치의 길을 끊임없이 걸었을 것입니다. 하기야 세종이 있었다면 어찌 국권을 잃었겠습니까. 세계사적 문명 변화의 흐름과 패러다임의 전환을 일찌감치 받아들여 근대국가의 틀을 완성하는 데 주저하지 않았을 것입니다. 우리 정치에도 드높은 품격이 필요합니다. 그 길을 한번 살펴보고자 합니다. 감사합니다.

　광화문은 경복궁으로 들어가는 정문이다. 또한 광화문은 교
보문고가 있는 사거리에서 경복궁까지를 이르는 구역을 상징
하는 지명이기도 하다. 이제 광화문은 고유명사에서 일반명사
로 바뀌었고 어떤 역사성을 획득했다. 행정의 지명으로 광화
문은 존재하지 않지만 역사의 상징으로는 존재하고 있으며 날
마다 새로운 역사를 써내는 광장이 되었다. 정도전이 설계한
광화문의 도면에는 그 이름이 '정문正門'으로 되어 있다. 정도
전은 경복궁의 남쪽에 있는 이 문을 조선의 심장으로 들어가
는 '올바른 문'으로 삼았던 것이다. 국가의 모든 법과 제도, 왕
명은 오직 이 문을 통해서만 조선 천지로 퍼져 나갔고, 조선
각지에서 올라온 온갖 상소와 장계들도 오직 이 문을 통해 궁
궐로 들어가게 했다. 경복궁은 법궁法宮으로써 조선의 심장이

었고, 정문은 정치가 들고 나가는 문이었다.

2016년 겨울에서 2017년 봄, 광화문은 역사의 심장으로 들어가는 문이 되었다. 아니다. 2016년 겨울이 아니라 2014년 봄부터 광화문은 '문'이면서 동시에 '광장'이 되었다. 그 광장의 한복판에는 천 일이 넘는 동안 참척의 슬픔을 견뎌오는 세월호 유가족들이 있었다. 그 슬픔을 에워싸고 2016년 겨울의 한복판으로 촛불들이 모여들었다. 혹한의 추위를 녹였던 그 촛불을 세계는 '촛불혁명'이라 명명했다. 물론 촛불혁명은 아직도 미완성이다. 미완성의 근본적 이유는 분단체제의 작동에 있다.

광화문은 경복궁의 정문으로 세종대왕 8년에 지금의 이름을 얻게 되었다. 즉위 후 7년1425 11월 29일에 세종은 집현전 수찬 김빈에게 경복궁에 있는 모든 문과 다리의 이름을 지어 올리라고 명하였다. 그로부터 1년 뒤, 김빈은 세종에게 이름을 지어 올렸는데 정문을 광화문이라고 하였다. 광光은 '빛'인데 성군의 정치를 뜻하고 화化는 '천지 만물이 조화롭게 생육한다.'는 뜻의 글자다. 세종은 정치의 빛이 널리 비추어 천지 만물과 만백성이 조화롭게 생육하기를 바라면서 이 문에 광화라는 이름을 붙이는 데 동의하였다.

광화는 그러나 정치를 잘못하면 그 빛이 꺼지게 되는 법이었다. 연산군 이후 조선의 정치는 그 빛을 잃었고 기어이는 임진왜란을 맞이하게 되었다. 임진왜란 때 왜군은 대궐의 정문

14

에 불을 질렀고, 광화문은 사라졌다. 임란 이후의 조선은 르네상스와 산업혁명 그리고 민주주의라는 근대의 빛을 받아들이지 못하고 스스로 우물 안으로 갇혔다. 열고 나갈 문이 사라졌으나 다른 문을 만들 생각을 안 하고 아예 벽을 쌓아버린 것이었다.

대원군이 다시 광화문을 복원했으나 일제가 조선총독부를 지을 때 정남향의 방향을 살짝 비틀어 빛의 기운이 조화롭게 형성되는 것을 막았다. 일제는 다른 나라의 문화재를 약탈하는 것은 물론이고 이런 식의 왜곡도 서슴지 않았다. 나중에 조선총독부를 헐고 경복궁을 다시 복원할 때야 광화문은 비로소 제자리를 찾을 수 있었다.

이름 그대로 광화문은 빛이 충만한 문이어야 했다. 하지만 광화문은 스스로 빛을 내지 않는다. 광화문 뒤의 경복궁이 빛을 내고 광화문은 그 빛을 온누리로 내보낼 뿐이었다. 조선의 경복궁 역할을 하는 곳은 지금의 청와대다. 청와대가 빛을 생산하지 아니하면 광화문과 그 앞의 광장은 어둠에 잠겨 있게 된다.

광화문 바로 앞에는 미국대사관이 있고, 그 바로 옆, 광장 한복판에 세종대왕 동상이 있다. 세종대왕은 대한민국 국민이든 조선민주주의인민공화국 인민이든 한글이라는 문자를 사용하며 이 땅을 살아가는 사람이라면 누구나 알고 있는 조선의 네 번째 국왕이다. 세종은 무엇보다도 조선의 문자를 갖고자 하였다. 중국의 말과 조선의 말이 서로 달라 중국의 문자를 사용하여 말을 글로 기록하는 데 커다란 한계를 느꼈다. 집현전 학자들의 반대에도 불구하고 세종은 오랑캐의 문자를 기어이 만들어냈다. 세종은 명나라에 대해 정치적으로는 사대事大하고 있지만 적어도 문화적으로는 독립국이고자 노력했다.

세종대왕은 광화문 앞에 동상으로 앉아 조선의 산하를 굽어보고 있다. 호조가 있던 위치에 지금은 미국대사관이 있다. 호조는 지금의 기획재정부와 산업자원부를 합친 기능의 정부 부처였다. 세종은 명나라에 대한 사대를 지극정성으로 실행하고자 했다. 실록에는 그러한 내용이 곳곳에 나온다. 그러나 세종의 내면은 사대가 아닌 독립으로 충만해 있었다. 정치적으로는 사대 관계였지만 문화적으로는 독립을 열망하였던 것이다. 문화적 독립의 최종적 단계가 바로 한글 창제였다.

조선의 소크라테스는 중국이었다

중국을 본격적으로 사대한 나라는 조선이 유일하다. 조선 이전의 나라들은 중국을 이처럼 절대화하지도 않았고 공맹의 이데올로기와 성리학을 국가의 통치 철학으로 삼지도 않았다. 그러나 고려 말 신진사대부들이 등장하면서 공맹의 이데올로기와 성리학은 절대적 진리로 받들어지기 시작했다. 정도전을 비롯한 신진사대부들은 중국의 철학을 뼈마디에 깊이 새겼다. 그리고 마침내 중국의 철학으로 조선의 내면을 지배하기 시작했다. 공맹 이데올로기의 핵심은 왕권에서 절대권력을 빼내 신하에게 주는 '신권臣權의 확립'에 있다고 해도 과언이 아니다.

철학이란 무엇일까? 사람이라면 누구나 자기만의 철학을 가지고 있다. 그것이 언어로 표현되든 아니든 철학은 사람의 내면에 존재하고 있다. 수준이 높든 낮든 혹은 선한 가치를 지향하든 아니든, 삶에 대해 어떤 태도를 지니고 있다면 누구나 철학을 가지고 있는 것이다. 철학의 수준과 내용, 깊이와 넓이는 사람마다 모두 다르다. 거창한 그 무엇만을 철학이라고 하면 안 된다. 철학은 학문을 넘어선 삶에 대한 태도이기 때문이다.

소크라테스, 플라톤, 칸트, 니체라는 이름에서 알 수 있듯이 철학은 학문적으로 매우 어려운 그 무엇들이다. 그들 각자는 그들이 존재하고 인식하는 세계의 일부를 열심히 해석했다. 하지만 철학이란 '세계에 대한 해석'이 아니라 '삶에 대한 태도이며 지향'이다. 고은 시인의 《만인보》에 등장하는 '머슴 대길이'는 철학자가 아니라 철학가다. 머슴 따위가 무슨 철학가냐며 불쾌해하는 사람들이 있을지도 모르겠다. 석가모니와 예수, 무함마드와 소태산은 그 어떤 학교의 졸업장도 갖고 있지 않은 사람들이다. 그들의 학력은 참으로 보잘것없지만, 그들은 '깨달은 사람'이 되었다.

'보통사람이 알 수 없는 암호로 세계를 해석하는 것'은 사실

철학이 아니라 일종의 '해석학'에 불과하다. 플라톤은 소크라테스의 입을 빌려 플라톤의 방식으로, 칸트는 칸트의 방식으로 그리고 퇴계는 퇴계의 방식으로 세계를 해석했고, 그것에 철학이라는 이름을 붙였다. 반면에 니체와 헤겔, 다산과 수운 등은 해석에서 변혁으로 나가고자 했다.

왕자 시절부터 세종은 중국의 고전을 읽고 또 읽으며 자신의 철학을 만들어갔다. 그러나 충녕대군이 읽은 많은 책들은 조선의 책이 아니었다. 사서삼경은 물론이고《사기》를 비롯한 중국의 역사서, 중국인의 몸을 임상실험 대상으로 한 중국의 의학서, 그리고 중국말의 높낮이와 발음을 기록한 음운서와 천문역서에 이르기까지 그 모든 책은 중국의 것이었지 조선의 것이 아니었다.

게다가 고려 신진사대부에 바탕을 둔 정도전 이래의 모든 신하들은 대명大明에 사대하는 마음과 주자학에 근거한 정치철학에서 한 걸음도 비껴나지 않으려 했다. 그들은 하나의 진리를 신봉하는, 진리를 위해서라면 기꺼이 목숨을 바칠 각오가 되어 있는 '소크라테스들'이었다. 그들의 진리는 주자학이었고, 주자학이 아닌 다른 것들은 모두 소피스트, 즉 궤변론자들의 하찮은 말장난으로 취급했고 철저히 배척했다.

그들은 주자학 이외의 다른 견해는 용납하지 않았다. 주자학에 대한 확신은 조선시대 전체를 관통했으며 끝내 그것 때문에 조선은 근대와 개혁을 수용하지 못하고 식민지의 나락으로 떨어져야만 했다. 주자학에 대한 확신은 명나라에 대한 사대, 즉 절대존명絶對尊明으로 이어졌고 기어이는 반청복명反青復明의 소중화주의를 스스로 만들어냈다. 사라지고 없는 명나라를 조선이라는 작은 나라가 다시 복원하겠다는 저 터무니없는 허상에 선비들은 스스로 사로잡혔다.

소현세자가 청나라 황실과 교류하며 장차 '이 세계가 어떻게 변해가는지, 국가의 운명이 무엇인지, 문명의 흐름이 무엇인지' 학습하는 것을 옆에서 지켜본 조선의 선비들과 관료들은 경악했다. 반면에 봉림대군은 그저 술이나 마시며 호탕하게 반청복명을 주장하며 볼모 생활을 즐겼다. 조선의 사대부들에게 소현은 너무나 위험한 존재였다. 소현은 북경에서 볼모 생활을 하면서 문명의 패러다임이 바뀌고 있으며 반청복명은 결코 일어나지 않을 것이라는 것을 알았다. 중화주의자가 아닌 소현이 왕이 되는 것을 그들은 견딜 수 없었다. 그리하여 소현을 제거하는데 적극적으로 동참하였다. 소현의 죄는 '명나라가 망했다는 것을 아는 죄'였다.

연암 박지원도 《열하일기》의 첫 머리에 '후삼경자後三庚子 우리나라 성상 4년'이라고 기록해야만 했던 이유를 머리말에서 밝히고 있다.

무엇 때문에 후삼경자라고 하는가? 여행의 노정과 날씨가 흐리고 갠 사연을 기록하면서 해를 표준삼아 달수와 날짜를 따지기 위한 것이다.

그러면 후는 무슨 뜻인가? 숭정崇禎 기원 '후'란 말이다.

삼경자란 무슨 말인가? 숭정 기원후 세 번째 경자년이란 말이다.

무엇 때문에 숭정 연호를 쓰지 않았는가? 압록강을 건널 것이고
보니 이를 피한 것이다.

무엇 때문에 이를 피하였는가? 강을 건너면 청인들이 산다.

세상이 다 청나라의 연호를 쓰고 있으므로 구태여 숭정이라고 부
를 수는 없었던 것이다.

어째서 드러내 놓지는 못하면서도 숭정이라고 부를까? 명나라는 중
국이다.

(……) 명나라의 문화는 오히려 압록강 동쪽에서 부지되고 있는 셈
이다. 비록 힘이 모자라서 오랑캐를 몰아내고 중원을 한 번 숙청하
여 옛날 모습으로 바로잡지는 못할망정 모두가 '숭정'을 떠받듦으로
써 중국을 부지해보고자 하는 것이다.*

얼마나 한심하고 얼마나 허상으로 가득한 자기 고백이란 말
인가. 중국을 부지하다니? 명나라가 멸망하고 청나라가 들어
선 지 130년 지난 후에도 조선의 선비들은 절대존명의 허구를
결코 포기하지 않았다. 나중에서야 연암은 절대존명의 허상을
성찰하게 되고, 청나라의 위대함과 다양성을 존중하는 실용

---

* 박지원, 리상호 역,《열하일기》, 보리, 2004, 19~20쪽.

학문을 조금이나마 이해하게 되었다.

그러나 조선의 소크라테스들은 다른 진리를 결코 용납하지 않았다. 그랬기에 조선은 아테네가 될 수 없었고 끝내는 근대 국가로의 전환에 실패하고 말았다. 세종은 일찌감치 그것을 예감하고 있었다. 조선의 소크라테스들은 조선과 중국을 동일 시하려는 진리에만 관심이 있었을 뿐, 다른 견해나 철학에 대 해서는 관심이 없었고 심지어는 극력 반대했다. 그들에게 다 양성이란 곧 명나라를 배반하는 행위였다.

그들은 주자학의 교리에만 몰두하고 있었을 뿐 그것을 신생 조선에 어떻게 접목할지에 대해서는 큰 관심이 없었다. 행여 주자학이나 공맹이 다칠까봐 전전긍긍했다. 그것이 그들의 철 학이었다면, 세종은 주자학을 조선에 맞게 창조적으로 적용하 고자 하였다. 임금이 아닌 평범한 선비였다면, 초야에 파묻혀 지내면 될 테지만 그는 왕이었다. 더구나 명나라가 아닌 조선 의 왕이었다. 신하들은 그것을 눈치채지 못했지만 세종은 그 심각성을 느끼고 있었다.

소크라테스는 왜 죽었을까?

소크라테스는 아테네의 철학자였다. 이것은 누구나 다 알고 있는 상식이다. 그리고 아테네를 상징하는 것은 아크로폴리스였다. 하지만 이것은 잘못된 상식이다. 아크로폴리스는 아테네를 상징하는 정치의 광장이긴 했지만 진정한 아테네의 상징은 아고라였다. 아고라는 시장인데, 아테네에서는 남자들만 시장에서 물건을 사고팔 수 있는 권리를 갖고 있었다. 아테네의 남자들은 아침 일찍 아고라에 모여 물건을 매매하면서 사소한 정보들을 공유했고 무제한에 가까운 토론을 즐겼다. 아고라에서 형성된 여론이 바로 아크로폴리스에 영향을 미쳤다. 그런데 소크라테스는 아고라를 경멸했다. 시정잡배 나부랭이들이 지껄이는 말이 어떻게 정보가 되고 아테네를 움직이는 여론이 될 수 있는지에 대해 정녕코 이해하려 들지 않았다. 그것은 소크라테스의 오만이었다.

'지식과 통찰에 대한 전례 없는 존중을 가장 예리한 말로 표현한 사람은 소크라테스였다.' 그는 아테네 시가, 즉 아고라를 거닐면서 '지식의 환상'을 발견했다. 그는 경악하여 아고라를 다시 살폈다. '그가 검토의 눈길을 보내는 곳마다 통찰 부족과 망상의 권세가 눈에 띄었다.' '그는 경멸과 우월의 표정을 동시에 지으면서 전혀 다른 방식의 문화예술과 도덕의 선구자로서 하나의 세계'*를 주장했다. 그가 추구한 세계는 아테네가 아니라 이웃의 도시국가 스파르타였다. 바로 여기에 소크라테스의 죽음의 비밀이 있다. 그의 죽음에는 대략 두 가지 정도의

---

* 프리드리히 니체, 이진우 역, 《유고》, 책세상, 2001

이유가 존재한다.

첫째, 아테네 청년들을 미혹했으며 그리스 신들을 인정하지 않은 죄를 지었다. 소크라테스는 아테네의 민주주의가 아고라의 장사치들에 의해 좌지우지되는 것이 맘에 들지 않았다. 그래서 아테네의 귀족 청년들을 스파르타로 데려가서 교육시켰고, 스파르타의 이상을 국가의 모범으로 설파했다. 소크라테스는 아테네의 민주주의를, 소피스트들을, 장사치들을 진심으로 경멸했다. 무엇보다도 민주주의는 다양성을 기초로 하고 있다는 본질. 즉, 그리스 신들 또한 인간들처럼 수다스럽고, 실패하며, 좌절하고, 허풍스럽게 살고, 사랑했다. 헤라의 질투는 또 얼마나 강렬했던가? 그런데 이러한 모든 것을 부정하는 소크라테스를 아테네 시민들은 용서할 수가 없었던 것이다. 그리하여 법정에서 추방을 선고했다. 그러자 소크라테스는 추방보다는 죽음을 선택했다. 이것 역시 아테네에 대한 그의 경멸이었고 오만이었다. 결국 소크라테스는 죽었고, 그의 이상은 플라톤의《국가론》으로 남겨졌다. 플라톤의 철인이 다스리는 《국가론》은 민주주의의 핵심인 다양성을 부정하고 계급사회와 파시즘의 모델이 되었다.

둘째, 아테네의 법정에 섰을 때, 소크라테스는 이미 80세를 넘어서고 있었다. 니체는 소크라테스가 70세를 넘겼다고 했다. 어쨌든 당시 아테네의 남성 평균 수명이 40세 전후인 것을 감안하면 무려 두 배나 많은 나이였다. 지금 우리가 살고 있는 시대로 따져도 결코 적은 나이가 아니다. 소크라테스는 이미 육체적으로 살 만큼 산 노인이었다. 그가 추방 대신에 사형을 선고받도록 재판을 이끌어간 것은 바로 이 때문이었다. 생물학적으로 어차피 오래 살지 못할 것이라는 내면의 포석이 그를 재판정에서도 물러서지 않게 만들었던 것이다. 소크라테스는 자신의 나이까지 이용할 만큼 교활했다.

소크라테스는 아테네를 부정하고 스파르타를 동경했다. 아테네 입장에서 보면 매우 위험한 문제의식이었다. 조선의 신하들, 심지어 집현전의 학자들마저도 '중화에 사대하는 것이 곧 정치의 본질'이라는 소크라테스주의에서 벗어나지 못했다. 세종 당시의 신하들은 명나라를 최고 지존으로 모시고자 했다. 명나라의 것이라면 설사 옳지 않은 것일지라도 옳아야만 했다. 왜냐하면 단지 명나라의 것이었기 때문이다.

소크라테스의 진리는 '다른 것'을 허용하지 않는 절대성에 있다. 오직 유일한 진리만 추구했기 때문에 다양성을 부정할 수밖에 없었다. 조선의 신하들도 소크라테스처럼 다양성을 부정했고 오로지 절대존명을 추구했다. 어린 나이에 등극한 왕은 창조적이었지만, 신하들은 고답적이었으며 심지어는 완고했다. 이 문제를 풀어가기 위해 세종은 쓰디쓴 인내와 길고 긴 설득을 선택했다.

조선은 중국과 다르다

지도자의 철학은 국가의 운영과 운명에 지대한 영향을 미친다. 만일 세종이 명나라의 속국에 만족하고 문화적으로나 학문적으로 창조적인 발전을 꾀하지 않았다면 조선은 어찌 되었을까? 참으로 모골이 송연한 일이 아닐 수 없다. 우리는 변변한 물시계, 해시계 하나 갖지 못했을지도 모른다. 나아가 지금도 한글이 아닌 이두를 사용하고 있을지도 모르겠다. 한글 창제는 언어학적인 재능에서 시작된 것이면서 동시에 '백성을 지극히 사랑하는 지도자의 철학'에서 비롯된 일이었다.

조선은 중국과 다르다. 그러나 신하들은 동일성을 강요하는 오류를 자주 범하곤 했다. '다르다'보다 '같다'를 강요하는 것은 개인이나 사회에 치유하기 힘든 상처를 남기게 마련이다. '이지메'나 '왕따'는 바로 '다르다'보다 '같다'를 강요하는 폭력의 일종인 것이다. 왕따는 '다르다'는 이유만으로 또래집단에서 행해지는 폭력의 한 형태지만 그것이 사회적인 폭력으로 확장되었을 경우에는 문제가 훨씬 심각해진다. 그뿐 아니라 타자에게 자행하는 폭력의 참혹함에 대해 우리는 너무 쉽게 망각해버린다. 타자와 자아의 동일시를 강압적으로 요구하는 정체성의 추구와 강요에 모두들 획일적으로 익숙해진 탓이다. 파시즘은 바로 여기에 연유하고 있다. 세종은 이러한 파시즘을 포기하고 민주주의를 추구하였다. 그러나 신하들은 그것을 모르고 있었다.

세종은 조선의 소크라테스를 극복하기 위해 애를 썼다. 다행히 당대에는 세종의 노력에 의해 일부 극복되었다. 그렇지 않았더라면 중국과 다른 조선을 위한 개혁 혹은 신문화 창조는 실패했을 것이다. 다만 완전한 극복이 이루어지지 않은 것은 두고두고 아픔으로 남았다. 주자학 혹은 성리학이 아닌 다른 학문, 요순주공과 공맹의 도가 아니라면 결코 인정하지 않는 독단이 선비와 관료들 사이에서 횡행했던 것이다. 심지어는 다산 정약용마저도 요순주공과 공맹의 이상을 결코 버린 적이 없었다. 우물 안 개구리의 철학과 우물 밖 부엉이의 철학은 이렇게 근본적으로 달랐다.

아버지로부터 왕관을 물려받았지만 세종은 권력으로부터 소외당하고 있었다. 그것은 세종 스스로 권력으로부터 객관적인 거리를 유지하게 만드는 '소외효과'를 불러일으켰다. 소외효과는 세종을 끊임없이 불안정한 상태로 밀어 넣었다. 불안은 존재를 흔들리게 만들었으나 세종은 그것을 인내하며 객관적이고 확고한 철학의 세계를 추구했다. 그것을 통해 세종은 조선과 중국은 다르다는 것을 인식했다. 하지만 그 인식을 곧바로 드러낼 수는 없었다.

세종에게 길을 묻다

신라가 당나라와 군사동맹을 맺고 삼국을 통일한 이후, 통일신라는 당나라의 속국 신세를 면치 못했다. 당나라와의 관계가 느슨해지자 신라의 통일은 막을 내렸다. 신라의 삼국통일은 신라의 자주적인 군사력으로 이루어진 것이 아니라 외세에 의존한 매우 '질 나쁜' 통일이었다. 군사력을 외세에 의존했던 선례는 천삼백 년 이후에 미군이 서울의 용산에 주둔하면서 절정을 이루었다. 그 절정을 보면서 친일은 즉시 친미로 옷을 갈아입었다. 미군정은 친일파를 친미파로 둔갑시켜 대한민국을 지배할 수 있는 초석을 놓아주는 역할을 했다.

사대주의는 고려 말에 성리학이 수입되면서 본격적으로 시작되었다. 성리학적인 사대주의는 군사적 의존보다도 더 지독했고 획일적이었으며 철저히 관료적이었다. 그 절정은 이성계의 위화도회군이었다. 고려의 정도전을 비롯한 신진사대부들은 만세를 불렀고 이성계를 앞세워 성리학의 입헌공화국을 건국하였다. 동시에 조선은 스스로 명나라의 속국이 되었다.

속국이 되는 일은 원나라의 지배를 받던 시기에 이미 내면화되어 있어서 어렵지 않았다. 사대의 대상을 원나라에서 명나라로 교체하는 것으로 속국이 되는 절차는 간단히 끝났다. 게다가 사대하는 방법과 내용도 고려에서 시행하던 것을 그대로 끌고 왔다. 사대주의는 참으로 쉬운 일이었다. 게다가 중화

는 공맹이며 주자를 낳은 나라가 아니던가. 조선의 사대주의
는 철학적이어서 사대부 개개인의 골수에 스미도록 철저하게
내면화되어 작동하였다.

　세자를 임명하는 일에도 명나라에 사신을 보내 형식적으로
라도 동의하는 절차를 밟아야 했다. 매년 음력 11월에 동지사
를 보내 명나라의 황제와 황후 그리고 황태자에게 문안 인사
를 올리면서 공물을 진상했다. 게다가 조선은 독립적으로 달
력도 만들지 못했다. 천문학을 하는 것은 명나라의 전유물이
었기에 우주를 바라보고 별자리를 살피는 일을 하는 게 발각
되면 곧 반역이 되었다.

　세종은 천자에 대한 반역을 무릅쓴 왕이었다. 그렇기에 조
선의 모든 왕들 중에서 최고의 성군을 꼽으라면 당연하게도
세종대왕이 선정될 수밖에 없다. 한글 창제를 비롯한 세종대
왕의 업적들은 손으로 꼽을 수가 없을 정도다. 하지만 세종대
왕이 우리 민족이 낳은 최고의 성군인 까닭은 다른 데에 있다.
저 고조선부터 현재에 이르기까지 세종대왕만큼 민주주의자
였던 지도자는 없었다.

　나는 이제 실록 속으로 들어가 세종이 주재했던 어전회의의
풍경을 상상하며 질문의 여행을 떠나고자 한다. 600년이라는
긴 시간을 거슬러 올라 이 질문이 상소처럼 세종의 손에 가닿
았으면 좋겠다. 조선의 군왕들은 백성들의 상소에 대해 비답
을 내렸다. 600년이 넘는 기나긴 세월이 흐른 뒤에 오늘날의

관점에서 보면, 세종의 비답은 세종의 실록 자체일 수도 있겠다는 생각이 들었다. 세종은 반대자들을 설득하기 위해 최선을 다했던 왕이었다. 여기에 세종 리더십의 핵심적 가치가 있다. 이제 본격적으로 여행을 시작하고자 한다. 이 여행은 정치의 품격을 찾아가는 여행이다.

1.
군왕의 길이란
무엇인가

    지상에 존재하는 그 어떤 위대한 건물도, 혹은 영원히 변치 않을 것 같은 뜨거운 사랑도 끝내는 시간을 견디지 못한다. 한때 빛나던 모든 것들은 시간의 풍화작용에 따라 스러져 아득한 심연 속으로 밀려나 유적遺蹟이라는 이름으로 존재할 뿐이다. 시간은 흐르는 것이 아니라 낙엽처럼 쌓인다. 시간은 구체이면서도 동시에 바람처럼 손가락 사이로 빠져나가는 관념으로 존재해왔다. 즉, 현존하는 '부재'인 것이다. 그리고 공간은 눈으로 볼 수 있고 손가락으로 만질 수 있는 구체적 형상으로만 존재해왔다. 공간이 돌이라면 시간은 바람이다. 그렇기에 시간에 따른 공간의 변화는 더욱 극적이다. 약탈자들이 그 공간에 손을 대면, 공간은 순식간에 폐허로 변했다. 돌이 모래로 흘러내리는 것이다.

한때는 위대한 공간이었던 잉카의 마추픽추가 스페인의 부랑아들에 의해 쑥대밭이 되었듯이 경복궁도 약탈자의 손길에 아주 빠르게 폐허로 변했다. 임진왜란 때 경복궁을 불태웠던 약탈자들은 왜군이 아니라 조선 백성들이었다. 그들은 궁성에 불을 질렀고 공사 노비들은 장례원과 형조를 불태워 노비문서를 없앴다. 나중에 일본은 대원군이 새로 중건한 경복궁을 철저하게 짓밟았다. 조선의 법궁인 경복궁은 조선 정신의 발원지였다. 일본은 그 공간을 폐허로 만들어 조선의 정신을 사막처럼 황폐하게 만들고자 그악스럽게 노력했다. 그 결과 경복궁은 본래의 생명력을 잃어버리고 말았다.

생명력을 잃고 박제가 되어버린 궁궐, 경복궁에 들어서면 새삼 명치끝이 뜨거워지곤 했다. 약간은 불량스러우면서 스스로의 지적 자만심에 온갖 잘난 척을 해대던 고등학교 2학년 시절, 경복궁에서 개최된 백일장에 참가한 적이 있다. 그 나이 또래의 누구나 그러겠지만 정작 시詩보다는 땡땡이를 합법적으로 하게 되었다는 사실이 좋았고, 그 불량을 기분 좋게 느끼고 있었다.

시제를 받고 근정전으로 갔다. 내가 맨 먼저 근정전에 도착했는지 그곳은 텅 비어 있었다. 근정전 앞 텅 빈 마당을 보는 순간, 숨이 컥 막혔다. 공간을 지배하고 있는, 어떤 기묘한 침묵이 나를 압도했다. 시제는 '가을'이었지만 내 시선을 사로잡은 것은 쏟아지는 햇살 속에 서 있는 품계석이었다. 정일품,

종일품을 표시하고 있는 품계석은 긴 세월의 바람과 서리와 비와 햇살을 견디며 자그맣게 서 있었다. 품계석 뒤에 서 있던 조선의 신하들과 그들의 표정과 말들 그리고 숨겨두었던 마음들이 가뭇없이 떠올랐다 스러졌다.

왕이 정치를 하던 곳, 근정전 앞 조정에서 어린 시인은 상상의 나래를 활짝 펼쳤다. 품계석 뒤에 서 있던 누군가는 간신이나 반역자가 되었고, 또 누군가는 직언을 서슴지 않다가 유배를 떠나곤 했으리라. 혹은 겨우 목숨을 부지하며 아첨하는 기회주의자가 되어 품계석 뒤에 영원히 서 있던 자들도 있었을 것이다. 나는 근정전 앞의 기묘한 침묵 속에서 조선의 왕들을 떠올렸다. 태정태세문단세 예성연중인명선……. 나는 조선의 왕들 중에서 세종 이도가 가장 궁금했다.

근정전勤政殿. 이름을 지은 사람은 정도전이다. 근勤은 '부지런하다'라는 뜻이다. 즉, 부지런하게 정치를 하라는 의미이다. "편안히 노는 자로 하여금 나라를 가지지 못하게 하라."라고 《서경》에 나와 있고, 문왕은 "아침부터 날이 기울어질 때까지 밥 먹을 시간을 갖지 못하며 만백성을 다 즐겁게 하였다."라는 기록에서도 알 수 있듯이 '부지런함'을 국왕이나 지도자의 첫째 자질로 꼽았다. 정도전은 근정전을 건축하면서 왕이란 "아침에는 정사를 듣고, 낮에는 어진 이를 찾아보고, 저녁에는 법령을 닦고, 밤에는 몸을 편안하게 하는" 존재여야 한다고 했다.

근정전 앞에서 나는 세종과 같은 대통령을 기다린다. 즉위하여 첫 번째 국정을 '의논'으로 시작한 민주주의자였고, 신하들과 의견이 다르면 무려 17년간이나 끝장토론을 이어와 끝내는 만장일치로 정책을 채택하는 논쟁주의자였고, 중국과 다른 풍토와 문화를 극복하기 위해 고군분투했던 문화주의자이며 한류의 원천이기도 했다. 또한 비록 노비라 할지라도 굶주렸다는 소문을 듣게 되면 비서를 보내 확인한 뒤 그 소문이 사실이면 해당 자치단체장을 불러 곤장을 때렸던 복지주의자였고, 레즈비언이었던 며느리 때문에 고뇌했던 실존주의자였다. 조선의 세종이야말로 지금 여기 대한민국의 우리가 간절히 기다리고 있는 정치인이다.

세종과 같은 지도자이어야만 분단된 조국을 평화적으로 통일할 것이고 심화된 양극화를 극복할 것이며 침체된 경제를 살려낼 것으로 믿는다. 무엇보다도 삶에 대한 존엄성과 약자에 대한 배려를 중심에 놓는 정치로 더 나은 세계로 이 땅이 나아갈 것이라 확신한다. 세종은 서빙고에서 가져온 얼음을 쪼개고 쪼개 폭염 속에 갇혀 있는 죄수들에게도 나누어 주었다. 비록 죄수라고 해도 조선의 백성이었기 때문이다.

이탈리아의 마키아벨리는 '사자만으로는 덫으로부터 몸을 지킬 수 없고, 여우만으로는 이리로부터 몸을 지킬 수 없다. 그러나 여우임으로써 덫을 피할 수 있고, 사자임으로써 이리를 쫓아버릴 수 있다. 덫을 간파하려면 여우여야 하고, 이리를 쫓아버리려면 사자여야 한다는 말이다. 그래서 사자인 것으로 만족해하는 군주는 이 점을 잘 모르고 있는 것이고, 여우인 것으로 만족해하는 지도자에 대해서도 물론 같은 말을 할 수 있다. 다만 여우적인 성질은 교묘히 사용되어야 한다. 아주 교묘히 속에 감추어 놓고서 시치미를 뚝 떼고 의뭉스럽게 행사할 필요가 있는 것이다.'*라고 했다. 또한 마키아벨리는 군주가 반드시 취해야 하는 사항들을 비교적 정확하게 정리하였다.

적으로부터 몸을 지킬 대책을 세울 것
내 편을 획득하여 아군망이라고 부를 만한 것을 확립할 것
책략으로 하건 힘으로 하건, 무엇보다도 먼저 승리를 거둘 것
민중의 사랑을 받는 동시에 민중이 두려워하는 존재가 될 것
부하가 복종하고 경의를 표하는 존재가 될 것
반기를 들 우려가 있는 자는 미리 눌러버릴 것
묵은 체제를 새로운 방법으로 개혁할 것
엄격한 동시에 정중하고 관대하며 대범하게 행동할 것
충실하지 않은 군대를 폐지하고 새로운 군대를 창설할 것
다른 나라 지도자들과 우호관계를 확립할 것

그렇다. 흔히들 이러한 지도자를 권모술수에 능한 사람이라고 평가해왔다. 하지만 과연 그러한가? 예나 지금이나 이러한

---

* 시오노 나나미, 오정환 역,《마키아벨리 어록》, 한길사, 33쪽

지도자가 존재한다면, 국가는 안정되고 백성의 삶은 편안해질 것이다. 지난 2016년 겨울, 촛불을 들기 위해 광화문에 갔다가 동상으로 앉아 조선의 산하와 촛불을 든 백성들을 굽어보고 있는 세종대왕을 만났다. 나는 동상으로 앉아 있는 세종을 일으켜 세워 함께 경복궁을 거닐고 싶었다. 세종과 함께 촛불을 들고 시위를 하다가 매서운 추위 속에서도 광화문 광장으로 모여들고 있는 사람들의 간절한 소망을 생각하며, 문득 묻고 싶었다.

"군왕의 길이란 무엇입니까?"
"태종의 길을 먼저 살피고자 한다."

조선을 연 사람은 태조 이성계다. 하지만 이성계가 차마 할 수 없는 일들을 대신 해낸 사람이 있었으니 그가 바로 이방원이다. 그는 적장자가 아니었다. 이성계의 오른팔은 정도전이었고, 왼팔은 이방원이었다. 정도전은 성리학의 조선, 신권이 강화된 군주제 공화국을 꿈꾸었다. 반면에 이방원은 왕권이 강화된 절대왕정을 꿈꾸었다. 입헌군주제 공화국의 정도전주의와 절대군주제 왕국의 이방원주의는 치열하게 충돌했다. 정도전은 이방원을 제거하려 했지만 거꾸로 이방원에게 당하였다. 이 과정에서 이방원은 강력한 사병私兵을 이용하여 왕자의 난을 일으켰고, 마침내 이루고자 하는 것을 이루었다. 사병이 없었다면 불가능한 일이었다. 이방원은 왕자의 난 이후, 사병이야말로 조선의 암덩어리라는 것을 알았다. 그는 사병을 혁파했다.

신생국 조선의 기틀을 다지기 위한 실질적 창업주 태종의 업적을 살펴보면 군왕의 길이 무엇인지 알 수 있다. 그 길은 마키아벨리즘적 군왕의 길이었다. 물론 마키아벨리는 태종보다 훨씬 뒤에 태어났다. 하지만 그의 《군주론》에 딱 맞는 사람이 태종 이방원이라고 할 수 있다. 태종은 창업주답게 다음의 일들을 즉시 실행했다.

첫째, 국가안보를 튼튼히 했다. 태종은 사병을 혁파하고 군제를 확립했는데 즉위와 함께 시위군경호실을 강화하여 왕이 측근에서 부릴 수 있는 군사적 기반을 든든히 다졌다. 태종 5년에는 군제 개혁을 단행했다. 병조의 책임자를 정이품의 판서로 승격하고 무반에 대한 인사권을 주었다. 삼군도총제부三軍都摠制府의 기능을 하고 있던 승추부承樞府를 병조에 합병하였다. 승추부는 왕명 출납의 비서실 기능과 국방의 기능까지 겸하고 있었는데, 그중에서 국방의 기능인 병권을 병조에 넘겨준 것이었다. 비로소 사병은 혁파되고 군대가 확립되었다.

둘째, 통치 체제를 정비했다. 이를 통해 왕권을 강화하고 시스템을 완비했다. 영의정·우의정·좌의정이 근무하는 의정부議政府의 권한을 축소하였고 왕의 직접 통치를 강화하기 위해 육조의 지위를 높였다. 고려 공민왕 때부터 도평의사사가 존재했는데 국가의 통치에 관해 육조를 거치지 않고 직접 보고를 받거나 실행하는 바람에 육조가 유명무실해지고 말았다. 태종은 도평의사사를 의정부로 고치면서 육조를 독립시켰다. 육조는 집행기관의 기능과 역할을 독립적으로 실행하는 정부 부처가 되었다. 《경국대전》에 의하면, 육조는 국왕에게 직접 정무를 보고하고 이에 대한 지시를 받으면서 국정을 나누어 맡도록 규정되었다. 이조는 행정자치부, 호조는 기획재정부, 예조는 교육문화외교부, 병조는 국방부, 형조는 법무부, 공조는 산업자원부의 역할을 맡고 있었다.

셋째, 공신과 측근세력에 대한 견제를 강화했다. 조선 개국 초기에는 개국공신, 정사공신, 좌명공신 등 온갖 종류의 공신들이 저마다 세력을 키우고 있었다. 게다가 막대한 공신전功臣田을 소유하여 경제력도 만만치 않았다. 그들은 신생 조선에 큰 부담이 되는 존재들로 성장하고 있었다. 이에 태종은 정도전 일파, 이거이 일파, 이무 일파를 제거하여 공신의 숫자와 권력을 축소하였다. 다음으로 외척을 멀리하였다. 태종이 왕위에 오르는 데 결정적인 도움을 준 사람으로 처남인 민무구, 민무질 형제가 있다. 민 씨 형제가 세자인 양녕을 제외하고 모든 왕자를 죽이고자 하는 마음을 갖고 있다는 사실을 알고 고뇌 끝에 제거하였다. 세종의 장인인 심온도 제거하여 외척이 발호할 수 있는 근거를 원천적으로 봉쇄했다.

넷째, 군주제 공화국의 기틀을 마련했다. 태종은 비록 정도전을 제거하였지만, 정도전이 추구하고자 했던 '성리학의 이상이 실현되는 국가'에 대해서는 동의하였다. 태종은 마키아벨리즘적인 군주였지만 신하들의 의견을 함부로 무시하지는 않았다. 정도전이 세밀하게 구상했던 '왕의 길'을 제대로 열기 위해 노력했다.

군왕의 길이란 무엇인가?

수백만의 국민들이 촛불을 들고 광화문 앞으로 모여드는 것을 세종은 분명히 보았을 것이다. 세종은 동상으로 존재하지 않고 정신으로 존재한다. 역사의 기록으로 존재하지 않고 '지금 여기'의 역사성으로 존재한다. 여기에 세종의 현재성이 있다.

촛불은 슬픔의 불꽃이다. 슬픔의 가장 낮은 밑바닥까지 내려가야 비로소 불꽃으로 타오르는 것이 촛불이다. 슬픔의 몸 전체를 태우고 태워 슬픔의 뼈만 남겨질 때, 슬픔은 비로소 반역이 된다. 반역이 되지 못하는 촛불은 슬픔의 불꽃이 아니다.

세종의 집은 경복궁이었다. 궁궐이란 왕이 사는 집이다. 아무리 지엄하다 한들 왕도 사람이어서 먹고 마시고 싸고 자는 육체의 기본적인 행위가 없으면 목숨을 이어가는 일 자체가 불가능했다. 그러기에 왕도 집이 필요했다. 국민으로부터 권력을 위임받은 통치자였기 때문에 나라를 다스리기 위한 절대 권위가 필요했는데, 누구도 넘볼 수 없는 절대 권위의 상징이 왕의 집, 바로 궁궐이었다. 궁궐은 자연인으로서 필요한 사적 공간과 정치인으로서 필요한 공적공간이 함께 어울려 있어야만 했다. 궁궐은 왕과 그 가족의 거처이자 정치와 행정이 시행되는 나라의 최고 관청 역할을 동시에 수행했다.

궁궐에는 왕 외에도 수많은 사람들이 함께 살았다. 왕과 그 가족의 살림집, 왕과 관원들이 집무를 보는 관청, 식당과 창고, 우물과 뒷간, 연못과 다리와 동산, 숲과 논이 어우러져 하나의 거대한 시스템을 이루었다. 그것들은 시계의 톱니바퀴처럼 정교하게 맞물려 돌아갔다.

상상해보라. 무수리는 물동이를 이고 종종걸음을 쳤을 것이고, 대전 나인은 매화틀을 들고 임금의 행렬 뒤를 조용히 따랐을 것이다. 사람과 건물은 그렇게 일상을 위해 배치되었고, 그것을 통해 삶은 지속되었다. 왕은 주로 경복궁의 강녕전康寧殿에서 잠을 잤고, 새벽마다 사정전思政殿으로 출근하였다. 사정전은 말 그대로 '정치를 깊게 사유하라'는 뜻이다. 정도전은 경복궁의 중요한 궁궐마다 백성을 사랑하는 마음을 담아 이름을 지었다.

백성을 사랑한다는 것은 무엇인가? 그것은 백성의 슬픔을 알고, 그 슬픔을 끌어안는 것이다. 이것이 군왕의 길이다. 그러나 세월이 흘러 경복궁은 파편만 남아 있다. 그 파편 속에서 세종은 백성의 슬픔을 헤아리지 않았을까 싶다. 그러나 함께 슬픔을 헤아릴 신하들은 없고 관광객들만 여행사 깃발을 들고 오갈 뿐이다. 궁궐의 건물과 시설물들은 대부분 헐려 흔적만 남았다. 모든 것이 망가지고 남은 것은 박제뿐이다. 세종은 가끔 곤룡포를 입은 채 경복궁을 산책했다. 근정전 앞, 이른바 조정의 한가운데 서서 시간을 견디는 것들에 대해 오래오래 생각하곤 했었다.

아버지인 태종이 장인 심온에게 사약을 내리던 날과 그 밤을 기억한다. 굵은 눈물을 흘리고 있는 소헌왕후 앞에서 세종은 그저 무기력하게 앉아 있었다. 상왕인 아버지에게 달려가 장인을 살려달라고 하지 못했다. 그 지극한 슬픔을 시작으로 세종의 시대는 시작되었다. 그 지극한 슬픔을 세종은 글로 담아내고 싶었다. 입술을 비집고 나오는 탄식과 통곡을 무엇으로도 기록할 수 없었다.

조선은 말과 글이 서로 어긋났던 나라였다. 입으로는 '덕을 밝히다.'라고 말을 하였는데 글로 기록하기로는 '명덕明德'이라고 했다. 이처럼 말과 글이 어긋나니, 백성의 슬픔을 온전히 알기가 참으로 어려웠다. 백성의 말, 백성의 울음, 백성의 소리를 중국의 글자가 아니라 조선의 글자로 기록하고 싶었다. 소리를 기록하기 위한 비밀 사업을 왕자와 공주들을 데리고 시작하였다.

언어는 바람 같아서 손에 잡을 수도 없고, 공기와 같아서 잘

느낄 수도 없다. 하지만 생물처럼 태어나고 자라고 늙고 병들고 소멸을 거듭하고 있으며 억겁의 시간을 견디면서 오늘도 존재하고 있다. 비트겐슈타인의 말을 옮기자면, 그것은 '민족이 존재하는 형식이며, 마음이 거주하는 존재의 집'이다.

그것은 이 땅의 어디에나 있고, 우리 민족이라면 남녀노소, 부자든 가난뱅이든, 서울에 살든 평양에 살든 혹은 우즈베키스탄의 타슈켄트에 살든, 누구나 사용하고 있다. 그것으로 사유하고 행동하고 아파하며 사랑하고 살아가고 있으며, 그것으로 인류사에 빛나는 정신들을 탄생시켰고 또 널리 알리고 있다. 그것은 경복궁보다 더 소중하며 남대문 일만 채보다도 더 위대하다. 남대문이나 경복궁이 없어도 우리 민족은 살아갈 수 있지만, 그것이 없으면 영혼을 잃고 떠돌게 될 것이다. 지금 이 순간에도 우리는 직장이나 강의실에서 혹은 식당이나 극장에서 아무런 불편 없이 그것을 사용하고 있다. 그것은 바람처럼 떠도는 소리를, 사람의 마음이 입을 통해 나온 것을, 언어의 형식으로 고정시킨 존재의 집, 즉 '한글'이다. 세종이 한글을 창제하고자 한 것은 백성의 슬픔에 함께 하기 위함이었다. 그것이야말로 지도자의 길, 군왕의 길이 아니겠는가.

지도자의 진정한 길은 '슬픔을 알고, 슬픔과 함께 하는 길'이다.

2.
조선의 왕으로
살아간다는 것

'왕은 뭐든지 마음대로 할 수 있는 존재'라고 우리는 생각하고 있다. 그러나 조선의 왕들은 '뭐든지 마음대로 할 수 없는' 임금이었다. 왕의 일정은 24시간 내내 공개되어 있었다. 왕은 가장 중요한 국가기관이었기 때문이다. 왕이 가는 곳에는 언제나 승지와 사관들이 뒤를 따랐고, 왕의 언행을 기록했다. 심지어 왕비와 후궁들과 갖는 잠자리마저도 국가의 공식 의례로 다루어졌다. 왕이 잠자리를 하는 동안 침소의 장지문 밖에서 상궁이나 나이 든 궁녀들이 국가 의례를 보좌했다. 방 안의 동정에 귀 기울이고 있다가 왕이 격렬하고 과도하게 잠자리에 열중하면 "전하, 옥체 보존하시옵소서."라고 간언했다는 것이다.

왕의 일정은 시간에 따라 변했으므로 시간을 아는 것이 매우 중요했다. 지금처럼 기계장치가 복잡하고 정교한 시계는 없었지만, 물리의 법칙을 이용한 시계를 제작하여 사용했다. 궁궐에는 물시계를 비치한 보루각報漏閣을 설치하여 시간을 측정했다.

경복궁에는 왕의 침전인 강녕전 서쪽에 물시계가 비치된 보루각이 있었는데, 이름이 흠경각欽敬閣이었다. 자동 물시계인 자격루가 경회루 남쪽에 설치된 것은 세종 때였다. 창덕궁이나 다른 궁에도 보루각이 설치되어 있었다. 보루각에서 측정된 시간은 전루군傳漏軍을 통해 여기저기에 전달되었다. 전루군은 시간을 알려주는 하급 관리였다.

하루 중에 가장 중요한 시간은 인경人定과 파루罷漏였다. 종각에 물시계와 함께 큰 종을 설치했다. 밤 10시 즈음이 되면 종을 28번 쳐서 인경을 알렸다. 인경이 되면 도성에 있는 사대문과 사소문의 성문을 닫고 일반인의 통행을 금지하였다. 다시 새벽 4시 즈음인 오경삼점伍更三點에 종을 33번 쳐서 파루를 알렸다. 파루가 되면 도성의 팔문이 열렸고 통행금지가 해제되었다.

인경의 '28', 파루의 '33'은 성리학의 세계관이 아니라 불교의 세계관에 따른 숫자다. 인경은 우주에 있는 28수宿의 별자리에, 파루는 제석천帝釋天이 이끄는 33천天에 고하여 국가의 안녕과 백성의 편안을 기원한다는 의미였다. 이러한 시간의 흐름 속에서 조선의 왕들은 어떻게 하루를 보냈을까?

"왕의 하루는 어떠했습니까?"

"왕은 시간을 아주 잘게 쪼개서 사용했다."

조선의 왕들은 하루를 네 단계로 구분하여 사용했다. 이것을 왕의 사시四時라고 한다. 왕의 사시는 아침, 오전, 오후, 밤의 네 단계로 구분되어 아침에는 조강이라는 경연을 가졌고, 오전에는 어전회의를 비롯하여 다양한 회의를 했다. 점심을 먹고 주강 경연을 가져 공부를 했고 이어 오후에는 상소문을 읽거나 법령 검토, 면담 신청자들을 만났으며, 밤에는 석강을 가진 뒤, 몸과 마음을 수양하는 시간을 가졌다. 사시를 비교적 잘 수행한 왕들은 대개 성군이 되었고, 거의 안 지킨 왕은 폭군이 되었다. 세종과 성종은 잘 지켰고, 연산군은 거의 지키지 않았다. 왕이 사시를 잘 지키지 않으면, 특히 경연을 소홀히 하면 신하들이 상소를 올려 이를 지적했다. 이제 본격적으로 사시를 중심으로 왕의 하루를 따라가보자.

① 새벽 일정

기침起寢

왕이 잠에서 깨는 시간은 파루를 기준으로 하였다. 세종은 파루보다 일찍 일어났다. 왕비와 잤으면 교태전, 후궁과 잤으면 후궁전, 홀로 잤으면 강녕전에서 하루를 시작했다.

왕이 밤에 잠을 자고 새벽에 일어나는 침전 주변에는 왕의 일상생활에 필요한 사람과 시설이 준비되어 있었다. 왕의 침실 밖에서는 지밀상궁들이 왕의 밤을 지켰고, 식사와 세숫물, 옷 등을 담당하는 대전 차비들은 침전 근처에서 항상 근무하면서 왕의 새벽을 준비하였다.

왕이 잠자리에서 일어나면 어떤 궁녀들은 세숫물을 대령했고, 지밀상궁은 이부자리를 정리하였으며 수라간에서는 간단하게 먹을 죽을 요리하여 가져왔다. 환관들도 일어나 왕의 명령을 기다렸다. 죽*으로 요기를 하고 나면 의관을 갖춰 입고 침전을 나섰다.

상왕이나 대비가 살아 있으면 중전을 대동하고 웃전에 문안 인사를 드렸다. 만일 왕의 웃어른이 없으면 문안 인사는 없었다. 왕에게 웃어른이 없다는 것은 부당하게 간섭하는 어른이 없다는 뜻이기도 했다. 세종은 즉위한 뒤 5년 동안 태종이 승하할 때까지 진정한 왕이 아니었다. 태종이 세종의 장인까지

---

* 《임원십육지》에는 죽에 대해 다음과 같은 표현이 있다. (한식재단, 《화폭에 담긴 한식》, 한림출판사, 50쪽)

　매일 아침에 일어나서 죽 한 사발을 먹으면
　배가 비어 있고 위가 허한 상태에서
　곡기가 일어나니
　보補의 효과가 사소한 것이 아니다.
　또 매우 부드럽고 매끄러워서 위장에 좋다.
　이것은 음식의 최묘결最妙訣이다.

죽이는 비극을 감내해야 했으니 참으로 '고난의 5년'이라고
불러도 과언이 아니다.

　신하들은 해 뜨기 한참 전인 새벽에 궁궐에 출근해 있어야
했다. 경복궁의 편전便殿은 사정전, 만춘전萬春殿, 천추전千秋殿
으로 구성되었다. 사정전은 주로 공식적인 집무를 보는 곳이
었다. 만춘전은 사정전의 부속 건물로 왕이 신하들과 보다 친
근하게 대화할 수 있는 전각이었다. 간단한 다과도 가능했고
신하들과 독대도 했으며 중전과 담소도 나누었던 공간이다.
천추전도 역시 비슷한 기능을 했던 부속 건물이었다.

조계朝啟

　왕이 도착하기 전에 승지와 사관이 먼저 사정전에 도착해
조계를 준비했다. 왕이 사정전에 도착하면 승지가 먼저 국정
현안을 보고했는데 이를 조계라고 하였다. 지금으로 치면 승
정원은 대통령비서실이고 육승지는 수석비서관이었고 도승지
는 비서실장이었다.
　승지는 승정원에 접수된 모든 보고서와 문서, 상소문과 탄
원서 등을 미리 검토하였고, 왕에게 올리기에 마땅하지 않다
고 판단되는 상소문이나 탄원서는 반려하였다. 승지들은 국정
현안 중에서도 시급하거나 반드시 필요한 현안을 골라 왕에게
보고서를 올렸다. 보고서는 왕이 현안을 쉽게 알아볼 수 있도

록 일목요연하게 핵심만을 골라 정리하였다. 보통의 사안에 대해서는 보고서 말미에 처리 방향까지 첨부하였다. 왕은 '윤允', '의윤依允', '지도知道' 등 한두 자에 불과한 결재를 했는데 "그대로 하라."는 뜻이었다.

왕이 각급 행정조직에 적법하지 않거나 그릇된 명령을 내렸을 때 승지는 재검토를 요청하기도 했다. 이것은 왕의 통치행위가 일차적으로 승정원을 통하기 때문에 가능한 일이었다. 승지의 역할은 이처럼 막중했다.

상참常參

조계가 끝나고 신하들이 들어와 자리를 잡으면 약식 조회인 상참이 시작되었다. 상참은 대신과 중신, 주요 부처의 참상관 이상의 관료 등이 편전에서 왕을 배알하던 약식의 조회다. 참상관은 상참에 참여할 자격을 가진 고위직의 약칭이다.

조선은 고려의 상참제를 이어받아 실시했다. 세종 11년1429 이전에 종6품 이상의 관료들이 매일 오야伍夜에 검은 옷봄·가을·겨울이나 검은 베옷여름을 입고, 편전에 모여 왕과 함께 정사를 논의하는 의식으로 정비되었다.

상참은 신하들이 왕을 알현하는 순수한 의식이었다. 그러나 때로는 상참이 그대로 이어져 시사를 아뢰는 어전회의로 발전하기도 하였고, 경연으로 이어지기도 했다.

정식 조회는 조참朝參이다. 조참은 매월 5일, 11일, 21일, 25일 편전이 아닌 정전에서 문무백관이 왕을 알현하는 의식이다. 사실 조참에서는 깊이 있는 회의가 이뤄지기 어려웠다. 조참은 의전 중심이었기에 왕이 의견을 내고 신하들이 돌아가면서 정책적 견해를 밝히기는 어려웠던 것으로 추측한다. 의정부의 삼정승에서 육조의 판서와 참판들을 비롯한 모든 중앙정부에서 벼슬 받은 공무원들이 모두 참석하는 조회는 국가의 중요한 의식이었다. 그러기에 조참에서 정책을 논의하는 것은 불가능하다. 오히려 의례적인 말들과 중요한 정책이나 인사를 발표하는 경우가 더 많았을 것으로 본다.

경연經筵

왕의 공부를 경연이라고 하였다. 왕은 경연을 통해 조선을 통치하는 국정 철학인 성리학을 공부했다. 경연은 일반적인 유학 경전과 중국과 우리나라의 역사책을 교재로 사용하는 학술토론의 방식으로 진행되었다. 경연에는 승지들, 홍문관 관원과 의정부의 삼정승이 참여하였다. 가끔 뛰어난 학자가 초빙되어 경연에 참여하기도 하였다. 경연은 하루에 세 번 아침의 조강, 점심의 주강, 저녁의 석강으로 구성되어 있다. 하지만 하루에 세 번 경연을 하는 경우는 거의 없었다. 세종도 하루도 빠지지 않고 경연을 하진 않았다. 경연을 가장 많이 한 국왕은 성종이었다. 한 달에 스물아홉 번을 했다는 기록이 있다. 성종도 역시 하루에 세 번 경연을 하진 않았다. 경연을 하루에 세 번 하라고 정한 것은 아마도 정도전이었을 것이다. 정도전은 조선이 왕권국가가 아니라 신권국가臣權國家이기를 원했다. 정도전은 절대왕정이 아닌 사대부들의 국가를 꿈꾸었다. 그것이 조선이었다. 하지만 아무리 훌륭한 왕이라고 해도 하루 세 번의 경연은 무리였다.

경연은 예전에 공부한 내용을 왕이 복습한 뒤에야 새로운 진도를 나가는 방식이었다. 새로 진도를 나갈 부분을 경연관이 먼저 읽으면 왕이 따라서 읽었다. 경연관이 내용에 대해 설명한 뒤에 참석자들이 직위의 높고 낮음에 상관없이 내용에 대해 각자의 견해를 발표했다. 경연장에서 자신의 견해를 발표한다는 것은 매우 중요한 일이었다. 공부 실력이 적나라하게 드러나기 때문이었다. 더구나 세종이 아닌가. 세종은 서울대 수석 입학 정도의 실력을 갖고 있는 왕이었다. 그러니 신하들은 예습을 철저히 해오지 않을 수 없었을 것이다.

예정된 진도가 나가게 되면 왕은 당면한 국정 현안을 제기했다. 경연이 자연스럽게 어전회의로 이어지게 된 것이다. 국정 현안에 대해 신하들은 자신들의 의견을 자유롭게 말할 수 있었다. 세종은 신하들이 엉뚱한 소리를 해도 끝까지 들었다. 세종은 귀가 큰 군왕이었다. 신하들의 의견을 듣는 과정에서 문제점이 드러나면 본격적으로 토론을 개시했다. 세종의 경연은 학문과 정치가 함께 논의되는 토론장이었다.

조선은 유학과 성리학에 대한 학문 탐구를 정치의 기초로 생각하는 국가였다. 경연은 이것을 실재적으로 유지하는 제도 였다. 왕과 신하들은 그날의 국정을 경연으로 시작함으로써 유교적인 이상국가에 가까이 가려고 노력하였다.

수라水刺

아침 경연인 조강을 마치면 대개 10시쯤이 된다. 마침내 정식 아침 식사인 '수라'를 받는다. 수라는 기본적으로 12첩 반 상이었다. 현대적으로 따지자면 비싸야 일만 원짜리 백반 정 도 되는 밥상이다. 아침 수라를 먹고 나면 비로소 아침 일과가 끝난다.

② 오전 일정

시사視事

시사는 상참과 함께 가장 중요한 어전회의였다. 왕이 수라 를 들 때, 신하들도 집무하는 공간에서 아침 식사를 했다. 아 침 식사가 끝나면 상참에서 결론 내지 못한 시사 회의가 진행 되었다. 시사에서는 종종 격론이 벌어졌다. 본격적으로 정치 가 시작된 것이라고 보면 된다.

시사는 어전회의의 핵심이었다. 경연에서도 국정 현안에 대해 논의했지만 왕과 신하가 공부를 하는 시간이었다. 현대적으로 보면 시사는 대통령이 직접 참여하고 회의를 주재하는 최고위급 형태의 국무회의였다. 소통이 안 되는 대통령은 국무회의에서도 토론보다는 일방적 지시만 하는데 600년 전의 세종은 신하들과 격렬히 논쟁하며 정치를 이끌어갔다. 세종은 통치하지 않았고 정치를 하고자 노력했다.

윤대 輪對

윤대는 왕이 날마다 관리를 불러 단독 면담을 하던 제도였다. 각 기관의 관리들이 왕을 독대하고 업무와 그 밖의 정책에 대해 직접 보고하고 왕의 질문에 대답하였다. 문관은 6품 이상, 무관은 4품 이상의 관원이 해당되었다. 윤대는 매일 행해졌으며 인원은 다섯 명을 넘지 않았다. 윤대는 국왕이 각 기관의 하급실무자들을 직접 만나 그들의 의견을 듣는 중요한 제도였다. 가끔 하급 관리들이 특정인을 고발하는 폐단도 없지 않았으나 세종은 윤대를 매우 중시했다.

세종 13년 3월 5일

지신사 안숭선이 대답하기를, "간사한 신하가 어느 나라엔들 없겠습니까마는, 인주人主가 이를 변별하는 데 달려 있는 것입니다. 인주가 현명한 사대부와 대하는 날이 많으면 능히 그 치평治平을 보전하고, 그렇지 못하면 혼란을 가져오게 마련입니다. 지금 윤대하는 법을 시행하여 하관下官의 말도 겸해 듣고 널리 받아들이시니 실로 아름다운 법입니다. 오늘날 성상의 지감이 일성日星같이 밝으시니 진실로 참소하는 말이 생길 우려가 없사오나, 후세에 가서도 참소하는 풍조가 이로 말미암아 일어나지 않으리라고 누가 보장하겠습니까. 이 점을 생각하지 않을 수 없습니다." 하였다. 임금이 말하기를, "이를 말하는 자가 역시 많았다. 그러나 윤대할 때의 말은 군상君上 혼자서 듣고 밖에 누설하지 않으며, 그 말이 혹시 사리에 맞지 않더라도 또한 죄를 가하지 않기 때문에 마음속에 품어온 바 있으면 숨김없이 말하므로 간혹 진위가 혼란을 가져오기도 한다. 인주에게 유익한 것이 많다. 직접 그 사람을 보고 말을 들어 그의 현부와 득실을 알게 되는 것도 역시 한 가지 다행이라 하겠다. 예부터 아무리 좋은 법이라 해도 반드시 폐단이 있게 마련이다." 하였다.

윤대를 하면서 다른 사람을 헐뜯는 관리가 있다고 하더라도 그 죄를 묻지 않았다니 참으로 대단하다. 그러나 당장에 죄를 묻지는 않았지만 나중에는 진위가 가려지고, 인사고과나 성적에 반영되었을 것으로 추정할 수 있다.

만기萬機

만기는 왕이 하는 모든 정사政事를 의미한다. 만기는 서경에 나오는 말이다. '일일이일만기 무광서관一日二日萬機 無曠庶官' 우임금의 참모인 고요가 이렇게 말을 했다고 전해지고 있다. '만기'는 '만 가지 기미'란 뜻이다. 왕의 사소한 말과 행동과 결정들이 최초에는 하나의 미세한 기미에 불과하지만 나중에는 그러한 것들이 나라와 백성의 삶에 고루 미치게 되고 나아가 아주 나쁜 결과를 가져올 수도 있다는 것이다. 그러므로 왕은 언행과 결정을 함부로 하지 말고 삼가고 두려워해야 한다는 것이다. 《조선왕조실록》에 '만기'는 총 1,055번이나 등장한다. '백성의 숨은 사정을 살펴서 구휼하며, 만기의 여가에도 경사를 즐겨 보시와'*라는 기록도 있다. 만기는 왕의 업무를 총칭하는 말로 사용되었다.

③ 오후 일정

점심點心

점심 수라는 비교적 간단했다. 죽이나 미음, 국수나 만두 등에서 그날 입맛이 당기는 것을 선택해서 먹었다. 그야말로 마음에 점을 찍는 정도의 식사를 했다. 점심을 먹고 난 뒤에는 곧장 오후 경연인 주강에 참석해야 했다. 정도전은 새로운 나라 조선의 왕은 공부를 아주 많이 해야 한다고 생각했었다. 하지만 하루에 세 번이나 경연을 하는 것은 아무리 공부를 좋아

---

* 세종 3년 9월 7일

하는 세종도 버거웠을 것이다.

면담 혹은 만기

경연과 상참 그리고 시사 회의는 편전인 사정전에서 개최되는 어전회의였다. 사실 세종의 하루 일과의 대부분은 '회의 중'이었다. 물론 어전회의는 참석하는 신하의 숫자가 많았다. 어전회의는 주로 오전에 개최되었다. 그것은 오전에 중요한 회의를 하고 정책이 결정되거나 사안에 대해 왕의 결재가 떨어지면 오후부터 시행에 들어가야 했기 때문이다.

오전에 비해 오후에는 비교적 업무의 과중함이 무겁지 않았다. 왕이 편전에 머무르고 있으면 관료들이 수시로 면담을 요청하였다. 의정부의 영의정, 우의정, 좌의정을 비롯한 관리들, 육조의 판서와 참판들, 삼사三司 관리들이 면담을 요청하는 경우가 아주 많았다. 이들을 면담하면서 국정을 협의하고 만기를 처결하는 것도 아주 중요했다.

또 다른 면담도 있었는데 지방관으로 발령을 받아 임지로 떠나는 관리나 지방에서 중앙에서 승진하여 출근한 관리들도 만났다. 특히 팔도의 관찰사나 부윤府尹은 물론이고 군현의 작은 수령들을 만나기도 하였다. 물론 임지로 떠나는 모든 관리를 반드시 만나는 것은 아니었다.

세종 8년 1월 17일

지평해군사 허항과 지철산군사 민소생과 교하 현감 박도 등이 배사하였다. 임금이 접견하고 이르기를 "마음이 바르면 사무를 처리하는 것도 어렵지 않다. 근래에 부정한 짓을 범하는 지방관들이 간혹 있다. 그리하여 나는 일선에서 백성과 가까이할 관리를 선택하여 친히 접견하고 보내는 것이다. 요즈음 흉년으로 인하여 백성이 식량난으로 많은 곤란을 당하고 있으며, 금년은 기후가 고르지 못하여 지극히 걱정되는 바이다. 오히려 나의 정성과 공경이 하늘의 마음을 감동시키지 못할까 염려하여 밤낮으로 두려워하니, 그대들은 오늘 내가 가르치는 말을 받아들여 관직에 있는 동안 부디 조심하여 긴급하지 않은 공사에의 동원은 모두 중지하고, 백성의 생활을 안전하게 하라." 하였다.

이에 수령들은 자신의 임지任地에 당면한 민원을 왕에게 말하기도 하였다. 어떤 경우에는 왕이 임지로 떠나려는 지방관을 면담한 자리에서 임지의 현황에 대해 질문을 던지기도 하였다. 자신이 가야 하는 임지의 현황에 대해 제대로 된 설명을 하지 못하는 지방관이 있으면, 그 자리에서 파직하기도 하였다.

면담을 신청하는 수령들과 중앙 부처의 관리들이 제법 많았기에 오후의 일정도 아주 빡빡했다. 거의 쉴 틈 없이 신하들을 만났고, 국정 현안에 대해 논의했으며 여론의 방향을 살폈다. 세종은 여론의 방향을 살펴 국정을 펼치려고 노력했다.

결재決裁

왕은 면담이 없으면 오전에 읽지 못한 상소문과 장계를 읽었다. 읽은 후에는 그 내용에 따라 합당한 결재를 했고 상소에 대해 비답을 내렸다. 조선 후기로 가면 상소에 대해 처결을 해야 하는 경우가 많아서 아예 도장을 찍기도 하였다.

점검點檢

오후 3시에서 5시 사이에 왕은 그 날 야간 근무를 하는 금위군의 군사와 장교들, 각급 관청에서 숙직하는 관리들의 명단을 확인하고 암호를 정해주었다.

④ 저녁 일정

저녁 수라

왕은 해지기 전에 저녁 경연인 석강에 참석해야 했다. 하지만 대개는 생략하였다. 경연을 매일 1회씩 하는 것만 해도 거의 기적에 가까웠다. 석강에 해당하는 시간에도 세종은 신하들과 옥신각신하기도 하였다. 세종 6년 2월 14일의 실록 기사를 보면 그 시간에 무슨 일이 있었는지 기록되어 있다. 양녕대군의 일로 여러 차례 상소를 올렸으나 세종이 듣지 아니하자 신하들이 몰려나왔다.

사헌부와 사간원의 신하들이 모두 사정전 앞의 뜰에 나와 말하기를 "전하께서 종사의 대계大計도 생각하지 아니하시고 다만 우애하는 사사로운 은혜의 마음만으로 갑자기 양녕을 이천으로 돌아오게 하시니, 신 등은 감히 다시 돌아오지 못하도록 하시기를 청합니다." 라고 하였다. 이에 세종은 지신사를 시켜 안 되는 이유를 설명하게 하였다. 그래도 신하들은 계속 사정전 앞에 엎드려 한 목소리로 말을 전했다.

이와 같이 말이 오고 가기를 두 번 세 번 거듭하여, 날이 벌써 저물었다. 임금이 말하기를 "이제 간관들이 모두 전정에 나왔기로 나도 바로 앉아 밥을 먹지 못하고 있다. 경들이 비록 말하여도 종시 허락하지 아니할 것이오." 하니, 대간들이 명을 듣고 다만 저녁 수라가 너무 늦을까 염려되어 물러 나왔다.

어찌 보면 참으로 아름다운 풍경이라 아니 할 수 없다. 사헌부와 사간원의 신하들이 왕의 명령을 거부하는 것을 넘어 아예 근본적으로 조치를 취하라는 항의 데모를 하고 있는 것이 아닌가. 데모가 길어지고 저녁 수라 먹을 시간이 되어 왕이 굶고 있다고 한마디 하자 모두 물러갔다는 기록이다.

야간 근무

수라를 먹고 난 뒤에도 업무가 밀려 있으면 일을 계속했다. 집무실인 편전사정전에서 퇴근하여 관저인 침전강녕전으로 돌아와 야간 근무를 했다. 너무 어두워지기 전에 대비나 왕대비에게 문안 인사를 드렸다. 왕은 근무를 하지 않으면 중요한 상소문을 읽거나 독서를 했다. 세종은 그 시간에 음운론을 비롯한 언어학을 공부하지 않았나 싶다. 한글은 낮에 국가의 공식적인 과제로 만들어진 문자가 아니라 세종의 야간 근무로 비밀리에 만들어진 문자였다. 물론 추측에 불과하지만 기록에 없으니 달리 추정해 볼 수가 없다. 저간의 사정이 그러했으니 당연히 강녕전에서는 그와 관련된 공부를 하고 있을 것으로 추정된다.

취침

인경 이후에야 왕은 공식적으로 잠자리에 들었다. 왕은 중전이나 후궁전을 골라 이동하였다. 때로는 홀로 잠에 들기도 하였다. 밤 10시쯤 통행금지를 알리기 위해 28번 종을 치는 것이 인경이었다. 물시계가 비치된 보루각에서 인경의 타종이 시작되면 종루, 남대문, 동대문으로 이어졌다. 인경과 함께 도성의 사대문과 사소문의 문이 닫혔다. 통행금지가 시작되면 순라군들이 딱따기를 들고 순찰을 돌았다. 기나긴 왕의 하루가 끝난 것이다.

3.
인간 이도의
실존적 하루

세종은 아픔이 많은 군주였다. 이십 대에 시작된 소갈증은 평생 세종을 괴롭혔다. 채식보다는 육식을 특히 좋아하여 생긴 병이었다. 몸집이 퉁퉁하고 움직이는 것을 그다지 좋아하지 않던 세종에게 소갈증이라는 당뇨병은 온갖 합병증을 몰고 왔다. 말년에는 시력도 거의 잃어 눈앞의 신하들도 제대로 구별하지 못했으며 피부병으로 인한 고생도 막심했다. 세종의 육체는 왕좌에 있는 동안 늘 아픈 상태였다. 심지어 마음도 늘 아픈 상태였다. 실록은 다음과 같이 기록을 남기고 있다.

세종 즉위년 12월 4일

심온의 아내와 딸들을 천인으로 삼고 가산을 적몰하기를 청하다

의금부에서 "심온의 아내와 딸들은 천인을 면하게 할 수 없습니다."

라고 청하였다. 상왕이 그 말대로 좇고 명하기를 "비록 천인에 속하
게 하더라도 일을 시키지는 말도록 하라."

태종은 의금부의 청에 따라 세종 처가 가문을 적몰하였다.
그리고 스무 날이 흘렀고 마침내 올 것이 왔다.

세종 즉위년 12월 23일

<u>안수산을 예천에 정배하고 심온에게 사약을 내리다</u>

"심온이 비록 중죄를 범하였으나, 그 딸인 공비가 이미 주상의 배필
이 되어 아들을 많이 둔 경사가 있으니 어찌 다른 사람에 비할 수
있으랴." 하고, 수원으로 압송하여 스스로 목숨을 끊게 하고 또 가
산을 돌려주어 장사 지내도록 하였다. (……) 상왕이 한참 동안 깊
이 생각하다가 주상에게 말하기를 "이 사람은 비록 극형에 처하더
라도 그 딸을 폐하는 것은 반드시 해야 할 이치가 없다."

상왕인 태종은 현재의 왕인 세종의 면전에서 이러한 명령을
내렸다. 세종이 할 수 있는 일은 아무것도 없었다. 세종은 억
울한 음모와 모략으로 장인을 비롯한 처가 식구들이 처형되고
노비로 전락되는 것을 막지 못했다. 그리고 일정이 끝나고 왕
후를 만나면 이러한 소식을 본인의 입으로 전해야 했다. 세종
이도와 소헌왕후 심 씨는 소리 죽여 울며 어머니가 노비로 끌
려가고 아버지가 사약을 받고 죽는 현실을 견뎌야 했다. 인간

으로서 겪어내기에는 그 아픔이 너무 깊었다.

　게다가 두 아들을 가슴에 먼저 묻어야 했으니 왕이기 전에
한 아비로서의 인간적인 아픔도 겪었을 것이다. 세종의 가정
은 언제나 슬픔으로 가득 차 있었다. 그리고 결국 그의 영혼도
슬픔으로 채워졌다. 세종이 슬픔의 왕이었다는 사실에 작가인
나는 한량없는 측은지심을 느꼈다. 하지만 세종은 지엄한 존
재인 국왕이었다. 조선의 국왕은 국가의 상징이었다. 조선이
건국될 때부터 사대부들이 강력한 견제 장치인 신권을 강화했
기 때문에 왕권이 절대권력을 갖진 못했지만 상징성은 온전히
유지되고 있었다. 세종은 왕이라는 정치적 존재였지만 인간이
라는 실존의 순간에서 잠시도 비껴갈 순 없었다.

　아무리 위대한 인간이라고 해도 일상의 조건에서 벗어날 수
는 없다. 세종도 마찬가지였다. 조선시대 왕의 일정은 시간의
흐름에 따라 아침, 낮, 저녁, 밤의 네 단계로 짜여 있었다. 일반
적으로 절대권력자인 왕은 자기 마음대로 일정을 조정하고 그
에 따라 움직인다고 생각하기 쉽지만 실상은 그렇지 않았다.
우리가 상상하는 것 이상의 **빡빡한** 일정이 왕을 기다리고 있
었다. 그 오해를 풀기 위해 세종을 주인공으로 삼아 그의 실존
적 하루를 재구성해본다. 이는 시간을 초월해 상상한 것이기
때문에 앞뒤가 맞지 않을 수도 있다.

　　"인간 이도의 실존적 하루는 어떠했습니까?"

"인간 이도의 하루는 참으로 길었다."

국왕의 하루가 어찌 인간의 하루에서 벗어날 수 있겠는가? 세종 이도는 참으로 부지런한 왕이었다. 그러나 반면에 온갖 실존의 부조리와 아픔과 슬픔이 점철된 인간이기도 했다. 실존적 인간으로서의 하루를 재구성해보면 다음과 같다.

기침

새벽 네 시가 조금 넘은 시각에 세종은 잠에서 깨었다. 소갈증과 간밤의 과로로 늦잠을 자고 싶은 욕구가 강렬하게 육체를 사로잡았지만 세종은 습관대로 몸을 일으켰다. 몸에 기록된 습관은 정확한 것이어서 인경이 울리기 전에 세종의 몸은 이미 눈을 뜬 상태였다. 잠에서 깨자마자 가벼운 죽으로 속을 달랜 뒤 의상을 차려입고 대비와 대왕대비 등 왕실의 웃어른을 찾아다니며 문안 인사를 올렸다. 곁에는 소헌왕후가 있었다. 몸이 많이 아플 경우에는 대전의 내시를 대신 보냈다. 아침 일찍부터 세종은 소헌왕후를 그림자처럼 보필하는 여종 김 씨를 눈여겨보았다. 김 씨는 물이 오른 꽃봉오리처럼 아름다웠다. 문안을 끝내고 대전으로 돌아오니 경연이 기다리고 있었다.

경연

오늘은 인仁의 한 구절을 읽고 토론하기로 했다. 세종은 신하들에게 인에 대해 묻기로 했다. 인의 실현은 세종 자신에게도 참으로 어려운 과제였다. 최근에는 간통 사건이 너무 빈발하여 강상의 도가 무너진 상태였다. 무안 군수 최중기의 아내인 유감동이라는 여자가 무려 마흔 명에 가까운 관리들과 간통한 사건을 비롯해 별시위 이석철의 아내 유 씨가 그의 조카인 유중인과 간통한 사실이 드러났다. 이어 유 씨의 남편 이석철은 처제와 간통했다. 참으로 어처구니없는 사건들이 일어나 조정이 발칵 뒤집어지곤 했다. 하물며 드러나지 않은 사건들은 얼마나 많을 것인가? 세종은 경연에서 "남녀의 욕구를 어찌 법령만으로 막을 수 있는가?"라고 말하면서 인의 실현이 얼마나 어려운 것인지를 새삼 깨닫고 더욱 열심히 백성을 위한 정치에 매진해달라고 당부했다.

수라

경연을 끝내고 아침 수라를 들었다. 소갈증에 좋다는 음식들은 모두 맛이 없었다. 입에 맞는 음식들은 모두 소갈증에 나쁘다며 어의들이 극력 반대하니 먹고 싶어도 참아야만 했다. 수라를 물리자마자 약탕이 올라왔다. 적당히 식은 약을 훌훌 먹자 대전 상궁이 하얀 비단으로 입술에 묻은 약물을 닦아냈다. 세종은 승지에게 조회가 준비되었는지 물었다. 오늘의 조회를 대하는 세종의 마음은 특별히 무거웠다.

상참

 사정전에서 아침 조회인 상참을 시작하는 것으로 세종의 집무는 시작되었다. 조회장으로 들어가니 문무백관들이 모두 엎드려 있었다. 어전회의가 시작되었다. 오늘의 첫 안건은 세자빈을 폐위하는 것이었다. 세자를 생각하면 세종의 마음은 착잡했고 아팠다. 세자는 아비인 자신과 달리 여자를 좋아하지 않았다. 세자는 첫 번째 세자빈을 가까이하지 않았다. 그러자 휘빈은 세자의 마음을 돌린답시고 신발을 태우고 뱀 가루를 먹다가 들통이 나고 말았다. 병약한 세자를 잘 보필하라고 연상에다가 몸집이 좋은 휘빈을 특별히 간택했다가 그만 낭패를 보고 만 것이다. 그래서 이번에는 동갑내기 봉 씨를 세자빈으로 간택했다.

 그런데 세자는 여전히 빈궁의 처소를 찾지 않았다. 세자는 독서를 즐길 뿐이었다. 어쩌면 세자빈이 마음에 들지 않아 그럴 수도 있겠다 싶기도 했다. 후사가 없는 것도 큰 걱정이 되어 세 명의 후궁을 더 들였다. 세자는 그중에서 승휘 권 씨란 후궁을 총애했다. 하지만 세자빈 봉 씨는 온갖 패악질로 집안의 도를 문란케 하더니 마침내 여종 소쌍과 동성애까지 하게 되었다. 세종은 도승지 신인손과 동부승지 권채를 바로 앞으로 부른 뒤 측근에 있는 신하들을 물리쳤다. "근년에는 일이 성취되지 않음이 많아서 마음이 실로 편치 않았다. 요사이 또 한 가지 괴이한 일이 있는데 이를 말하는 것조차도 수치스럽다. (……)"

세종은 세자빈 봉 씨와 관련된 일을 입에 올리는 것조차 수치스러웠고 힘에 겨웠다. 세종의 말을 듣는 두 승지는 몸 둘 바를 몰랐다. "요사이 들건대, 봉 씨가 소쌍이란 여종을 사랑하여 항상 곁을 떠나지 못하게 하니 궁인들이 서로 수군거리기를 '빈께서 소쌍과 항상 잠자리와 거처를 같이 한다.'고 하였다. 어느 날 소쌍이 궁궐 안에서 청소를 하고 있는데 세자가 갑자기 묻기를 '네가 정말 빈과 같이 자느냐'고 물었다. 소쌍이 깜짝 놀라서 그러하다고 대답하였다. 그 후에도 자주 듣건대, 봉 씨가 소쌍을 몹시 사랑하여 잠시라도 그 곁을 떠나기만 하면 원망하고 성을 내면서 말하기를 '나는 너를 매우 사랑하나, 너는 그다지 나를 사랑하지 않는구나.' 하였다. 소쌍도 다른 사람에게 늘 말하기를 '빈께서 나를 사랑하기를 보통보다 매우 다르게 하므로 나는 매우 무섭다.'고 하였다. (……) 내가 중궁과 더불어 소쌍을 불러서 그 진상을 물으니, 소쌍이 말하기를 '지난해 동짓날에 빈께서 저를 불러 내전으로 들어오게 하셨는데, 다른 여종들은 모두 문밖에 있었습니다. 저에게 같이 자기를 요구하므로 저는 이를 사양했습니다. 빈께서 억박지르므로 마지못하여 옷을 반쯤 벗고 병풍 속에 들어갔습니다. 빈께서 저의 나머지 옷을 다 빼앗고 강제로 들어와 눕게 하여 남녀의 교합하는 형상과 같이 서로 희롱하였습니다.'라고 대답하였다. (……) 나머지 일은 모두 가벼우므로 만약 소쌍의 사건만 아니면 비록 내버려두어도 좋겠지만 뒤에 소쌍의 사건을 듣고 난 후로는 단연코 폐하기로 결심했다. 더군다나 지금 두 번이나 폐출을 행한다면 백성들의 눈과 귀를 놀라게 할 것이므로 나는 이를 매우 염려하여 처리할 바를 알지 못하겠다. 어제 안평과 임영 두 대군으로 하여금 영의정 황희와 우의정 노한 그리고 찬성 신개를 불러서 이를 의논하게 하였더니, 모두 말하기를 '마땅히 폐해야 될 것입니다.'라고 하였다. 나도 거듭거듭 이를 생각해보니, 공자와 자사도 모두 그 아내를 내쫓았으며, 옛날 사람이 또한 어버이 앞에서 개를 꾸짖었다 하여 그 아내를 내쫓은 경우도 있으니, 진실로 소중히 여기는 것이 있기 때문이다."

여자가 여자와 함께 잠자리를 하다니, 참으로 괴이쩍은 일이었다. 하물며 종년끼리라 할지라도 엄중하게 금할 일이 동성애인데, 세자빈이 그랬다니 억장이 막힐 일이었다. 세종은 아들이 가여웠다. 세종은 승지를 따로 불러 봉 씨의 폐위를 명하였다.

결재

오전 11시경 각 부처의 업무보고와 결재가 시작되었다. 세종은 그 자리에서 국경을 평화롭게 하여 조선 백성들의 삶이 편안해지는 문제에 대해 병조와 의논했다. 최윤덕과 김종서가 여진족을 토벌하고 평안도의 4군과 함경도의 6진을 개척하는 사업에 대해 보고했다. 세종은 여진족이라고 할지라도 함부로 대하지 말라고 부탁했다. 그 외에도 감옥의 관리에 대해 지침을 내렸다. 감옥을 너무 춥게 하거나 죄수들에게 주는 밥을 인색하게 하여 배를 곯게 하는 일이 없도록 각별히 신경을 쓰라고 지시했다.

점심

태양이 중천에 높이 걸리자 세종은 점심을 간단히 먹었다.

주강

사정전에서 열린 낮 강좌에 참여했다. 정도전 등이 지은 《고려국사》의 문제점을 사마천의 《사기》를 예로 들면서 지적했다. 왜 《고려국사》를 다시 편찬해야 하는지 신하들은 아직도 그 뜻을 잘 모르고 있었다. 여전히 사료를 제멋대로 해석하고 조선의 입맛에 맞춰 고려의 역사를 꿰맞추려 들고 있었다. 역사를 기록하는 것은 평가를 기록하는 것이 아니라 사실을 기록하는 것이어야 했다.

면담 혹은 만기

낮 강좌를 끝낸 이후에는 지방관으로 발령받고 떠나거나 지방에서 중앙으로 승진해 오는 관료들을 접견했다. 요즘의 도지사급인 관찰사는 물론이고 현감을 비롯한 지역의 수령들을 세종이 친히 불러들여 업무에 만전을 기해달라고 당부하고,

그 지역의 민원이 무엇인지 묻고 또 당장 해결할 수 있는 것들은 예산 상황을 봐가면서 들어주었다. 세종은 사형이 자주 집행되는 현실이야말로 인이 실현되지 않는 정치라고 가슴 아파하면서 지방으로 파견하는 목민관에게 국법을 집행하는 데 있어 백성에게 가혹하게 하지 말 것을 당부했다. "사람의 죄가 사형에 처하는 것이 마땅하다 하더라도 만약에 사정에 따라 용서할 수 있다면 모두 용서하고 싶은 것이 나의 본심이요."라고 말하는 것으로 군왕이 백성을 사랑하는 마음을 비치기도 했다. 승정원에서는 세종과 새로 파견되는 지방관의 대화를 상세하게 기록하여 맨 뒤에 붙였다.

점검

오후 3시에서 5시 사이에는 야간에 대궐의 호위를 맡을 군사들 및 장교들과 숙직 관료들의 명단이 올라왔다. 세종은 그들의 명단을 확인하고 야간의 암호를 무단침입자를 경계하라는 의미로 《사기》에 나오는 자객 중 '예양'과 《대학》의 팔조목의 하나인 '격물'로 정했다. '예양'과 '격물'은 참으로 어울리지 않는 단어들이었고 그래서 야간 암호로 더욱 적당했다. 해가 뉘엿뉘엿 서산으로 졌다.

휴식

오후 6시, 저녁노을이 대궐의 창호지를 붉게 물들일 때면 세종은 저녁 강의에 참석해야만 했다. 하루에 세 번 강의에 참석하는 일은 결코 쉬운 일이 아니었다. 오늘따라 처리한 일이 많아 세종은 몹시 고단했다. 세종은 저녁 강의에 참석하는 대신 휴식을 취하기로 했다. 승정원에 명하여 석강을 오늘의 일정 안에 아예 넣지 못하게 했다. 휴식을 취하면서 오늘 밤에 대궐에 들어온 수양대군과 안평대군이 수행하고 있는 비밀 프로젝트가 진척을 보이고 있는지 궁금해했다. 세종은 수양대군을 믿었다. 참 영리한 아들이었다. 업무량이 점점 많아지고 있어서 세자에게 서무 결재권을 넘기는 것을 심사숙고했다.

수라

휴식을 취하고 있는 사이에 저녁 수라가 들어왔다. 세종은 꿀에 절인 홍삼을 먹고 싶었지만 소갈증 때문에 참았다. 소갈증에 단 것은 독약이나 다름없었다.

야근

저녁을 먹고 난 후에 승지들이 가져온 보고서를 읽었다. 그러는 사이에 상선이 오늘 밤 함께 잘 비빈의 명단을 가져와 낙점을 기다렸다. 세종은 명단에는 없는 여인의 얼굴이 떠올랐다. 붓을 들어 '김 씨'라고 적었다. 상선이 깜짝 놀라며 곤혹스런 표정을 지었다. 대체 누구냐는 물음이었다. 세종은 '중궁전'이라고만 대답했다. 그제야 상선이 뒷걸음질로 빠져나갔다. 왕실 어른들에게 저녁 문안 인사를 드리고 돌아오자 침전에 붉은 등이 내걸려 있었다. 상선이 와서 김 씨를 대령했다고 아뢰었다. 내일 아침이면 중궁전의 궁녀가 지엄한 존재의 승은을 입었다고 온 궁궐에 소문이 퍼질 터였다. 세종은 빙그레 웃으며 대군들을 만나러 갔다. 급할 것은 없었다. 대군들과 함께 세종은 입안에서 나는 소리와 혀가 만들어내는 소리에 대해 연구했다. 대군들과 옹주가 떠나자 세종은 침전으로 향했다.

승은

침전으로 오니 김 씨가 바람에 대나무 떨듯 떨며 앉아 있었다. 열두 살 어린 시절부터 봐온 처녀였다. 세종은 김 씨를 품에 안았다. 김 씨는 목석처럼 굳어 있었다. 세종은 능숙한 솜씨로 천천히 처녀를 다루었다. 김 씨와 잠자리를 끝낸 세종은 나인들을 불러 김 씨가 흘린 피를 처리하게 했다. 문득 중전에게 미안했다. 김 씨는 중전의 여종으로 잠저에 있을 때부터 데리고 있던 여인이었다. 궁에 들어와서는 궁녀로 등록되어 있었다. 중전한테 미안하긴 하지만 승은을 입었으니 후궁이 되어야 했다.

야간 순시

세종은 곧장 잠자리에 들기가 민망해 침전을 나와 감옥으로 향했다. 날씨가 추워지고 있는데 죄수들의 상태가 궁금했다.

감옥이라는 곳이 아무리 좋아도 내 집만 못한 법이었다. 비록 비가 새고 곧 무너질 듯한 지붕의 초라하기 짝이 없는 집이라고 해도 적어도 그곳이 감옥보다는 나았다. 죄수들을 보니 가련하다는 생각이 들었다. 의금부 도사에게 죄수들이 추위에 아프지 않게 잘 돌보라는 당부를 하고 나왔다. 돌아오는 길에 집현전에 들렀더니 숙직실에 등불이 켜져 있었다. 내관에게 살피고 오라고 했더니 신숙주가 책을 읽고 있다고 했다. 세종은 신숙주가 언제까지 공부를 하는지 살피라고 명하고 침전으로 돌아왔다.

취침

김 씨는 다소곳하게 앉아 있었다. 세종은 내관이 돌아올 때까지 잠자리에 들지 않고 기다리다가 김 씨를 데리고 잠자리에 들었다. 아까보다는 한결 수월하게 몸을 섞을 수 있었다. 멀리서 새벽을 알리는 닭 울음소리가 들려오자 내관이 바짝 얼어서 돌아왔다. 세종은 아까 순시 때 입었던 초구_{수달의 가죽으로 만든 두루마기}를 내관에게 내준 뒤 신숙주의 몸을 덮어주라고 이르고 비로소 눈을 감았다.

아무리 지엄한 존재라 할지라도 왕도 결국 인간이었다. 인간은 누구나 실존적이다. 세종의 하루는 비록 정치적이었지만 매 순간 실존의 아픔과 고투하며 보내야 했다. 물론 매 순간이 아픔일 수만은 없었다. 미천한 신분의 김 씨를 침전에 부를 때는 한 사내로서 세종도 설렘과 긴장과 흥분을 느꼈을 터였다. 위의 김 씨는 나중에 신빈이 된다. 조선 최초의 신데렐라다. 여종에서 왕의 총애를 받는 후궁이 되었으니 말이다. 세종은 하루의 일정을 모두 마치고 비로소 잠을 청한다. 몸이 일어나는 시간을 기억해 눈을 뜨기까지는 세 시간 남짓 남았다. 긴 하루가 끝난 것이었다.

4.
권력을 향한
의지

　세상의 왕자는 왕위를 꿈꾼다. 물론 모든 왕자가 왕위를 꿈
꾸는 것은 아니다. 어떤 왕자는 왕위계승권을 버리고 출가하
여 부처가 되었으며, 어떤 왕은 사랑 때문에 왕관을 스스로 내
려놓기도 하였다. 얼마 전, 부탄의 젊은 왕은 스스로 왕권을
내려놓고 입헌군주제로 국가의 정체를 바꿔 권력을 국민에게
돌려주기도 했다.

　영국의 에드워드 8세는 미국 출신의 평민 이혼녀 월리스 워
필드 심프슨과의 결혼을 위해 왕관을 벗고 윈저 공이 되었다.
사랑하는 사람이 왕국보다 소중했던 것이다. 이는 매우 특이
한 경우이며 예외적인 사례다. 지금의 영국 여왕 엘리자베스
는 바로 윈저 공의 왕관을 물려받았다.

　대개의 역사는 충녕과 양녕을 선악의 이분법으로 구분했다.

양녕은 폐세자가 될 정도로 패륜아였고, 충녕은 도덕과 윤리에 충실하여 성군의 자질을 가진 천재였다는 것이다. 훗날 국왕의 자리에서 펼친 충녕의 정치는 조선 오백 년의 기틀을 다진 위대한 업적이 되었다. 그것을 의심할 수는 없다.

충녕은 양녕의 시대와 맞서 싸웠다. '모든 위대한 인간은 자기 시대의 적자로 보이기를 가장 원하며, 어쨌든 소인배들보다 더 강하게, 더 민감하게 시대의 결함에 고통받는다면 그런 위대한 인물이 자기 시대를 상대로 벌이는 투쟁은 겉으로는 자신과의 무의미하고 파괴적인 투쟁으로 보일 것이다. 왜냐하면 그 투쟁에서 그는 자신이 위대해지는 것<small>다시 말해 자유로워지는 것, 온전히 자기 자신이 되는 것</small>을 방해하는 것과 싸우기 때문이다.'* 충녕은 투쟁하지 않는 것처럼 보였지만 사실은 격렬하게 투쟁하고 있었는지도 모른다.

권력의지란 무엇인가? 권력을 쟁취하고자 하는 의지인가, 아니면 오직 자기 자신만을 위해 권력을 행사하고자 하는 의지인가? 그것도 아니면 권력이 나오는 곳, 즉 백성을 섬기고 사랑하겠다는 마음을 일컫는가? 권력을 쟁취하고자 하는 의지와 오직 권력자 본인만을 위해 권력을 행사하고자 하는 의지를 가진 사람을 우리는 너무나 많이 보아왔다. 연산군이 그

---

* 프리드리히 니체, 이진우 옮김, 《비극의 탄생·반시대적 고찰》, 책세상, 420쪽

러하였고, 어리석은 임금 선조가 그러하였으며, 영조의 계비였던 정순왕후가 그러하였다. 이들은 국가를 망친 대표적인 권력자들이었다. 특히 정순왕후는 물질문명이 세계를 변화시키고 있을 즈음에 조선을 개인 가문의 이익을 위해 통치하면서 조선을 철저하게 망친 권력자였다. 소현세자를 죽인 인조와 그의 신하들도 무지몽매한 권력자였다. 대한민국의 역사에도 그러한 권력자들이 참 많이도 등장했었다. 무엇보다도 사적이익을 위해 권력을 행사하는 최고권력자들이 너무 많았다.

반면에 참된 권력의지는 '백성을 섬기고 사랑하겠다는 마음'이라고 생각한다. 백성을 통치하는 것이 아니라 백성한테서 위임받은 권력을 올바르게 행사하는 것, 이것이 참된 권력의지가 아니고 무엇이겠는가? 충녕은 과연 대군 시절에 왕이 되고 싶지 않았을까? 의령부원군 남재가 "군왕의 아들 중에서 누구라도 임금이 되지 못하겠습니까?"라고 말했을 때, 충녕은 그 말을 부정하지 않았다.

태종 이방원은 대군들과 왕자들에게 무식만 면하라고 했다. 물론 세자인 양녕한테는 공부를 강권하였다. 어찌 되었든 장자인 양녕이 뒤를 이어 왕이 되어야 하기 때문이었다. 무식만 면하라고 한 것은 무슨 뜻인가? 겨우 글자만 읽을 줄 알면 되는 것이지, 그 글자에 담긴 뜻을 새기지 말라는 뜻이었다. 대군이었던 시절에 이방원은 '공부를 통해 도달하게 되는 세계에 대한 지평과 인식이 얼마나 두려운 것인지' 철저하게 겪어냈다.

이방원은 무장이었지만 한편으론 성리학을 공부한 학자였다. 정도전이 이방원을 기어이 내치고자 했던 것은 그가 단순한 무장이 아니라 성리학까지 꿰뚫고 있는 학자였기 때문이었다. 이방원은 정도전이 궁극적으로 추구하고자 하는 핵심을 훤하게 알고 있는 무장이었다. 만일 이방원이 무장이기만 했다면 정도전은 기꺼이 그를 왕으로 옹립했을 터였다. 하지만 이방원은 세계의 지평을 알고 있는 학자였다.

사람은 존재의 위치에 따라 공부를 하고, 그것을 통해 세상 돌아가는 이치를 깨닫는다. 보통의 선비라면 과거를 보고, 관료가 되어 자신의 학문을 정치적으로 펼치는 방법을 최선이라 여기겠지만, 왕의 피를 물려받은 왕자이고 보면 그 피를 다스리기가 참으로 힘든 일이다. 더구나 그는 아버지를 도와 건국의 맨 앞에 서 있던 기획가였다. 태종은 왕의 피가 어떤지 알고 있었다. 그것의 위험과 피 냄새를 익히 알고 있는 왕이었다. 그래서 대군들에게 공부를 장려하지 않았고, 정치 개입 금지의 원칙을 주지시켰던 것이다. 태종은 양녕이 충녕을 죽일 수 있다는 사실에 진실로 걱정하고 근심하였다. 태종 스스로 형제를 죽이고 왕위에 올랐기 때문이었다.

충녕의 외모에 대한 자세한 기록은 없다. 다만 십대 때부터 몸이 뚱뚱했다고 한다. 단순히 뚱뚱하기만 한 것이 아니라 무장 가문의 사람답게 체구도 건장했다. 게다가 인내심도 있었다. 충녕의 인내심은 단연 학습에서 그 빛을 드러냈다. 주자학의 경전뿐 아니라 《사기》와 《춘추》 그리고 법률, 천문과 지리, 음악, 의학, 음운론, 언어학까지 닥치는 대로 게걸스럽게 서책을 읽었다. 심지어는 반복하여 읽고 또 읽어 전문가 이상의 실력을 축적했다. 그리고 문장을 단순하게 읽기만 한 것이 아니라 그 내용이 타당하고 근거가 있는지에 대해서도 살피며 읽었다.

충녕이 자주 밤을 새워 독서한다는 보고를 받자 태종은 덜컥 겁이 났다. 태종은 충녕의 책을 모조리 치워버리라고 명하면서 "과거를 볼 사람도 아닌데, 왜 이렇게 몸을 고단하게 하느냐?"며 충고하기도 했다.

태종 13년 섣달 그믐날 밤, 태종은 세자인 양녕과 여러 대군들 그리고 공주를 불렀다. 자식들은 아버지의 무병장수를 빌며 노래와 시를 지어 바쳤다. 연회 중에 태종은 양녕에게 "충녕은 장차 너를 도와서 큰일을 결단할 자다."라고 했다. 태종은 진심으로 충녕이 세자인 양녕을 정치적으로 돕는 좋은 아우가 되길 원했다. 그것만이 원죄처럼 짊어지고 있는 '피비린내 나는 왕자의 난'에서 벗어나는 길이라고 생각했다. 태종은 형제를 죽였다는 상처에서 벗어나지 못했다.

"참으로 현명합니다." 세자가 대답했다. 태종이 보기에 충녕의 현명은 도가 지나쳐 위험한 지경에 이르렀다. 그러기에 일찍이 충녕에게 이르기를 "너는 할 일이 없으니, 평안하게 즐기기나 하라."고 한 것이다. 그것은 충녕이 지닌 위험, 즉 세자를 능가하는 학문과 인덕이 장차 몰고 올 정치적 혼란과 비극을 미리 제거하기 위한 고육지책이었다.

세상의 어느 아비가 자식이 공부하는 것을 싫어하겠는가? 하지만 아비는 왕이었다. 충녕은 태종의 뜻을 알아차렸다. 그래서 온갖 서화와 기암괴석, 가야금과 거문고 등의 악기를 비롯한 애완용품을 두루 갖추었다. 하지만 충녕은 애완용품이나 어루만지며 살 수 있는 사람이 아니었다. 세상에서 공부가 제일 좋은 사람이었다. 오래지 않아 충녕은 아버지 몰래 공부에 열중했다. 양녕이 기생을 품고 잠자리에 들 때마다 충녕은 밤을 꼬박 지새우며 책을 읽었다. 그리고 그 사실은 비밀스럽게 퍼져 나갔고 곧 누구나 알게 되었다.

충녕의 학문은 최만리나 정인지 등을 비롯한 성균관의 유생들 사이에서는 물론이고 사대부 모임에서도 자주 입에 오르내렸다. 문장을 읽는 즉시 암송하는 천재적인 기억력은 물론이고 부분과 전체를 종합할 수 있는 지적 능력, 한 줄의 문장이라도 전체의 맥락 속에서 해석해낼 수 있는 창조력까지 어느 것 하나 감탄을 자아내지 못하는 것이 없었다. 충녕의 학식과 인덕에 대한 소문은 바람처럼 조선 팔도에 퍼져 나갔다.

태종이 공부를 하지 말라고 했던 때로부터 2년의 세월이 흐른 태종 15년 섣달 그믐날, 사관은 며칠 전에 있었던 의미심장한 일화 하나를 기록해두었다.

충녕이 의령부원군 남재의 집에서 열린 연회에 참석했는데 한양의 내로라하는 선비들도 참석한 연회였다. 모두 음식과 술을 마시며 즐거운 시간을 보내고 있을 때, 남재가 마음속에 담아두었던 말을 꺼냈다.

옛날 주상께서 잠저에 계실 때 내가 학문을 권하니, 주상께서 말하기를 "왕자는 참여할 데가 없으니 학문은 하여 무엇하겠느냐?" 하기에 내가 말하기를 "군왕의 아들인데 누구라도 임금이 되지 못하겠습니까?" 하였는데, 지금 대군이 학문을 좋아하는 것이 이와 같으니 내 마음이 기쁩니다.

남재는 충녕의 면전에서 칭찬의 말을 쏟아냈다. 다르게 해석하면 세자인 양녕의 존재를 부정하는 역심일 수도 있었다. 엄연히 양녕이 국본의 자리에 앉아 있는데 충녕에게 그런 말을 했다는 것은 자칫 피바람을 불러올 수도 있었다. 태종이 남재의 의중에 담긴 뜻, 즉 양녕을 폐하고 충녕을 세자로 세울 수도 있다는 마음을 불충이며 역심으로 여기는 순간, 충녕의 목숨까지도 위험해질 수 있는 발언이었다.

"과감하다! 그 늙은이가."

태종은 크게 웃으며 농담으로 넘겨버렸다. 태종이 농담으로 넘겼다고 해도 누군가가 남재와 충녕의 마음에 역심이 있으니 처벌해야 한다는 상소를 올렸다면 어전회의에서 정식으로 다

뭐야만 하는 중대한 정치적 발언이었다. 그런데 누구도 이의
를 제기하는 상소를 올리지 않았다. 은연중 모두들 충녕의 능
력을 인정하고 있었고, 나아가 세자인 양녕을 부정하는 마음
이 있었다는 뜻이다. 여론이란 이처럼 무서운 것이다.

"왕위를 탐낸 적이 없었습니까?"
"《대학연의》를 읽고 또 읽었다."

충녕이 남재의 말을 부정했다는 기록 역시 어디에도 없다.
이는 충녕도 사대부들이나 관료들 사이에서 자신에 관한 여론
이 좋은 방향으로 형성되어 있다는 것을 알고 있었다는 증거
라고 본다. 어쩌면 충녕 스스로도 사대부들과 관료들 그리고
성균관의 유생들을 향해 자신의 존재를 한껏 내세웠는지도 모
른다.

이처럼 충녕은 언제나 목숨을 건 승부를 마다하지 않았다.
권력의 핵심인 태종이나 국본인 양녕과 직접 대결하진 않았지
만 아주 먼 곳에서 자신의 실력을 마음껏 자랑하는 것으로 승
부하고 있었던 것이다. 그것을 가장 잘 아는 인물들이 바로 민
씨 형제였다. 민무구와 민무질 형제는 사대부들 사이에서 떠돌
고 있는 충녕의 천재성과 인덕이 시한폭탄이 될 것이라 예감
하고 있었다. 그들은 권력의 이동에 민감하게 반응할 줄 아는
무장들이었다. 주자학에 대해 조예가 깊지 않았던 그들은 에두

르지 않고 직선적으로 승부를 걸었다. 그들은 양녕이 왕위를 이어받아야 한다는 사실을 뼛속 깊이 새겨둔 사람들이었다.

태종 7년1407 7월 10일에 영의정부사 이화 등이 민무구, 민무질, 신극례의 죄를 청하는 상소문을 올렸다. 민무구가 "세자 이외에는, 왕자 가운데 영기英氣가 있는 자는 없어도 좋습니다."라고 하였다며 역심을 품은 것이라고 하면서 죄주기를 청했다. 여기에 대해 태종은 처남들의 일이니 모른 척했다. 그러나 상소는 끈질기게 이어졌고 태종도 더 이상은 민 씨 형제들을 보호할 수 없었다. 첫 번째 상소가 올라가고 1년 3개월 후, 태종은 교서를 내렸다.

태종 8년 10월 1일

"(……) 민무구 등이 또한 종지宗支를 전제剪除한다는 말이 있었으므로, 내가 심히 두려워하여 곧 중의衆議를 따랐다."

종지를 전제한다는 말은 양녕을 제외하고 다른 대군들과 왕자들을 모조리 죽이겠다는 것을 의미한다. 민 씨 형제가 그 말을 했을 때에는 충녕의 나이 겨우 네 살 때였다. 신하들은 외방에 내치는 것에 만족하지 않았다. 빗발치는 상소를 올려 민 씨 형제를 죽이라고 주장했다. 그로부터 다시 1년 후인 태종 9년 9월 4일에 임금은 신하들과 이야기를 하다가 "인군의 자식은 오직 맏아들만 남기고 그 나머지는 모두 죽여야 하느냐?"며 눈물을 흘렸다고 한다. 그리고 다시 해가 바뀌어 태종 10년 3월 17일에 제주에 유배되어 있던 민 씨 형제에게 자결을 명하였다.

태종은 민 씨 형제들과 함께 두 번의 왕자의 난을 치러냈다. 그들은 태종의 일등 공신이었다. 태종은 직선적인 정면승부에서 승리했던, 그러나 형제를 죽여야만 했던 상처가 심장에 새겨진 절대군주였다. 민 씨 형제는 태종의 핏물이 뚝뚝 떨어지는 상처에 소금을 뿌리고 말았던 것이다.

상처받은 사람은 위험하다. 그들은 상처를 치유하는 방법을 알기 때문이고, 그 상처를 되풀이하지 않기 위해 타자에게 깊은 상처를 입히기 때문이다.

민 씨 형제의 죽음은 무장과 사대부들이 함께 세운 주자학, 즉 성리학의 나라에서 사대부들이 무장들을 누르고 더 큰 영향력을 행사하기 시작했다는 것을 의미했다. 태종은 군권을 신하들과 나누지 않았다. 왕이 직접 군권을 장악했다는 것은 국정이 안정되어 있다는 것을 의미한다. 문신들과 그들의 배후인 사대부들은 국가의 기본 철학인 성리학에 집중할 수 있었다. 정도전이 태종에 의해 제거된 이후에 현저하게 약화된 신권을 그들은 서서히 회복하고 있는 중이었다. 민 씨 형제 사건은 '왕권의 강화'라는 이중의 덫으로 왕권을 약화시킨 사건이었다.

사대부들이 볼 때 세자인 양녕도 위험한 인물이었다. 성리학에 대한 학습을 통해 국가의 정책과 미래를 설계하기보다는 권력의 달콤함에만 벌써부터 취해 있었기 때문이었다. 양녕은 자신의 황음을 숨기지 않고 낱낱이 드러냈다.

반면에 충녕은 중국의 고전을 거의 암송하고 있었고 그에 따른 해석도 탁월했다. 세자의 스승인 변계량과 이내는 양녕을 가르칠 때마다 충녕을 칭찬했다. 그러나 양녕은 그들의 비교가 무엇인지 관심조차 기울이지 않았다. 변계량은 자주 충녕을 보좌하는 시관에게 충녕의 독서에 대해 물었다. 충녕의 독서는 세자를 훌쩍 앞질러 가고 있었다. 겉으로는 충녕을 칭찬하고 탄미했지만 그들의 근심은 깊었다. 양녕이《대학연의》를 손에 잡은 지 5년이나 지났지만 아직까지도 책을 끝내지 못하고 있었다.

《대학연의》는 43권 12책으로 구성된, 중국 송나라의 유학자 진덕수가 편찬한《대학》의 뜻과 이치를 통치의 차원에서 재해석하고 옛 현인들의 언행을 고증한 제왕학 교과서였다.《대학연의》는 그래서 왕이 읽어야 하는 첫 번째 책이었고, 장차 왕이 될 후계자 읽어야만 하는 책이었다. 그런데 태종은 충녕의 스승 이수한테《대학연의》를 가르쳐도 된다고 허락하였다. 태종은 왜 그런 결정을 내렸을까?

임금은 반드시《대학》을 알아야 하고 신하도 반드시《대학》을 알아야 한다. 임금으로서《대학》을 알지 못하면 다스림이 나오는 근원

을 맑게 할 수가 없고, 신하가 《대학》을 알지 못하면 임금을 바르
게 하는 법도를 다할 수가 없다.

— 《대학연의》, 〈서〉 중에서

이방원은 무장으로서도 위대하였지만 성리학에서도 출중한
능력을 보인 천재였다. 태조 이성계가 머뭇거리고 있을 때, 이
방원은 말을 타고 달리면서 칼을 휘둘러 아버지의 우유부단을
미리 제거한 술책가였다. 또한 말 위에서 칼만 휘두른 것이 아
니라 성리학을 비롯해 중국의 고전을 독파했다. 어떤 경우에
도 정도전은 이방원을 이길 수 없었다. 이길 수 없는데 이기려
고 기를 쓰다가 그만 비극을 초래하고 만 것이다.

태종이 충녕에게 《대학연의》의 공부를 허락한 것은 곧 대권
예비후보가 되었다는 뜻을 에둘러 전달한 것일 수도 있다. 태
종의 뜻이 반드시 그렇다는 것은 아니다. 하지만 그 뜻을 알아
볼 수 있는 단서가 여기저기 존재하는 것도 사실이다.

"집에 있는 사람이 비를 만나면 반드시 길 떠난 사람의 노고
를 생각할 것이다." 태종이 충녕을 보고 한마디를 툭 던졌다.

"《시경》에 이르기를 '황새가 언덕에서 우니, 부인이 집에서
탄식한다.'고 하였습니다." 충녕은 망설이지 않고 그 뜻을 고전
에서 인용해냈다. 이에 태종은 "세자가 따를 바가 아니다."라
고 탄복했다. 신하들도 깜짝 놀랐다. 그러면서 임금의 마음이
어디로 향하고 있는지 파악하느라 분주하게 움직였다. 한번은

세자가 태종 앞에서 여러 신하의 문무를 논한 적이 있었다.

"충녕은 용맹하지 못합니다." 양녕은 화살 하나 제대로 쏘지 못하고, 사냥도 나가지 않으며 독서에만 빠져 있는 충녕을 빗대어 말했다.

이에 태종은 "비록 용맹하지 못한 듯하나, 큰일이 닥쳤을 때 우물쭈물하지 않고 즉시 결단하는 것은 당세에 더불어 견줄 사람이 없다."라고 하면서 노골적으로 충녕을 칭찬했다. 용맹은 사냥술로 판단하는 것이 아니라 국가의 중대사를 능수능란하게 다룰 수 있는 능력으로 판단하는 것이라고 양녕을 훈계했던 것이다.

《대학연의》를 손에 잡자 충녕은 대단한 집중력을 선보였다. 양녕이 6년 만에야 간신히 읽어낸 책을 충녕은 단 4개월 만에 읽어낸 것이다. 그 소문도 사대부들 사이에서, 조정의 대신들 사이에서 잔잔한 파문을 일으키며 소리 없이 넘실거렸다. 누구라도 충녕의 왕재를 부정하지 못하게 된 것이다.

충녕의 두 번째 승부수는 '어짊'이었다. 충녕 본인은 '어짊'으로 승부한 적이 결단코 없겠지만, 왕가는 물론이고 조정의 대신, 심지어 백성들까지도 충녕이 '어질다'라고 느꼈다면 문제는 달라진다. 반면에 누구도 양녕을 '어질다'고 생각하지 않았다. 오히려 양녕은 '모질다, 사납다, 음흉하다, 난잡하다' 등의 평가를 받고 있었다.

태어날 때부터 충녕은 어진 성격을 지녔던 것으로 보인다.

사람들에게 잘 보이기 위해 일부러 '어질게' 행동하는 것은 오래지 않아 그 위선이 탄로 날 수밖에 없다. 충녕의 '어짊'은 위선이 아니라 본성이었다. 충녕에 대한 백성들의 믿음도 대단했던 것으로 보인다. 굶주린 백성들은 세자인 양녕을 찾아가기보다 대군인 충녕을 찾아가 하소연했다. 태종 15년 11월 6일의 실록은 작은 사례를 보여준다.

"걸식하는 사람이 미처 진휼을 받지 못하여 충녕에게 여쭌 자가 있습니다." 충녕은 하소연을 듣고 직접 현장에 나가 살폈다. 아마도 변장을 하고 나갔기 때문에 관리들이 충녕이 살피고 있는 줄도 모르고 대충 일처리를 했던 모양이다. 충녕은 이 문제를 조정에 알렸다. 백성들은 환호했다. 백성들의 마음도 세자인 양녕한테서 떠나 충녕한테로 이동하기 시작했다.

"서울과 지방의 굶주린 백성을 이미 책임자로 하여금 자세히 물어서 도와주라고 하였는데, 무슨 까닭으로 고루 주지 못하여 스스로 충녕대군에게 말하게 하였는가? 충녕대군은 굶주리고 추워하는 사람을 불쌍히 여기기 때문에 듣고 본 것이 있으면 곧 반드시 와서 고하는 것이다."

태종은 충녕한테로 이동하는 백성의 마음을 불안하게 여겼다. 백성들이 세자가 아닌 왕자에게 의지하고 있는 것은 좋은 징조가 아니었다. 왕자로서 충녕은 본인 스스로 의도하진 않았지만 공동체가 요구하는 미덕들을 성실히 수행하고 있었다. 충녕이라는 한 왕자가 지니고 있는 덕목들은 국본으로 불리는 세자 양녕이 결코 도달할 수 없는 드높은 가치와 위치를 지닌 것들이었다.

어쩌면 양녕은 그것에 절망하고 있어서 더욱 엇나갔는지도 모른다. 중요한 것은, 양녕은 시대정신에 부합하지 못했고 충녕은 철저하게 시대정신을 구현하고 있었다는 사실이다. 그리하여 시대는 양녕을 버렸고 충녕을 선택했다.

세종은 《대학연의》를 백 번도 더 읽었다. 물론 그 책을 읽었다고 해서 권력의지가 강하다고 단언할 수는 없다. 세종 즉위년 10월 12일 실록에 《대학연의》를 공부해야 하는 이유에 관해 중요한 언급이 나온다. 경연에 나갔다가 "동지경연 이지강이 《대학연의》를 진강하고, 또 아뢰기를 '임금의 학문은 마음을 바르게 하는 것이 근본이 되옵나니, 마음이 바른 연후에야 백관이 바르게 되고, 백관이 바른 연후에야 만민이 바르게 되옵는데, 마음을 바르게 하는 요지는 오로지 이 책에 있사옵니다.' 하매 임금이 말하기를 '그러나 경서를 글귀로만 풀이하는 것은 학문에 도움이 없으니, 반드시 마음의 공부가 있어야만 이에 유익할 것이다.'"라고 했다는 기록이 있다. 이를 통해서 세종의 권력의지는 일반적인 권력의지가 아니라 백성을 위한 마음공부의 의지라는 것을 알 수 있다.

5.
물러섬이 없는
치열한 어전회의

조선시대 어전회의는 어떠하였을까? 신하들은 왕의 의견에 아무런 반대도 하지 않았을까? 영화나 사극을 보면 어전회의는 매우 형식적이었고, 어전회의에서 제출되는 의안에 대해 반대하는 신하를 보기가 어렵다.

모든 회의는 그 이전에 실무선에서 결론이 나는 법이다. 실무선에서 판단하고 제출된 내용이 회의에서 바뀌는 경우는 거의 없다. 실무적 판단과 그에 따른 종합적인 결정은 반드시 회의 이전에 이루어진다. 물론 최종적인 판단은 결재권자가 하고 책임도 지는 것이지만, 회의에 안건이 올라가기 전에 이미 실무진과 결재권자는 사전 조율과 결정을 마친 상태다. 그렇기 때문에 회의 참석자들의 반대와 이에 따른 견해는 무력화되기 일쑤였다.

조선시대의 어전회의도 그랬을 것이다. 육조에서 올린 사안과 매일매일의 장계, 의정부의 논의사항 등이 승정원을 통해 왕에게 전달되고, 그 내용에 대해 왕이 결재하면 다음 날 회의에 안건으로 올렸을 것이다. 문제는 왕과 신하 사이에 의견이 갈렸을 때다. 정조 시절의 어전회의는 그야말로 난상토론이었다. 국왕이 채택하고자 하는 정책이나 교지에 대해 신하들은 얼마든지 반대할 수 있었다. 그래서 정조는 정적의 대표인 심환지와 편지를 주고받으며 내용을 미리 조정하였다. 국왕인 정조의 편지에 대해 심환지는 복종하지 않고 자신의 의견을 있는 그대로 내세웠다. 정조와 심환지는 편지로 서로의 마음을 알렸고, 그 마음이 서로 다르면 며칠 뒤의 어전회의에서 치열하게 토론했다. 절대왕정 시대의 어전회의도 이러한데 민주공화국의 국무회의는 어떠했을까?

대한민국의 국무회의는 정부의 권한에 속하는 중요정책을 심의하는 헌법상의 기관이다. 예전 권위주의 시대에는 각료회의라고 부르기도 했다. 1962년 12월 26일에 개정된 제5차 개정 헌법에 국무회의를 행정부 내의 최고 심의기관이라고 규정하였다.

국무회의는 대통령과 15인 이상 30인 이하의 국무위원으로 구성된다. 대통령은 국무회의 의장으로 국무회의를 소집하고 주재한다. 의장이 유고나 사고로 인하여 직무를 수행할 수 없는 경우에는 부의장인 국무총리가 그 직무를 대행한다. 국무회의는 구성원 과반수로 개의하고, 출석 구성원 3분의 2 이상의 찬성으로 의결한다.

헌법 제89조에 국무회의가 심의하는 사안들이 명문화되어 있다. 그만큼 대통령이 주재하는 국무회의는 국가의 중요한 회의로써 헌법에 의해 보호받고 있는 것이다. 물론 조선의 어전회의는 국왕의 만기에 대해 모두 다루었다. 만기는 국왕이 해내야 하는 '모든 정무'를 의미한다. 그러나 만기는 관습법에 의거하고 있다. 조선의 어전회의는 관습법에 의한 만기를 다루는 국왕 주재의 회의였다. 그런 면에서 국무회의와 어전회의는 닮았다.

국무회의는 심의기관으로서 그 의결사항이 대통령을 법적으로 구속하지는 못한다. 그러기에 독재적이거나 비민주적인 대통령이 헌법과 법률을 마음껏 위반하도록 방치하는 경우가 아주 많았다. 원칙적으로는 대통령을 보좌하여 헌법과 법률에 의한 통치를 할 수 있도록 제어의 기능을 갖도록 한 것이 헌법의 본래 뜻이었다. 국무회의가 이러한 기능을 제대로 발휘하기 위해서는 국무위원들이 고도의 업무수행 능력과 역량을 가져야 하며, 대통령 또한 국무회의를 존중해야 한다. 세종대왕의 어전회의는 민주주의의 학습장이라고 해도 과언이 아니라고 한다.

"어전회의는 어떤 풍경이었습니까?"
"어전회의는 참으로 치열했다."

어전회의에는 상참과 조참이 있다. 상참은 약식 조회인데 주로 사정전에서 개최되었다. 조참은 정식 조회였기 때문에 근정전에서 개최되었다. 상참은 의정부의 정승들과 육조의 판서와 참판들, 주요 기관의 참상관 이상의 관료들, 왕과 신하의 잘잘못을 따지는 대간, 비서실장인 지신사, 사관 등 보통 스무 명 안팎이 참여하였다. 상참이 그대로 이어져 현안을 결정하고 토론하는 시사 회의로 연장되기도 하였다.

조참은 매월 5일, 11일, 21일, 25일에 근정전에서 문무백관이 참석하는 정식 조회였다. 조참은 회의라기보다 국가의 행사와 같아서 주로 의전을 중심으로 진행되었다. 그러기에 실제적인 토론과 정책 결정이 이루어지는 회의는 아니었다. 중요한 정책이나 왕명을 교서의 형태로 발표하는 공식적인 행사였다.

어전회의는 '의논하는 회의'였다. 《조선왕조실록》에서 '의논'을 검색해보면 총 53,116건의 기사가 검색된다. 그중에서도 전쟁을 치러낸 선조와 명나라와 청나라 사이에서 균형 외교를 했던 광해를 제외하면 단연코 세종 때가 두드러진다. 세종은 즉위 후 첫 어전회의를 '의논'으로 시작하였다.

세종 즉위년 8월 12일

당상관들과 의논하여 관직을 제수하다

임금이 하연에게 이르기를 "내가 인물을 잘 알지 못하니, 좌의정
·우의정과 이조·병조의 당상관과 함께 의논하여 벼슬을 제수하려
고 한다."

하연이 아뢰기를 "상왕께서 일찍이 경덕궁에서 정승 조준 등과 상
서사 제조와 함께 의논하여 벼슬을 제수하였사온데, 이제 전하께
서 처음으로 정치를 행하심에 있어, 대신과 함께 의논하심은 매우
마땅하옵니다." 하였다.

임금이 명하여 좌·우 의정과 이조·병조의 당상관과 의논하여 허지
를 대사헌으로, 허조를 공안부윤으로, 박광연을 경상도 수군도절제
사로, 정수홍을 우사간으로, 박관을 사헌집의로, 정기를 사헌지평
으로 삼았다.

이 회의에 병조판서가 참여한 것은 아마도 장군 격인 경상도
수군도절제사를 임명하는 것과 관련이 있을 것으로 추측된다.
나머지는 좌의정과 우의정이 상왕인 태종의 뜻을 미리 받들어
세종에게 천거하였을 것이다. 세종은 그 천거를 그대로 받아
임명 교지를 내린 것이다. 형식이야 어찌 되었든 세종은 첫 번
째 회의를 의논으로 시작하였고, 그 결과를 공유하였다. 아무
리 국왕이라고 하여도 신하들과 의논하지 않는 법은 없었다.

세종 시대의 어전회의는 치열한 논쟁의 장이었다고 해도 과

언이 아니다. 어떤 회의에서는 조선 역사상 유례가 없을 만큼 임금과 신하 사이에 뜨거운 설전이 벌어지기도 했다. 그 풍경을 세종 22년 3월 18일의 실록은 다음과 같이 전하고 있다. 지방 수령의 임기를 6년에서 3년으로 줄이자는 상소를 세종 5년 6월 5일에 이조에서 올린 이래로 이 문제는 뜨거운 주제가 되었다. 세종 30년 10월 8일에도 육기법 폐지에 대한 상소가 올라온 것을 보면 세종은 무려 25년 동안이나 이 주제를 갖고 신하들과 논쟁하고 있었던 것이다.

회의가 열렸다. 여러 신하가 겨우 자리를 잡아 앉았는데, 형조참판 고약해가 자리를 피하여 낮은 소리로 '소인'이라고 두 번 말했다. 회의장이 조용해졌다. 지방 수령의 임기와 관련된 세종의 고집에 신하들의 불만은 폭발 직전이었다. 이에 형조참판 고약해가 참다못해 나선 것이었다.

세종 : 큰 소리로 말하라.

고약해 : 소인이 오랫동안 전하의 얼굴을 뵙지 못하였으므로, 일을 아뢰고자 하였사오나 하지 못하였나이다.

세종 : 해로울 것이 없으니 먼저 말하라.

고약해 : 소인의 충성이 부족하여 전하의 뜻을 돌리지 못하였습니다. 얼마 전에 수령의 육기법을 혁파하자고 청하였으나 윤허하심을 받지 못하였고, 또 청하였으나 여전히 윤허를 받지 못하였습니

다. 이 같은 일을 신이 만약 말하지 아니하면, 누가 전하를 위하여 말을 올리겠습니까. 수령 임기가 3년에서 6년으로 늘어남으로써 수령으로서 범죄를 저지르는 자들이 많사옵니다. 또 6년 동안이나 한양을 떠나 있어 조정과 한양의 양반사회에 참여하지 못하니 그들의 마음이 얼마나 억울하겠습니까. 임기 6년제를 폐하시기를 엎드려 바라옵니다.

세종 : (얼굴에 노여움이 가득하여) 신하된 자가 감히 임금에게 망령된 말을 해도 되는 것이냐? 수령으로서 부패한 자가 누구냐?

고약해 : (이때, 임금의 말이 미처 끝나지 않았는데 중간에 끼어들며) 그걸 꼭 말로 해야 아시옵니까?

세종 : (목소리를 높여) 경이 내 말을 자세히 듣지 않고 감히 입을 먼저 여는가? 경은 끝까지 들으라! 수령을 지낸 것이 열두어 고을에 이른 사람들도 혹 있다. (……) 경은 겨우 한 고을 수령을 지내고서, 그 싫어함이 이처럼 망령되니 어찌 된 것인가?

고약해 : 그 부패한 수령들의 이름을 여기서 말할 수는 없습니다. 어질지 않은 수령이 한 군데 임지에서 오래 있게 되면 백성들이 받는 폐해가 아주 클 것입니다. 신이 어려서 공부할 때 훌륭한 임금을 만나 좋은 정치를 행하는 꿈을 꾸었습니다. 그러나 신이 처음 육기의 법을 혁파하자고 청하였으나 전하께서 윤허하지 않으셨고, 두 번째 청하여 또 윤허하지 않으시니 실로 유감이옵니다. 전하께서 만약 훌륭하지 않다면 신이 어찌 감히 조정에서 벼슬을 하겠나이까. (……) 신은 실로 실망하였나이다. (자리에서 일어나 어전회의장 밖으

로 나가려 한다.)

　세종 : 오호라, 이 무슨 경거망동이오? 어서 앉지 못할까?

　상식적으로는 도무지 납득이 되지 않는 왕과 신하의 설전이
다. 신하가 지엄한 왕에게 마구잡이로 대드는 풍경에서 우리
는 세종이 얼마나 신하들과 터놓고 토론을 즐기는 왕인가를
충분히 유추해볼 수 있다. 세종만이 지닌 특유한 지도력은 바
로 설전에 가까운 토론에 있었다. 세종은 입버릇처럼 "의논해
보자."고 말했다. 임금이 기획하고 상상한 어떤 정책이나 제도
를 즉각 권력으로 밀어붙이는 것이 아니라 시간이 오래 걸리
더라도 신하들과의 충분한 토론을 통해 모두가 공유하기를 소
망했던 것이다. 이것이 바로 토론의 정치였다. 세종은 토론의
정치를 통해 평등한 군신관계를 정립했지만 그렇다고 유약한
왕은 결코 아니었다. 세종은 고약해가 어전회의에서 보여준
무례함에 대해 추국하라고 지시하였다.
　세종은 백성을 위한 제도 개혁에는 강력한 지도력을 발휘하
여 신하들이 아무리 줄기차게 상소를 올리고 어전회의에서 반
대를 주장하여도 태산처럼 움직이지 않았다. 반면에 신하들이
얼마든지 여기에 대해 말을 할 수 있도록 언로를 열어놓았던
것이다. 개혁의 실패는 곧 조선의 실패였기에 세종은 절대 양
보하지 않았다. 다음 날, 고약해를 추국하라는 바로 전날의 어
명을 언급하며 사간원 우헌납 김길통이 언로에 관해 세종에게

아뢰었다.

"어제 사헌부에 고약해의 언사가 무례하다고 그 죄를 따지라 하였사온데, 대저 왕의 권위가 엄하고 중하여 어떤 신하라도 감히 쉽고 편하게 말씀 올리지 못하옵거늘, 만약 고약해를 죄준다면 누가 감히 말을 하겠습니까? 하물며 고약해는 생각하는 것이 있으면 반드시 말을 하였으므로, 전하께서 일찍이 충직하다고 허락하시었으니 (……) 비록 그 언어가 무례하였다 하더라도, 원하옵건대 추문을 중지하고 말하는 길을 넓히게 하소서."

이에 세종은 고약해의 직언에 대해 벌을 주자는 것이 아니라 그 무례함에 대해 벌을 주는 것이기 때문에 언로를 좁히는 일이 아니라고 대답했다. 고약해 만큼 세종과 정면에서 토론한 대신은 거의 없다. 그만큼 고약해는 세종에게 중요한 신하였다. 고약해는 태종 13년1413 7월 14일의 기사에 처음 등장하는 인물이다. "백관으로 하여금 각각 유일遺逸 세 사람을 천거하게 하였다. 사간원에서 생원 고약해를 천거하였는데, 그는 책을 읽고 어버이를 봉양하며 문달을 구하지 않았다. 고약해에게 공안부 주부를 제수하였다."

조선에서는 인재 등용을 유일, 문음門蔭, 과거科擧의 세 가지 방법으로 실행하였다. '유일'은 학문과 덕망이 높은 재야의 선비를 천거하는 제도이고 '문음'은 공신, 3품 이상의 벼슬과 주요 관직을 거친 사람의 아들이나 사위 등에서 한 명에게 간단한 시험을 거친 후 종9품부터 종7품에 이르는 관직을 하사하는 제도다. 그러나 공개 채용 방식인 과거를 거쳐 등용되는 것이 최선이며 최고였다. 공개 채용을 거친 인재와 특별 채용을 거친 인재 사이에는 분명히 차별이 존재하였다. 과거, 유일, 문음의 순서로 차별하였다. 진급에도 일정한 영향이 있었던 것으로 추측된다.

학문이 깊었던 고약해는 군왕 앞에서도 전혀 주눅 들지 않았다. 격구 폐지와 관련해서도 고약해는 세종과 자주 논쟁하였다. 그 시대에 고약해 만큼 세종을 긴장시킨 신하는 없었을 것이다. 어쩌면 고약해라는 고약한 신하가 있었기에 세종이 존재하는지도 모르겠다. 고약해는 단순무식하게 고약한 신하가 아니었다. 그는 비록 군왕 앞이라고 해도 자신의 의견을 충분히 피력할 수 있는 담력을 지닌 세종의 참모였다.

불과 스물한 살에 세종은 왕이 되었다. 스물한 살의 나이라면 대학 2학년 정도에 불과하다. 대학 2학년에 세종은 왕에 즉위한 것이다. 스물한 살의 국왕이지만 그의 뒤에는 아버지 태종 이방원이 건재했다. 그럼에도 불구하고 세종의 첫 번째 국정 행위가 '의논'이었던 것은 참으로 의미심장하다.

조선은 왕국이었지만 사실상은 공화국이었다. 정도전은 공화국을 꿈꾸었고 이방원은 왕국을 꿈꾸었다. 현실에서 정도전은 이방원에게 패배했지만, 역사의 승리자는 정도전이다. 태종 이방원마저도 '의논' 없이 국정을 처리하지 않았다. 태종 이후 조선의 국정은 정도전이 기획하고 설계한 시스템에 의해 운영되었다. 조선을 '입헌군주제의 공화국'으로 만들고자 했던 정도전의 꿈은 이방원이 태종으로 즉위한 순간부터 적용되었다. 조선의 국왕들은 절대군주가 아니라 공화국의 대통령으로서 민주주의자가 되어야만 했다.

물론 왕의 권력은 막강했고 모든 왕이 민주주의자가 되었던 것은 아니었다. 하지만 조선에서 절대군주였던 왕은 그 누구도 없었다. 왕명은 지엄했지만, 불의한 왕명에 대해 신하들이 고분고분 수용한 것은 아니었다. 연산군과 같은 폭군이 아니라면, 신하들은 불의한 왕명에 대해 다양한 방식으로 수용을 거부하곤 했었다. 그러기에 왕들은 신하들과 '의논'하지 않을 수 없었다. 의논은 국정의 핵심 과정이었다.

《조선왕조실록》에서 '의논'을 검색해보면 총 43,108번이라는 통계가 나온다. 중종실록 7,427번, 성종실록 4,316번, 선조실록 3,751번, 광해군일기 3,317번, 세종실록 2,882번 등의 순서다. 심지어는 연산군일기에도 무려 1,414번이 등장한다. 실록에 기록된 단어만 이 정도이니 실제로 행해진 의논은 훨씬 더 많았을 것이다. 물론 어떤 의논은 왕의 명령을 관철하기 위한 형식적 의논이었을 것이다. 하지만 의논하지 않으면 신하들이 그냥 그대로 있지 않았다. 의논하지 않는 왕에 대해 신하들은 '언론'으로 항의하였고, 그 항의를 국왕은 무겁게 받아

들였다. 왕명을 거두어달라며 쏟아지는 상소가 바로 언론이었
다. 세종은 상소에 대해 비답으로 응하였다. 세종은 재임 기간
내내 이렇듯 고약해 같은 신하와 치열하게 논쟁하며 어전회의
를 주재했었다. 그랬기 때문에 세종은 나라의 기틀을 제대로
세워갈 수 있었다.

6.
권력형 비리에 대한
단호한 사법 처리

마이클 샌델의 《정의란 무엇인가》가 베스트셀러가 된 적이 있다. 꽤 오랫동안 10위권 내를 유지했던 것으로 알고 있다. 우리가 알고 있는 위대한 고전들의 영원한 주제는 거의 예외 없이 '정의正義'라고 나는 생각한다. 비록 그 내용은 조금씩 달라도 결국 모든 것은 정의의 문제로 귀결되는 것이다. 철학에서 진리를 따지고, 진술의 참과 거짓을 따지는 것은 왜일까? 왜 따지는 것일까? 그 따지는 것의 귀결 역시도 정의일 것이다.

사람들은 '좋다'를 '옳다'로 착각한다. '좋다'는 사물이나 사람에 대한 개인의 주관적인 감정이다. 어떤 일이 아무리 '옳다'고 해도 '좋다'라고 하지 않을 때가 있다. 싫은 것이다. 누가 보더라도 어떤 일이 '옳다'가 아닌 '그르다'인데도 '좋다'라고 할 때가 있거나, 하는 사람들이 있다. 무조건 지지하는

것이다. 여기에는 객관적 사실이 개입할 여지가 없다. '좋다'
와 '싫다'의 감정 문제인데도 어떤 사람들은 그것을 '옳다'와
'그르다'의 문제라고 확신하고 있기도 하다.

　이를테면 헌법재판소가 통합진보당 해산을 결정했을 때, 헌
법적 가치로 볼 때에는 '옳다'에서 어긋난 판결을 내린 것이었
다. 보수 진영의 많은 사람이 그릇된 판결에 대해 '좋다'라고
환호했다. 통합진보당의 판결은 객관적 사실들로 구성된 내용
을 가지고 법리적 판단을 내린 것이 아니라 '좋다'와 '싫다'의
문제, 비객관적 추정들로 구성된 내용을 근거로 판단을 내렸
다. 당연히 '옳지 않은' 판결이 될 수밖에 없었다. 헌법재판소
의 이 판결은 불의_{不義}였다.

　똑같은 재판관들로 구성된 헌법재판소는 박근혜 전 대통령
을 탄핵하는 판결을 내렸다. 헌법적 가치로 볼 때 '옳다'에 알
맞은 판결을 내린 것이다. 그러자 객관적 사실 자체를 무시하
는 행동들이 나오기 시작했다. 변호인들마저 법적인 사실관계
를 버리고 비객관적인 색깔론으로 판결을 호도하기 시작했다.
심지어 헌법재판소에서 심리가 진행되는 과정에서 탄핵을 반
대하는 세력들은 태극기를 흔들며 계엄령을 요구했다. 군대가
나와 헌법과 국민을 유린하라는 내란 선동을 함부로 하고 있
는데도 검찰은 수사하지 않았다. 헌법 자체에 대해서는 아무
런 관심도 없었다. 그들은 오직 박근혜가 '좋았다'. 그러나 헌
법재판소의 이 판결은 정의였다.

정의는 이처럼 확고부동한 그 무엇이 아니다. 정의는 녹지 않는 얼음이 아니다. 모든 살인은 처벌받아 마땅한가? 어떤 살인에 대해 판관들이나 지도자는 처벌을 주저하였고 심지어는 무죄에 가까운 판결을 내리기도 했다. 〈정조실록〉에는 이와 관련된 재미있는 사건이 하나 나온다.

정조 14년(1790) 8월 10일

전라도 강진현에 사는 은애라는 여인이 살인한 죄에 대해 의논하다
전라도 강진현에서 은애라는 여인이 그 이웃에 사는 안조이라는 여인을 흉기로 찔러 죽였는데, 현감 박재순이 검시한 결과 사실이었다. 그 까닭을 물으니 은애가 공초하기를 "제가 시집오기 전에 이웃에 사는 최정련이란 자가 나와 간통하였노라고 소문을 퍼뜨리고 안조이를 중간에 내세워 청혼해왔습니다. 허락하지 않고 다른 사람에게로 시집을 가자 최정련은 안조이와 함께 추잡한 말로 무고하기를 더욱 심하게 하였습니다. 이 때문에 분을 참지 못하고 밤중에 칼을 들고 안조이의 집에 몰래 들어가 먼저 그 목을 찌르고 다시 난자하였으며, 이어 최정련의 집으로 가려 하였으나 저의 어미가 말리는 바람에 그만두었습니다. 관청에서 최정련을 때려죽이기 바랍니다." 관찰사 윤시동이 이 사실을 보고하였다. 형조가 복계하기를 "은애가 이미 사실을 자백하였으나 목숨을 걸고 원한을 풀었다 하여 그 죄를 참작하여 낮출 수는 없습니다."

이에 정조는 은애라는 18세 여인의 살인에 대해 정상을 참작할 방법을 찾고 싶었다. 그래서 형조판서에게 좌의정 채제공과 상의하라 하였다. 채제공은 정상을 참작할 방법이 없다고 하였다. 정조는 많은 날을 고민하였다. 정조는 정의가 무엇인지에 대해, 그리고 그 정의를 스스로 실행한 어린 유부녀의 삶에 대해 고민했고 그에 따른 결정을 내렸다.

"세상에서 살을 에고 뼈에 사무치는 원한치고 정조를 지키는 여자가 음란하다는 무고를 당하는 것보다 더한 일은 없다. (⋯⋯) 은애란 자는 18세를 넘지 않은 여자다. 그는 정조를 지키는 결백한 몸으로 갑자기 음탕하다는 더러운 모욕을 당하였으며, 소위 안조이란 여인은 처녀를 겁탈했다는 헛된 말을 지어내 수다스럽게 추잡한 입을 놀렸다. 설사 시집을 가기 전이라 하더라도 오히려 목숨을 걸고 진위를 밝혀 깨끗한 몸이 되기를 원할 것인데, 더구나 새 인연으로 혼례를 치르자마자 악독한 음해가 다시 물여우처럼 독기를 뿜어 한마디 말이 입에서 튀어나오자 수많은 주둥이가 마구 짖어대어 사방에서 들려오는 소리가 모두 자기를 비방하는 말이었다. 그리하여 원통함과 울분이 복받쳐 한 번 죽는 것으로 결판을 내리려고 한 것이다. 그러나 그저 죽기만 해서는 헛된 용맹이 될 뿐 알아주는 사람이 없을 것이 염려되었다. 그러므로 식칼을 들고 원수의 집으로 달려가 통쾌하게 말하고 통쾌하게 꾸짖은 다음 끝내 대낮에 추잡한 일개 여자를 찔러 죽임으로써 마을 사람들로 하여금 자신에게는 하자가 없고 원수는 갚아야 한다는 것을 환히 알게 하였으며, 평범한 부녀자가 살인죄를 범하고 도리어 이리저리 변명하여 요행으로 한 가닥 목숨을 부지하길 애걸하는 유를 본받지 않았다. 이는 실로 피 끓는 남자라도 결단하기 어려운 일이고, 또 연약한 여자가 그 억울함을 숨기고 스스로 구렁텅이에서 목매어 죽는 것에 비할 바가 아니다. (……) 은애를 특별히 석방하라. 일전에 장흥 사람 신여척을 살려준 것도 윤리와 기절을 소중히 여기는 뜻에서 나온 것이고 이번에 은애를 특별히 방면하는 것 역시 이와 같은 경우다. 이 두 사건의 줄거리와 판결하여 내려 보낸 내용을 등서하여 도내에 반포하여 모르는 사람이 없게 하라. 사람으로서 윤리와 기절이 없는 자는 짐승과 다름이 없는데 이것이 풍속과 교화의 일조가 되지 않을 수 없을 것이다."

그러나 정조는 또 고민하지 않을 수 없었다. 은애가 최정련을 찾아가 죽일까 걱정이었다. 정조는 밤을 지새우며 고민하다가 다음과 같이 교서를 내렸다.

"(……) 그처럼 강하고 사나운 성질로 그와 같이 분풀이를 하였으니 처음에 손을 대려다가 뜻을 이루지 못한 최정련이 다시 은애의 독수에 걸려들 우려가 없을지 어떻게 알겠는가. 그렇게 된다면 은애를 살리려다가 도리어 최정련을 죽이게 되는 것이니, 사람의 목숨을 소중히 여기는 뜻이 어디에 있겠는가. (……) 해당 도에 공문을 띄워 그로 하여금 지방관을 엄히 신칙하여 다시는 최정련에게 손을 대지 못하게 할 것으로 다짐을 받아 감영에 보고하도록 하라."

이 실록의 기사는 살인사건과 관련된, 그리고 정의를 실현한 정조의 명판결로 삼을 만하다. 물론 지금의 형법 체제에서는 은애가 무죄로 방면될 길은 없었다. 그렇다면 무엇으로 은애를 석방해야만 했는가? 비록 국왕이라고 하여 무조건 살인자를 석방할 수는 없는 노릇이었다. 살인자를 석방할 때는 그에 합당한 근거와 내용을 함께 제시하여 신하들과 백성의 동의를 구한 뒤에 실행해야 다른 억울한 사람이 발생하지 않는 법이었다. 살인사건의 처리에 관한 조선의 법의학서 《무원록》은 책 제목 그대로 '원통함이 없게 하라'는 검시 지침서였다. 하지만 억울함을 없애는 것과 원통함을 없애는 것마저도 국왕 단독으로 처리하지 않아야 비로소 정의에 부합하는 일이었다. 세종은 국왕의 자리에서 정의를 지키는 일에 최선을 다하고자 하였다. 하지만 세종의 치세에도 온갖 부정부패와 비윤리적인 사건 사고가 끊일 날이 없었다. 세종의 고민은 깊었다. 세종은 무엇보다도 현장에서 올라오는 보고서를 꼼꼼하게 읽었다. 거기에 답이 있었다.

"서달 사건을 어떻게 처리하였습니까?"
"보고서의 내용에 대해 의심하지 않았더라면 억울하게 묻힐 뻔하였다."

1427년 음력 5월 초순의 밤이었을 것이다. 세종은 낮에 올라온 형조의 보고서를 다시 한번 펼쳤다. 이상한 곳이 한두 군데가 아니었기 때문이었다. 지신사 정흠지가 정리해서 올린 보고서 중에서 살인사건과 관련된 것이라 대충 읽고 처결할 수가 없었다. 단순한 살인사건이 아니라 신창현이라는 고을을 지나가던 양반 일행이 그 고을의 아전 표운평을 때려죽인 사건이었다. 아전이라면, 비록 지방에서 근무하는 사람이지만 공무원이 아니던가. 공무원을 일개 종놈인 늦종이라는 사람이 때려죽였다? 아무래도 이상한 사건이었다. "어떤 연유로 종놈이 공무원을 때려죽인단 말인가? 혹시……?"

더욱 이상한 것은 사건이 일어나고 무려 일곱 달이나 지난 뒤에 형조에서 보고서를 올린 것이었다. 여섯 달이나 지연하여 보고서를 올린 것은 필시 어떤 간계가 끼어들었을 가능성이 높았다. 세종은 다음 날 새벽, 지신사에게 이 사건에 대해 논의하였다. 세종은 사건을 의금부에서 재조사하라고 명을 내렸다. 형조에서 이미 사건을 조작했다는 혐의가 있기 때문에 특별히 의금부가 나서도록 조치한 것이었다. 의금부는 현대의 '검찰청'이라고 할 수 있는 수사기관이며 정보기관이었다. 의금부에서는 비밀리에 사건을 재조사했다. 그로부터 대략 한 달 뒤에 의금부에서 사건에 대한 보고서를 올렸다. 보고서의 내용은 〈세종실록〉에 다음과 같이 기록되어 있다. 몇 군데의

문장은 문맥이 이어지게 손을 보았다.

서달은 형조판서 서선의 아들이며 황희의 사위다. 모친 최 씨를 모시고 대흥현으로 돌아가는 길에 신창현을 지나가게 되었다. 서달 일행의 앞에는 종들이 "쉬이 물렀거라. 아무개 마나님의 행차니라."라고 소리 지르며 교통정리를 하였다. 그렇게 소리를 지르면 지나가던 행인 중에서 양반 아닌 자들은 모두 등을 돌리거나 고개를 숙여 예를 표하는 것이 상식이었다. 그러던 중 고을 아전 하나를 마주치게 되었는데, 그 자가 서달 일행에게 인사를 하지 않고 지나쳤다. 작은 고을의 아전 주제에 양반의 행차를 보고 예로 대하지 않고 가는 것을 괘씸하게 여기어, 서달은 종, 늦종 등 세 사람을 시켜 잡아 오라고 하였다. 늦종은 그 아전의 뒤를 쫓았으나 어디로 갔는지 알 수가 없었다. 그때 길에서 어떤 아전 하나를 붙잡아 묶어서 앞세워 달아난 아전의 집으로 인도하게 하였다. 그것을 본 아전 표운평이란 자가 "어떠한 사람인데 관원도 없는 데서 이렇게 아전을 묶어 놓고 때리느냐."라고 하였다.

종들이 그 말에 성이 나서 표운평의 머리채를 잡은 채 발로 차고 또 큰 작대기로 엉덩이와 등줄기를 함부로 여남은 번 두들기고서 끌고 서달이 있는 데까지 왔다. 서달은 운평에게 아까 달아난 아전의 행방을 물었다. 표운평이 어리둥절하여 말을 못하였다.

서달이 홧김에 "일부러 술 취한 체하고 말을 안 하는구나."라며 잘 살펴보지 않고 말하였다. 이어 수행원 서득을 시켜 매우 치라고 명했다. 서득은 작대기로 표운평의 무릎과 다리를 50여 번이나 두들겨 팼다. 표운평이 그 이튿날 그만 죽어버렸는데 그 집에서 감사에게 고소하니, 감사 조계생이 조순과 이수강을 시켜 신창에서 함께 국문하게 하였다. 조순과 이수강이 서달이 주장하여 때리게 한 것으로 조서를 작성하여 신창 관노에게 주어 감사에게 보고하였다. 그때에 황희가 신창현은 판부사 맹사성의 본고향이므로 그에게 부탁하여 원수진 집과 화해를 시켜달라 하였다. 표운평의 형 복만이란 자가 때마침 서울에 왔기로 맹사성이 불러오게 하여 힘써 권하기를 "우리 신창 고을의 풍속을 아름답지 못하게 하지 말라."고 하였다.

또 신창 현감 곽규에게 서신을 보내어 잘 주선해주도록 하고, 서선도 또한 곽규와 이수강이 있는 곳에 나아가서 서달이 외아들임을 말하여 동정받기를 청하였다. 노호라는 자는 서선의 사위인지라 이웃 고을 수령으로서 혹 몸소 가기도 하고, 혹 사람을 시켜서 애걸하기도 하였다. 이에 곽규가 노호에게 내통하여 일러주기를 "차사관의 보고가 막 떠났다." 하였다. 노호가 길목을 질러 그 서류를 손에 넣었으며, 강윤이 또한 최 씨의 겨레붙이인지라 원수진 집을 꾀어 이익을 줄 것을 약속하고 서로 화해할 것을 권하였다.

표복만 역시 뇌물을 받고 맹사성과 곽규의 말대로 원수진 집에 가서 달래어 이르기를 "죽은 자는 다시 살아날 수가 없는 것이고 본고을 재상과 현임 수령의 명령을 아전으로서 순종하지 않다가 나중에 몸을 어디다가 둘 것이냐?"며 달랬다.

드디어 합의서를 받아 가지고 표운평의 아내에게 주어 신창에 바쳐서 온수현으로 보내니, 이수강이 조순과 함께 의논하여 다시 관련된 증인을 모아 조서를 뒤집어 만들어 서달을 면죄되게 하고 죄를 늦종에게 돌리어 감사에게 보고하였다. 감사가 윤환과 이운을 시켜 다시 국문하게 하였는데, 윤환 등도 서선과 노호와 이수강이 '특별히 봐달라'는 말을 받았는지라 그 안대로 회보하였다. 감사 조계생과 도사 신기도 다시 살펴보지 않고 형조에 그대로 옮겨 보고하였으며, 형조좌랑 안숭선은 7개월 동안이나 미적거리다가 다시 더 논하지도 않고 참판 신개에게 넘겼다. 역시 자세히 살피지 아니하고 서달을 방면하고 옥사는 늦종 등에게 돌아가게 만들었다.

세종은 6월 12일 어전회의에서 사건에 대해 간략히 설명한 뒤에 "서달을 의금부에 가두어라."라고 명하였다. 조정이 발칵 뒤집혔다. 이미 형조에서 올라온 사건 조서와 판결을 의정부에서 살핀 뒤에 조처를 충분히 취했다고 판단했던 사건이었다. 의정부로서는 마른하늘에 날벼락을 맞은 셈이었다. 의정부의 정승들과 육조의 대신들이 우왕좌왕하며 뛰어다녔다. 그로부터 닷새 후, 6월 17일 어전회의에 세종은 굳은 표정으로 앉아 있었다. 지신사가 지난밤의 국내 상황과 각지에서 올라온 장계를 요약하여 보고하였다. 보고가 끝나자 세종은 신하들을 둘러보았다.

"좌의정 황희와 우의정 맹사성과 형조판서 서선을 의금부에 하옥하라.”

즉시 의금부의 포졸들이 와서 두 정승과 판서를 체포하여 끌고 갔다. 부총리 두 명과 법무부장관이 국무회의 현장에서 체포된 것이었다. 그 소식에 도성이 벌집 쑤신 듯 난리가 났다. 다음 날에도 임금의 어명이 떨어졌다.

“형조참판 신개와 대사헌 조계생을 의금부에 하옥하라.”

법무부차관과 감사원장이 체포되어 구속되었다. 의정부와 육조는 그야말로 쑥대밭이 되었다. 문제는 살인사건이 아니라 그 사건의 처리에서 소위 ‘빽’이 작용한 것에 있었다. 의금부에서는 날마다 국문이 있었다. 국문을 끝내고 죄를 매기니 서달은 교수형에 해당되었다. 세종은 서달이 외아들이기 때문에 사형을 감하고 3천 리 바깥으로 유배를 보내는 형벌을 내렸으나 이것도 재산으로 대신하게 하였다. 6월 21일, 세종은 어전 회의에서 사건의 최종적인 판결을 내렸다.

좌의정 황희와 우의정 맹사성은 관직을 파면하고, 판서 서선은 직첩을 회수하고, 형조참판 신개는 강음으로, 대사헌 조계생은 태인으로, 형조좌랑 안숭선은 배천으로 각각 귀양 보내고, 서달은 장 1백 대에 유배 3천 리를 속으로 바치게 하고, 온수 현감 이수강은 장 1백 대에다 유배 3천 리에 처하여 광양으로 보내고, 전 지직산현사 조순은 장 1백에 도 3년을 속으로 바치게 하고, 직산 현감 이운과 목천 현감 윤환은 각각 장 1백에 도 3년을 속으로 바치게 하고, 대홍 현감 노호는 장 90에 도 2년 반을 속으로 바치게 하고, 신창 현감 곽규와 신창 교도 강윤은 각각 장 1백과 도 3년에 처하고, 도사 신기는 장 1백에 처하였다.

특이한 것은 신창 주변의 직산, 목천, 대흥의 현감들도 실형을 받은 것이다. 조선시대에는 어느 현에서 살인사건이 나면 그 주변의 현감들이 와서 같이 조사에 임하여 객관적인 보고를 하게 되어 있었다. 살인사건이 나면 매우 철저하게 조사하여 누구도 억울하지 않도록 하였던 것이다. 그런데 이번 서달 사건에는 주변의 현감들까지 모두 공모하여 사건을 은폐하고 축소하였다. 세종은 여기에 대해 준엄한 판결을 내렸다.

하지만 신하들이 보기에는 세종의 판결에는 온정주의가 숨어 있었다. 황희와 맹사성을 의금부에 구속한 지 하루 만에 석방하였고, 6월 21일에 파직한 관직을 7월 4일에 재임명한 것이다.

세종 9년 7월 4일
황희, 맹사성 등에게 관직을 내리다
다시 황희를 좌의정, 맹사성을 우의정으로 삼았다.

여기에 대해 말들이 많아지기 시작하였다. 사실 세종에게 황희와 맹사성은 중요한 국정 파트너였다. 그들의 관직을 파직할 때에도 세종은 그 처벌을 오래 끌 마음이 별로 없었던 것으로 추측된다. 그러자 열하루 후에 대사헌의 상소가 올라왔다. 대사헌의 상소이니 결코 가볍다 할 수 없었다.

세종 9년 7월 15일

대사헌 이맹균 등이 상소하기를 "좌의정 황희와 우의정 맹사성은 모두 재보로서 서달을 구원하고자 하여 사정에 이끌리어 청을 통하게 하여, 죄가 있는 사람에게 죄를 면하게 하고, 죄가 없는 사람에게 거의 죄에 빠지도록 했으니, 대신의 마음이 이래서야 되겠습니까. 전하께서는 이미 관대한 은전에 따라 가장 가벼운 죄에 처하여 관직만을 파면시킨 것만 하더라도 오히려 그 적당함을 잃은 것이온데, 일찍이 수십 일도 되지 않아서 그 직위를 회복하도록 명하시니 (……)"

그러나 세종은 대사헌의 상소를 거절했다. 상소가 옳지만 황희와 맹사성에게 내린 관직을 그대로 유지하겠다는 뜻이었다. 게다가 서달을 유배 보내지도 않겠다고 했다. 여기에 대해 이맹균은 다시 상소를 올렸다. 사실, 서달은 형률에 의하면 교수형을 받아야만 했는데 외아들이라는 이유로 돈으로 유배를 대신하게 했던 것이다. 세종은 또다시 서달을 집에 머무르게 하였다.

세종의 이러한 처사는 정의와 공정에 어긋난 것이었다. 국

왕이 정의에 어긋나는 교지를 고치지 아니하고 유지하고 있으
니 여기저기서 잘못되었다는 의견들이 쏟아지기 시작했다. 지
신사는 아침마다 부정적인 여론의 동향을 보고하였다. 조정의
대신들은 형조에 외아들이기 때문에 유배를 면한 판례에 대해
묻기도 하였다. 세종도 더는 견디기 어려웠다.

7월 25일 어전회의에서 서달의 처리가 의제로 떠올랐다. 평
일이 아니라 25일의 어전회의니, 사정전이 아닌 근정전에서
정식 조회가 열린 것으로 추측된다. 세자가 명나라 황제를 알
현하는 것에 대한 이야기와 공물에 대해 논의하고 결정을 내
린 뒤에 한숨을 돌리는데, 사헌집의 김종서가 앞으로 나섰다.
김종서는 비록 직급이 낮으나 세종이 은연중에 총애하는 신하
였다.

세종 9년 7월 25일

집의 김종서가 나아와 아뢰기를 "서달의 유형을 속하게 한 것은 진
실로 어질고 후덕한 일이 되겠지마는, 그러나 예전에 태종 때에 있
어서는 정탁이 사람을 죽이매 태종께서 공신이라 하여 이를 용서
하고자 하였으나, 헌부에서 상소하였으므로 영해로 귀양보내도록
명했으며, 원윤 백온이 사람을 죽이매 (……) 밖으로 귀양 보내도록
명하였으니, 공신과 종친으로도 오히려 죄를 면하지 못한 것은 다
른 것이 아니고 사람의 생명을 귀하게 여긴 때문입니다. 서달의 유
형을 속하게 하는 일은 아마 그것이 옳지 못한 듯합니다."

임금이 말하기를 "서달을 사랑하는 것이 아니라 외아들이므로 유배를 속으로 대신하게 하고 남아서 부모를 봉양하게 한 사례가 없는지 담당 관청에 상고하게 한 후에 처결하려고, 머물러 두게 한 것이다."

좌대언 김자가, "형조에 물으니 외아들이라서 유배형을 속으로 대신하는 예는 없다고 합니다."라고 아뢰었다.

세종도 더는 어찌할 수 없었다. 이에 서달을 강원도 고성으로 귀양 보내었다. 서달의 사건은 두고두고 세종의 흠집으로 남았다. 세종 16년 7월 27일의 어전회의에서도 서달과 그 사건의 관련자들이 받은 처벌에 관해 옳고 그름을 논의하기도 하였다.

세종의 시대에는 비록 국왕이라고 해도 온전히 정의와 공정에 부합하는 판결이나 명령을 내리지 아니하면 신하들이 이에 저항하였다. 세종은 나중에 황희도 다시 파직해야만 했다. 조정의 여론을 시종일관 무시하는 것도 어려운 일이었다. 정치란 국왕 혼자 하는 것이 아니었다. 성군은 태어나는 게 아니라 만들어진다.

7.
경제가 살아야
나라가 산다

한국은행에 따르면, "2018년 연간 실질 국내총생산GDP은 전년 대비 2.7% 성장하였고, 1인당 국민총소득GNI은 3,336만 원이라고 한다.* 지표와 지수에 밝지 못한 사람이 계산하더라도, 갓 태어난 아기에서부터 곧 돌아가실 노인에 이르기까지 국민이라면 누구나 월 287만원은 벌고 있다는 뜻이다. 지수로만 본다면 대한민국 사회의 삶의 질은 나쁜 편이 아니다. 월 287만원의 수입이 전국 평균치이니 전체 국민이 최저생계비를 훨씬 웃도는 재정수입이 있다는 뜻이다.

그런데 과연 그런가? '80 대 20' 사회라는 말이 있다. 80%의 인구는 전체 재산의 20%만 소유하고 있고, 20%의 인구가

---

* 한국은행 보도자료 2019년 3월 5일 공보 2019-3-8호

전체 재산의 80%를 소유하고 있다는 개념의 용어다. 이것은 대한민국 사회에만 적용되는 개념이 아니라 지구 전체에도 고스란히 적용되고 있다. 이것을 양극화라고 한다. 상위 20%의 국가가 지구 전체의 부 80%를 소유하고 있으며 나머지 80%의 국가가 20%의 부를 소유하고 있다.

이처럼 지독한 불균형임에도 불구하고 상위 20%의 국가들은 더 많은 부를 축적하기 위해 하위 80%의 국가와 그 국민을 쥐어짜고 있다. 그 결과 전쟁 난민과 경제 유목민들이 대량으로 발생하고 있다. 이것은 지구상의 문제지만 일개 국가의 내부로 눈을 돌리면 상황은 더욱더 심각하다. 민주주의의 산실이라고 하는 미국의 인권유린의 지표를 살펴보면 가히 세계 최고다. 의료혜택을 받지 못하는 미국 내 의료 난민은 최대 5천만 명에 이른다.

미국과 상대할 수 있는 소위 G2 국가라고 하는 중국도 미국과 크게 다르지 않다. 동부의 해안가 도시를 중심으로 중국 내의 자본과 부가 집중되고 있으며 서부의 내륙지방에는 아직도 원시 상태를 유지하는 곳이 있을 정도다. 중국이 붕괴된다면, 그것은 외부로부터 침입이 있어서가 아니라 양극화 때문일 것이다. 이처럼 양극화는 무서운 독버섯이다.

2015년 9월, 세계의 가난한 사람들은 한 장의 사진을 보고 함께 울었다. 알란 쿠르디라는 세 살짜리 꼬마가 가족과 함께 터키에서 그리스로 가다 배가 뒤집혀 바다에서 익사했다. 아버지만 목숨을 건졌다. 알란 쿠르디의 주검은 터키 해변에서 엎드려 자는 듯한 모습으로 발견됐다. 세계의 불평등은 날마다 잔혹한 비극을 만들어내고 있었고, 함께 울었지만 해결된 것은 거의 없었다. 그리고 2019년 6월, 인류는 또 다른 비극을 목격하고야 말았다.

〈엘살바도르 출신 부녀, 미국·멕시코 접경 헤엄쳐 건너다 급류 휩쓸려〉

〈23개월 여아, 아빠 셔츠 안에 꼭 안긴 채로 발견…… '제2의 쿠르디' 충격〉

〈"더 나은 삶 위해 모든 걸 걸었지만……" 고향 떠난 지 두 달여만에 '참변'〉

25세 아빠와 23개월 된 딸이 강기슭에 나란히 머리를 묻고 쓰러져 있다. 딸은 가슴께까지 밀려올라간 아빠의 검은색 셔츠 안에 몸을 집어넣은 채 오른팔로 아빠의 목을 감고 있다. 반바지 아래 드러난 아빠의 두 다리가 힘없이 물에 떠 있다. 둘은 끝내 살아서 강을 건너지 못했다.

사진을 보고, 어찌 울지 않을 수 있으랴. 끝내 살아서 강 혹은 바다를 건너지 못한 사람들의 비극에 누군가는 책임을 져야 하는데, 아무도 내 책임이라고 나서는 사람이 없다. 모두들 세계 자체의 불평등과 국가의 정책 부재와 제도의 미비에 책임을 돌린다. 그렇게 미루다보면, 책임지는 사람은 사라지고 비극에 희생되는 사람만 남게 되는 것이다. 누군가는 책임을 져야 하는데, 책임지는 사람이 아무도 없다. 여기에 비극의 근원이 있다고 본다.

지난 몇 년 동안 우리나라에서는 생활고를 비관하여 자살하는 사람들이 점점 늘어나고 있다. 양극화가 심화되고 있다는 증거이며 지표이다.

2011.01.29. 시나리오작가 최고은 자살
2014.02.26. 송파 세 모녀 자살
2015.05.13. 부산에서 일가족 5명이 생활고와 처지를 비관하고 자살
2015.05.25. 경기 부천서 생활고 겪던 세 자매 스스로 목숨 끊어
2015.06.22. 한 평 반 고시원서 소주병 몇 개 남기고 떠난 연극배우
2015.06.23. '잡풀은 잡풀……' 어느 무명 배우의 죽음
2015.10.25. 양잿물 먹고 자살 기도
2016.03.30. 유통업체 점원으로 일하고 있는 A씨가 생활고를 비관해 범행 후 자살
2017.06.09. 극심한 생활고에 두 자녀 바다에 빠뜨려 숨지게 한 엄마 징역 7년

각각의 기사를 인터넷에서 검색해보면, 어느 것 하나 비참하고 슬프지 않은 사연이 없다. 한국예술종합학교의 졸업생이라

면 한국 사회에서 알아주는 전문 영역의 문화인이다. 최고은의 경우에는 영화감독이면서 시나리오작가였는데도 돈이 없어 굶어 죽은 경우에 속한다. 아프리카의 소말리아에서 생긴 일이 아니라 2011년의 대한민국에서 그런 일이 생긴 것이다.

최고은 작가가 홀로 쓸쓸하게 굶어 죽은 지 3년의 시간이 흐른 뒤였다. 2014년 2월 26일, 서울 송파구 석촌동의 단독주택 지하 1층에 살던 박 아무개 씨와 두 딸이 생활고로 고생하다 방 안에다 번개탄을 피워놓고 동반자살을 하고 말았다. 지하방에 세 들어 살던 세 모녀는 질병을 앓고 있었다. 게다가 수입도 없었다. 이들은 세상에 빚을 지기 싫다며 공과금을 꼬박꼬박 냈다. 당연히 국가와 지방정부에서는 그들이 사회보장체계의 도움을 받지 않고도 잘 살고 있다고 파악할 수밖에 없었다. 그러나 그들은 살기가 너무 어렵고 팍팍하여 마지막 집세와 공과금으로 납부할 70만 원을 마련해놓고 죄송하다는 유서와 함께 이 세상을 떠났다.

비극적이고 참담한 기사를 읽게 되면 무엇보다도 먼저 슬픔에 잠기게 된다. 작가는 슬픔을 조국으로 삼은 존재다. 작가는 세상의 모든 슬픔에 대해 민감하게 반응한다. 그것이 개인적인 슬픔이든 사회적인 슬픔이든 역사적인 슬픔이든, 어떤 슬픔이든 따지지 않는다. 작가는 다른 사람의 슬픔에 깊게 촉수를 뻗어 그것을 작가의 슬픔으로 만들어내고, 마침내 슬픔을 깊게 들여다보고, 슬픔에서 희망을 건져 올리는 문장을 찾아

헤맨다.

슬픔을 문학적 조국으로 삼았기에 작가들은 좁게는 고향이나 지역에, 조금 더 넓혀 사회와 국가에, 더 넓혀 인류와 지구 생태계의 문제에 이르기까지 다양한 관심을 갖고 관계 맺고 있다. 그것이야말로 작가가 존재해야 하는 이유이기 때문이다. 특히 더 낮은 곳, 생의 바닥, 환경이 완전히 망가진 곳, 난민촌, 억압받는 사람들의 곁에 존재하고자 작가들은 노력하고 있다. 그 작가된 마음속에는 언제나 응어리와 같은 질문들이 존재하며 꿈틀거리고 있다. 그리하여 작가는 질문하는 존재인 것이다.

"국가란 무엇인가?"
"대통령은 왜 존재하며 공무원은 무슨 일을 해야 하는가?"
"어찌하여 행정은 슬픔의 밖에서 숫자로만 존재하는가?"

이러한 질문에 대한 답은 동서양의 고전에 이미 수없이 나와 있다. 해답을 몰라서 실행되지 못하는 것이 아니다. 이미 알고 있지만 실행하지 못하는 것이다. 깨달은 사람들은 무언가를 깨쳐 아는 사람이 아니라 깨우친 바를 몸소 행동으로 옮기는 사람들이다. 즉, 행동하지 않는 지식인은 깨달은 사람이 아니라 많이 배운 사람에 불과하다. 많이 배웠다고 해서 지식인이 되는 것은 아니다. 지식인은 자기 지식과 양심에 스스로 책임을 지는 사람이다. 행동하는 양심이어야만 비로소 무언가를 깨달았다고 할 수 있는 것이다. 우리가 익히 알고 있는 고전의 한 구절을 보자.

대학지도大學之道
재명명덕在明明德
재신민在新民
재지어지선在止於至善

《대학》의 삼강령이다. 밝은 덕을 더욱 밝히고, 백성을 새롭게 하며, 지극한 선에 머무르게 하는 것이 '대학의 도'라는 삼강령은《대학》의 본문 경1장의 첫 번째 문장이다. 대학의 도는 공부의 최종적 목표를 제시하고 있다. 우리가 왜 공부를 해야 하는지에 대해《대학》은 말하고 있는 것이다.

중국의 고전《대학》은 학교에서 사람을 가르치던 법이다. 즉, 학문을 했던 순서가《대학》에는 조목조목 설명되어 있다.《대학》을 배우고 난 뒤에야《논어》와《맹자》를 공부하고, 그것을 공부한 뒤에야《중용》과《주역》을 숙독해야 비로소 조금 공부했다고 인정받게 되는 것이다. 한문은 고사하고 그저 한글만 읽을 줄 알면서《중용》과《주역》을 읽겠다고 나서는 사람들이 있다. 문자의 뜻을 해독하는 것만으로 공부가 되는 것은 아니다.

《대학》은 공부를 하는 순서를 팔조목과 삼강령으로 나누어 설명하고 있다. 팔조목은 격물, 치지, 성의, 정심, 수신, 제가,

치국, 평천하이며 삼강령은 명명덕, 신민, 지어지선이다. 평천하와 명명덕은 단어만 다를 뿐 그 뜻은 동일하다. 천하를 평정하는 것은 군사력이 아니라 제왕의 밝은 덕을 더욱 밝게 하여 뭇 백성이 잘 살게 되어 저절로 평천하가 된다는 것이다.

맹자는 평천하를 이루는 것을 왕도정치의 첫 번째 단계로 보았다. 왕도정치의 두 번째 단계는 신민이다. 말 그대로 백성을 새롭게 한다는 것이다. 세 번째 단계가 지극한 선에 머무는 상태를 말한다. 인류가 한 번도 가보지 못한, 그저 문장으로만 존재하는 요순의 세상, 태평천하의 세상이 바로 지극한 선에 머무는 단계일 것이다. 국가가 어찌 지극한 선일 수 있을까? 국가는 지극한 악만 아니어도 국민의 삶에 큰 도움이 된다.

대한민국의 최근 화두는 일자리 창출이다. 한나 아렌트는 노동을 인간의 조건 중에서도 주요한 항목으로 꼽았는데, 노동이 바로 일자리다. 일자리가 없으면 노동할 수 없다. 수렵과 채취로 경제가 유지되던 원시부족사회가 아닌 이상 숲에서 더덕을 캔다고 해서 그것이 노동이 될 수는 없다. 일자리를 만들어내고 그것을 유지하게 만들고, 복지를 강화하는 이유는 어디에 있을까? 궁금하지 않을 수 없다.

"신민, 백성을 새롭게 하는 것은 무엇입니까?"
"백성을 새롭게 하기 위해서는 반드시 일자리와 복지가 필요하다."

"탕왕이 반명盤銘에 새기기를 '진실로 날로 새롭거든 나날이 새롭게 하고 또 새롭게 하라'고 하였다."*

신민이란 말은 탕 임금이 세수하던 대야에 새겨진 글에서 얻은 것이다. '몸을 씻는 것이 마음을 씻는 것과 같으니, 진실로 더러워진 것을 씻어 스스로 새로워졌거든, 그 새로워진 것을 날마다 새롭게 하고 또 새롭게 하라'는 뜻이다. 그리하여 '강고康誥**에 왈 작신민作新民'이라고 하였다. '백성을 새롭게 만들라'는 뜻이다.

무왕이 강숙에게 고하여 말하였다. "위나라는 본래 은나라의 옛 땅이니 백성이 비록 은나라의 주왕의 더러운 풍속에 물들었다. 그러나 어찌 스스로 새롭고자 하는 양심이 없었겠는가? 너는 마땅히 진실로 양심에 따라 고동하고 진작시켜 그들로 하여금 악한 것을 버리고 착한 데로 옮기며 예전 것을 버리고 새것을 도모하도록 하는 것이 옳다." 무왕이 백성을 새롭게 하는 것이 이와 같았다.***

세종은 백성을 새롭게 하기 위하여 고심했다. 맹자와 양혜

---

* 《대학》, 전2장傳二章의 첫 문장이다. 출간본마다 해석이 다르므로 여러 책을 참고하였다.
** 《서경》의 항목 중 하나
*** 유교문화연구소 옮김, 《대학 중용》, 성균관대학교출판부, 32쪽

왕의 대화에 백성을 새롭게 하는 답이 있다. 세종은 그 장구를 수도 없이 읽어 일말의 머뭇거림도 없이 암송할 정도였다. 세종은 스스로가 양의 혜왕이 되어 '왕도의 시작'이라는 맹자의 말을 되새겼다.

"농사철을 어기지 않으면 곡식을 이루 다 먹을 수 없으며, 촘촘한 그물을 웅덩이와 연못에 넣지 않으면 고기와 자라를 이루 다 먹을 수 없으며, 도끼를 알맞은 때에 산림에 들여놓으면 재목을 이루 다 쓸 수 없을 것입니다. 곡식과 물고기와 자라를 이루 다 먹을 수 없으며, 재목을 이루 다 쓸 수 없으면 이는 백성으로 하여금 산 사람을 봉양하고 죽은 사람을 장사 지내는 데에 유감이 없게 하는 것입니다. 산 사람을 봉양하고 죽은 사람을 장사 지내는 데 유감이 없도록 하는 것이 왕도의 시작입니다.

오묘의 집에 뽕나무를 심으면 쉰 살이 된 자가 비단옷을 입을 수 있으며, 닭과 돼지와 개와 큰 소를 기르는데 시기를 놓치지 않으면 일흔 살 된 자가 고기를 먹을 수 있습니다. 백묘의 밭에 그 농사지을 때를 빼앗지 아니하면 몇 식구 되는 집안에 굶주림이 없으며, 상서의 가르침을 신중히 하여 효제의 도리를 거듭 가르친다면 머리가 반백이 된 자가 거리에서 짐을 지거나 이지 않을 것입니다. 일흔 살 된 자가 비단옷을 입고 고기를 먹으며 많은 백성이 굶주리지 않고 춥지 않게 되고서도 왕도정치를 하지 못하는 자는 없습니다.

개와 돼지가 사람이 먹을 양식을 먹어도 단속할 줄을 모르며 길에 굶어 죽은 시체가 있어도 창고를 열 줄 모르고, 사람이 굶어 죽으면 '내 탓이 아니다. 흉년 탓이다.'라고 하니, 이는 사람을 찔러 죽이고서 '내 탓이 아니다. 칼 때문이다.'라고 말하는 것과 무엇이 다르겠습니까?"*

'농사철을 어긴다고 하는 것은 농사철에 농민을 부역에 동원하거나 제때에 농사를 짓지 못하게 한다는 뜻'**이다. 전쟁을 하거나 부역 등으로 농민을 징집할 때에는 농번기를 피하여 농사를 망치지 않도록 배려해야 하고, 촘촘한 그물이 아니라 코가 큰 그물을 사용하여 어린 고기까지 잡지 않도록 하여 물고기가 크게 자랄 수 있도록 하며, 봄에 나무를 베지 않고 가을에는 가지치기를 하여 나무를 크게 자라게 하면 재용財用이 풍족할 것이다. 즉, 경제에 힘을 쓰는 것이 국가의 존재 이유인 것은 예나 지금이나 변함이 없다.

명명덕과 신민의 핵심이 바로 왕도정치다. 도덕을 바로 세워 백성들의 삶의 질이 문화적으로나 철학적으로 드높아질 수 있도록 하는 것과 일자리와 기초산업을 향상시켜 백성들이 먹고 입고 거주하는 데 부족함이 없도록 해야 비로소 왕도정치가 실현되는 것이다. "이 중에서 근본으로 삼고 중시해야 할

---

* 이기동 역해,《맹자강설》, 성균관대학교출판부, 34~39쪽
** 이기동의 풀이

점은 도덕의 확립이지만, 먼저 해야 할 것은 경제력 향상이다. 육체적 삶을 지속하는 것이 삶의 기본조건이기 때문이다."*

세종은 즉위하고 몇 달이 지나지 않아 중앙과 지방의 신료들에게 마땅히 해야만 하는 조목들을 말하였다.

세종 즉위년 11월 3일

중앙과 지방의 신료들에게 마땅히 행해야 될 조목들로 유시하다

임금이 중앙과 지방의 신료에게 유시하기를 "(……) 백성들의 기대에 적합하기를 희망할새, 마땅히 행해야 될 좋은 일을 조목별로 위에 나열하노라. 농상은 의식의 근본이니, 지금 흉년을 당하매 더욱 서둘러야 될 일이다. (……) 감히 사사로이 농민을 노역시키는 자가 있으면 감사가 그 일에 따라 즉시 죄를 처단하고 아뢸 것이다. (……) 더구나 지금 흉년을 만났으므로 직업을 잃은 백성이 혹시 굶주림을 당할까 염려되니 각 고을의 수령이 만약 진휼할 때를 놓쳐 필부와 필부가 굶어서 구렁에 죽어 있다면, 반드시 견책과 형벌을 행할 것이다. 가난하여 아무것도 없는 집에서 시집보낼 나이가 이미 지났는데도 시집보내지 못한 사람과 장사 지낼 날짜가 이미 지났는데도 매장하지 못한 사람은 진실로 불쌍하니, 감사와 수령이 관에서 자량을 주어 비용을 보조하여, 때를 놓치지 말게 할 것이다. (……) 탐관오리들이 (……) 법을 어기고 세금을 과중하게 징

---

* 이기동, 앞의 책, 36쪽

수하여 백성에게 해를 끼쳤는데도 (……) 지금부터는 세밀히 살피고 단속하여 백성의 생활을 도와줄 것이다. 각 고을의 수령이 혹시 한때의 사사로운 노여움으로 인하여 법을 어기고 억울한 형벌을 쓰며 호소할 데가 없는 백성을 매질하여 화기를 상하게 하였거든 감사는 그전에 내렸던 교지를 거행하되, 법을 굽혀서 함부로 처형하는 일이 없게 하라. 내가 형벌을 신중히 하고 죄인을 불쌍히 여기는 뜻에 부응할 것이다."

세종은 굶주린 백성은 그 마음이 굶주림에 매달려 있을 뿐이라고 생각했다. 굶주리고 있는 상태에서는 오로지 먹을 것만 상상하고 먹을 것만 찾아다니게 된다. 이처럼 굶주린 백성에게는 인의예지를 가르치는 것보다 한 끼니의 거친 밥이 더 소중할 것이다. 백성의 마음이 인의예지로서 새로워지기 위해서는 반드시 그 몸을 편안하게 해주어야 한다. 세종은 즉위하자마자 백성을 새롭게 하는 문제를 늘 생각했던 것이다.

세종 5년 6월 10일

백성을 굶어 죽게 한 현감 김자경을 처벌하다

예조판서 황희가 "고양현에 굶어 죽은 사람이 있다고 하여 승정원 주서 이극복을 명하여 가서 살펴보게 하였더니, 사비 모란의 모자 세 사람이 굶주리어 부종이 났고, 작은 아이 하나는 굶어 죽었다 합니다."라고 보고하였다. 이에 의금부에 명하여 현감 김자경을 추핵하니, 곤장 80대의 벌을 내렸다.

세종 5년 7월 16일

평안도 감사 성달생, 강원도 감사 이명덕 등을 파직하다

의금부에서 "황해·평안·강원 삼도의 감사들이 교지를 능히 받들어 행하지 못하여, 도내의 인민들을 많이 굶어 죽게 하였으니, (……) 감사에게 죄를 주지 않으니, 실로 불공평합니다."라고 보고하였다. 평안도 감사 성달생, 경력 김간과 강원도 감사 이명덕, 경력 고약해 등의 관직을 파면하고 개인 말을 타고 서울로 올라오도록 명하였다. 황해도 감사는 논죄하지 않았으니 굶주린 백성의 수효가 적은 때문이었다.

세종 5년 7월 25일

백성을 굶주리게 한 우봉 현령 박흥거를 파면하다

우봉 현령 박흥거가 능히 진제하지 못하여, 백성들로 하여금 굶주려 부종이 나게 하였으므로, 곤장 60대를 치고 관직을 파면시키도록 명하였다.

세종 11년 4월 26일

백성의 구휼에 소홀한 죄로 최견과 안숭신의 관직을 파면하다

함길도 경차관 박이창이 "북청부의 백성 세 사람이 기근으로 부종이 나고, 또한 도내에 기근으로 인하여 이사하는 사람이 많이 있는

데, 감사 최견과 도사 안숭신이 즉시 계달하여 진제하지 않았으니 청하건대 죄를 다스리소서."라고 장계를 올렸다. 이에 최견과 안숭신의 관직을 파면하도록 하였다.

세종은 백성을 굶주리게 하는 공무원이 있으면 그가 비록 높은 지위의 관찰사나 감사라고 할지라도 파면하는 데 주저하지 않았다. 백성이 굶주리면 국가의 불안정성이 고조된다. 예기치 않은 농민의 봉기는 언제나 굶주림에서 시작되었다. 당장 배가 고파 죽겠는데 '효도를 하라', '정절을 지키라', '제사를 잘 지내라', '인의예지를 알라' 등은 모두 헛소리에 불과하다. 배가 고픈 사람에게는 한 끼의 밥이 중요하고, 굶주린 백성에게는 구휼이 중요하며 일자리가 없어 떠도는 사람에게는 일자리가 중요하다.

세종은 덕으로 백성을 인애하는 정책을 펴고자 하였다. 광화문의 '광'은 덕치라고 하는 왕도정치의 빛을 의미하고 '화'는 만물이 고루 조화롭게 생장하여 지극한 선의 상태를 이루는 것을 의미한다. 세종은 덕치의 핵심을 경제력으로 보았다. 경제가 순조롭고 굶어 죽는 사람이 없어야 덕치가 빛을 발하기 때문이다. 그런 연후에야 백성의 도덕적 삶의 질을 높일 수 있는 것이다.

'백성을 새롭게 한다.'는 것은 《대학》의 강령이며 동시에 세종의 정치적 목표였다. 그 목표를 이루기 위하여 세종은 지방정부의 수령들을 자주 파면하거나 불러다 곤장을 때렸다. 이를 통해 일벌백계의 시범을 보이고 백성의 마음을 다스렸던 것이다. 조선에서도 이렇게 하였는데 21세기 대한민국에서는 송파에서 세 모녀가 죽었어도 그 지역의 구청장이나 서울시장은 구속되지 않았고, 무명 배우와 시나리오작가가 굶주리다 못해 죽었어도 문화부장관이나 영화진흥위원장은 파면되지 않았다. 언론에 보도가 되면 잠시 와글와글 시끄러워졌다가 이내 잠잠해진다. 참담한 일이 아닐 수 없다. 세종은 관내에 시체가 잠시 놓여 있었다는 이유만으로도 그 지역을 관할하는 책임자를 가차 없이 파면하기도 했다. 세종은 백성의 삶이 가난해지지 않기 위해 간절한 마음으로 빌었다.

세종 5년 7월 13일

종묘·사직·북교에서 지낸 기우제문

종묘의 제문에는 "근년 이래로 한재와 수재가 계속되어 벼가 여물지 않아서, 흉년이 거듭되었습니다. 호구가 유이*되어, 도랑과 구렁에 시체가 메어졌습니다. 봄여름의 교체기에 가뭄이 포학하였으나 마침내 비가 오니 실로 하늘의 착한 도리에 힘입었습니다. 많은 밭에 심은 곡식이 가을을 기대하였습니다. 지금 7월에 벼 이삭이 방

---

* 호구戶口는 가난한 백성이란 뜻으로 보면 되고, 유이流移는 유랑하고 떠돈다는 뜻으로 보면 된다.

금 피는데 서늘한 바람이 그치지 않으니 만물이 시들어졌습니다. 더구나 한재로써 우리의 누른 곡식을 해쳤습니다. 다만 내가 덕이 없으므로 실로 죄와 허물이 있지마는 이 백성은 무슨 까닭으로 이런 재앙을 만나리까. 내 마음의 근심과 두려움이 어찌 그 다함이 있겠습니까. 사람이 궁하면 반드시 '부모'를 부르므로 감히 이같이 애원하오니, (……) 저 우사雨師에게 명하여 비를 흡족하게 내린다면, 연사의 흉년은 면할 수 있으며, 드디어 국가로 하여금 길이 무궁하게 보전할 것입니다."

사직*의 제문에는 "백성은 나라의 근본이고 백성에게 먹을 것이 곧 하늘과 같으니 진실로 그 하늘과 같은 것을 잃게 된다면 나라가 무엇에 기대겠습니까. (……) 근년에 백성이 굶주리고, 창고도 거의 텅 비었으니 지금 만약 풍년이 안 들면 장차 무엇으로 진휼하겠습니까. 백성이 무슨 죄가 있겠습니까. 실로 나의 책임인 것입니다. (……) 이에 성심을 다하여 간략한 의식을 베푸오니 흠향하여 돌보시어 시기에 맞추어 비를 내리어, 온 천하에 있는 사람이 모두 큰 은혜를 입게 하소서."

북교**의 제문에는 "(……) 아아 나는 이른 아침부터 늦은 밤까지 조심하고 두려워하여 백성의 먹을 것을 구했습니다. 그러나 근년에 와서 한재와 흉년이 서로 잇달아서 진휼의 비용으로 국고와 민간

---

* 사社는 토지신, 직稷은 곡물신. 백성들은 토지와 곡물이 없으면 살지 못하므로 국가는 사직단을 지어 매년 제사를 지냈다.
** 창의문 밖의 근교

이 텅 비었습니다. 봄 농사가 한재를 당하여 여름이 되어도 나를 애태우게 했으므로 신의 은택을 힘입어 추수가 있기를 바랐는데 어찌해서 지금에 와서 또 밭농사를 해칩니까. 벼농사는 꽃이 피었으나 그 수확을 보지 못하고, 팥과 콩은 꼬투리를 지었으나 그 열매를 여물지 못하고, 돌피만이 걱정이니 많은 백성이 어디 의지하겠습니까. (……) 백성들이 무슨 죄가 있습니까? 슬퍼하고 근심하여 내 몸을 책망하겠습니다. (……) 길이 물질이 풍성한 데 이르도록 하소서."라고 하였다.

산업이 농업이었던 시대에서 비는 하늘의 은혜에 속하는 일이었다. 세종은 매우 간절한 마음으로 기우제를 올렸다. 세종의 간절함은 백성이 굶주리지 않아야 한다는 마음에서 온 것이었다. 21세기의 대한민국에서도 여전히 절대적인 가난으로 몰린 사람들이 존재한다. 그 극단의 가난을 돌보지 않는다면 국가의 지도자는 왜 존재해야 하는가? 세종은 거기에 대해 답을 하고 있다.

이기동은 《맹자강설》에서 맹자의 왕도정치에 대해 평했다. "인간존재를 구성하는 두 요소는 마음과 몸이므로 이 두 요소가 어느 하나도 소홀함이 없이 조화를 이루는 것이 이상적인 삶이므로, 정치의 목적도 이러한 이상적인 삶을 확립하는 데 있을 것이다. 마음의 삶을 충족시키는 것은 도덕이고 몸의 삶을 충족시키는 것이 경제이므로, 도덕의 확립과 경제의 건설이 정치의 두 목적이다. 둘 가운데 더 근본적이고 중요한 것은 도덕의 확립이지만, 우선시해야 할 것은 경제력이다. 몸이 원만한 삶을 유지하지 못하면 도덕의 건설은 불가능하기 때문이다."* 신민의 핵심은 경제력을 바탕으로 한 복지 체계의 완성에 있다. 복지 없이 백성은 새로워지지 않는다.

그런 측면에서 보면 세종은 노비가 아이를 출산하면 30일의 출산휴가를 주도록 하였다. 그 아이의 아버지되는 자가 비록 노비라 할지라도 30일의 육아휴직도 시행하도록 했다. 이처럼 세종은 경제를 중시했으며 사회안전망 확보에 최선을 다하고자 했다.

---

* 이기동, 앞의 책, 259쪽

8.
여론조사를
강행한 진짜 이유

2017년 7월 10일 CBS FM 〈김현정의 뉴스쇼〉에서 여론조사 기관인 리얼미터의 이택수 대표를 인터뷰하였다. 그는 7월 첫째 주의 여론조사에 대해 인터뷰한 뒤 말미에 다음과 같이 말했다.

"이번 주간 집계는 7월 3일부터 7일, 금요일까지 5일 동안 전국 19세 이상 유권자 4만 7,395명에 통화를 시도해서 최종 2,518명이 응답을 완료했고요, 5.3%의 응답률이었습니다. 조사 방법은 같았고요. 표본오차는 95% 신뢰수준에서 ±2%포인트였고 자세한 내용은 중앙선거여론조사심의위원회 홈페이지를 참조하시면 되겠습니다."

한편 다른 여론조사 기관인 한국갤럽이 7월 7일에 발표한 여론조사에서는 "이번 조사는 지난 4~6일 사흘간 전국 만 19

세 이상 남녀 1,004명을 대상으로 휴대전화 RDD 표본 프레임에서 무작위 추출집 전화 RDD 15% 포함돼 전화조사원 인터뷰 형식으로 진행됐다. 표본오차는 ±3.1%포인트95% 신뢰수준이며 응답률은 18%다."라고 했다.

리얼미터 여론조사는 5.3%의 응답률이지만 표본이 많아 2,518명이 응답했고 한국갤럽은 1,004명을 대상으로 하여 18%의 응답률을 보이고 있다. 한국갤럽의 경우에는 겨우 180여 명 정도만 응답한 것이다.

21세기 대한민국의 여론조사를 보면, 표본은 거의 2,000명을 넘지 않고 응답률은 20% 이하에 불과하다. 많이 양보하여 표본이 2,000명이라고 해도 겨우 400여 명 정도의 의견을 전체의 여론인 것처럼 마구잡이로 발표하는데 선거 때일수록 더 심하다. 미국의 경우에는 응답률이 30%를 넘지 않으면 아예 발표를 금지하고 있다. 최첨단의 시대에 표본 숫자가 겨우 1,000명 혹은 2,000명에 불과한 것도 놀랍지만 응답률이 낮은 것은 더욱 충격적이다. 그럼에도 언론사들은 앞다투어 여론조사 내용을 발표하고 있다. 대중은 실제를 잘 모르면서 여론조사의 내용을 따라가는 경우가 많다. 그것을 여론조작이라고 한다.

이 때문에 특정한 방향으로 여론을 움직이고 싶은 언론기관에서는 여론을 왜곡하는 기사와 칼럼을 다양하게 게재하여 여론을 조작하기도 한다. 엄밀히 말하자면 여론조사가 아니라

'여론 왜곡'이 일어나고 있는 현실인 것이다. 몇 년 전에 가장 복제하고 싶은 인물에 관한 여론조사가 있었다. 1위가 세종대왕이었다. 여론조사에서 1위로 뽑힌 세종, 그런데 세종이야말로 여론조사를 철저하면서도 광범위하게 실행했던 유일한 임금이다. 예나 지금이나 여론은 정치의 매우 중요한 지렛대이다. 아무리 국왕이라고 하더라도 여론을 등지고 정책을 펼 수는 없었다. 여론을 등진 상태에서 정책을 밀고 나가면 끊임없는 저항에 시달려야 하기 때문이었다. 그런 의미에서 여론은 정책을 가다듬는 역할도 하였다.

《조선왕조실록》홈페이지에서 '상소'가 총 31,598회 검색된다. 그중에서 세종 시대에는 823회의 상소가 있었다. 성종 이후에는 상소의 건수가 폭발적으로 늘어난다. 사대부들은 상소를 올려 여론을 움직이려 하였다. 상소를 최종적으로 읽는 사람은 국왕이었다. 하지만 상소가 국왕에게 전달되는 과정에서 여러 사람이 읽게 되고 그 내용이 널리 알려지기 마련이었다. 국왕은 상소에 대한 답변으로 비답을 내렸으나 어떤 경우에는 비답을 내리지도 않고 묵혀두는 경우도 많았다.

세종은 즉위할 때부터 공법貢法을 개혁하고자 하였다. 조선은 농업국가라 세금을 징수하는 핵심은 농토와 그 농토에서 생산된 소출이었다. 소출이 많으면 당연히 세금을 많이 내야 했다. 그러나 소출이 많아도 세금을 속이는 경우가 매우 많았다. 조세를 통해 국가 운영에 필수적인 예산을 확보하는 것이야말로 국가의 근간을 유지하는 일이었다. 국가의 곳간이 비어 있으면, 국왕이나 국가가 어떤 정책도 시행할 수 없었다. 세종은 이 문제를 유심히 바라보고 있었다.

아무리 국왕이라고 할지라도 공법을 개혁하겠다는 이야기를 꺼냈다가는 거센 저항에 직면하게 된다. 토지를 가진 대신들부터 맨 먼저 극렬하게 반대할 터였다. 공법 개혁이란 세금을 더 내라는 말이나 다름없었기 때문이다. 세금을 더 내는 것을 좋아하는 국민은 없다. 하지만 국가는 세금을 받아 창고를 채워둬야만 했다. 국가의 일이란 세금을 걷고 쓰는 일이다. 세금을 공정하고 투명하게 징수하고 적재적소에 잘 사용하는 것은 언제나 매우 중요한 일이었다.

증세 없는 복지는 없다. 하지만 복지에는 찬성하면서 증세를 거부하는 경우가 많다. 비기득권층은 증세해도 더 낼 세금이 없으니 찬성이지만 세금을 더 내야하는 기득권층은 결코 동의하지 않는다. 증세를 통해 복지를 강화해야 국가의 근간이 흔들리지 않는다. 흉년으로 인해 굶주려 죽는 백성들이 점점 많아지는 것을 보고만 있을 국왕은 없다. 그가 비록 폭군이라고 하더라도 말이다.

세종 1년 7월 18일의 실록에 보면, 어전회의에서 사전私田을 심사하는 것에 대해 의논하는 장면이 나온다. 변계량은 "비록 모두 사전을 심사하라고 한다 해도, 누가 즐겨서 답험하고 검사하는 데 마음을 쓰겠는가. 정유년에 이미 사전을 심사하는 법을 정하였으나 그 법대로 심사하지 않아 정확하지 않으므로 다른 위관을 시켜 다시 심사하였고, 그래도 맞지 않은 자에게는 다 형장 1백을 내렸으니 만일 흉년이 들면 사전도 아울러 심사하고, 풍년이 들면 밭 임자에게 맡겨서 스스로 심사할 것을 허가할 것이요, 혹 지시하는 대로' 못하는 사람은 죄를 주는 것이 옳습니다."라고 하였다.

변계량은 사전을 심사하는 관리들이 직접 현장에 나와 곡물의 수확을 일일이 계량하는 것이 어렵다는 말을 먼저 꺼낸 것이다. 흉년이 들면 사전을 심사하고흉년이라 소출의 양이 적어 밭 임자에게 세금을 적게 내기 때문에 철저히 조사를 해도 된다는 뜻 풍년이 들면 밭 임자에게 스스로 심사를 맡기풍년이 들어 소출이 많을 때에는 밭 임자가 직접 심사하여 소출의 양을 적게 계산하도록 하자는 뜻자고 주장하였다.

조말생은 "만약 흉년에 아울러 심사하고 풍년에는 밭 임자가 스스로 심사하는 것을 허락하면 이것은 흉년에는 납세를 정확하게 하고, 풍년에는 마음대로 걷게 하는 것입니다. 실로 공정한 방법이 아니니 행할 수 없습니다. 마땅히 경차관을 보낼 때에 공전과 사전을 한결같이 공정하게 답험할 것을 명하면 사전에서 조세 받는 법이 거의 공평할 것입니다."라고 하였다.

조말생은 변계량의 의견에 반대하였다. 사전에서 경작료를 받는 것은 땅주인들이다. 흉년일 때는 심사를 통해 한 톨의 쌀이라도 농민이 속이지 못하게 받고, 풍년일 때는 땅주인 마음대로 계산하여 더 많이 경작료를 거두겠다는 뜻이다. 이렇든

저렇든 땅주인 마음대로 하는 것이므로 반대한다는 주장이다.

원숙은 "이제 한 이랑을 건너서 하나는 공전이요, 다른 하나는 사전이라 한다면, 그 조세를 받는 데 있어서 많고 적은 것이 서로 같지 않으니 백성들이 원망할 것입니다. 밭 임자가 비록 마음대로 거두어들인다 해도 경작하는 사람은 머리를 굽혀가며 따르기에 겨를이 없으리니 어찌 감히 스스로 호소하겠습니까?"라고 하였다.

원숙의 말은 조금 더 나갔다. 공전이라 하는 것은 국가 소유나 지방관청 소유로서 세금을 받는 땅이고, 사전은 국가 공무원들에게 월급을 대신하여 내려준 과전으로 사적 소유를 허락한 땅이다. 백성의 입장에서 공전을 경작하고 내는 세금과 사전을 경작하고 내는 세금이 다르다면 원망이 생기니 땅주인들이 마음대로 세금을 정하고 거두지 못하도록 하라고, 원숙은 주장했다. 세종은 원숙의 말을 받아 "그렇다."라고 말하였다.

국가의 운영에서 재정과 산업은 가장 중요한 업무였다. 중앙정부에서는 재정과 산업을 보호하고 육성하기 위해 다양한 형식의 공무원들을 지방에 파견하였는데, 그 직책이 바로 경차관이다. 이들은 곡물의 소출 상황, 지방 관리에 대한 감찰, 논밭에 대한 재해 상황, 도망가거나 이사 가는 사람들에 대한 추적 등의 임무를 맡았다. 그 밖에 토지측량을 주 임무로 하는 양전경차관 등 다양한 임무를 맡은 경차관들이 수시로 지방에 내려가곤 하였다. 세종은 이들의 역량과 임무에 대해 주목하고 있었다. 여기에다 세종은 여론의 움직임까지 세밀하게 추적하였다.

"어쩌하여 여론조사를 실시하였습니까?"
"증세 없이 복지 없다. 또한 국토와 백성에 대한 세밀한 정보가 필요했다."

세종은 정치의 목적을 백성을 인애하는 것에 두었다. 백성을 사랑하는 첫 번째 방법이 세금을 징수하는 제도를 개혁하는 일이었다. 세종 당시의 조세법, 즉 공법은 '손실답험법'이었다. 손실답험법이란 고려 말기에 조세제도가 엉망진창이 된 것을 이성계가 건국하면서 현실에 맞게 제도화한 세금 제도로 매년 조사관이 논과 밭으로 나가 수확량을 기준으로 십분의 일을 세금으로 매기는 변동 세제다. 그런데 시행한 지 오래지 않아 실무자들인 조사관들의 권력이 하늘을 찌를 듯 높아졌다.

이들은 권력을 가진 사람들에겐 수확량이 아무리 많아도 세금을 낮추어주었고, 힘없는 백성들에게는 수확량을 높이 잡아 세금을 더 많이 내게 했다. 더구나 실제로 거둬들인 세금과 국고로 들어온 세금의 액수도 달랐다. 따라서 민생과 국가재정이 동시에 어려워지고 있었다. 즉 민생은 피폐해졌고 국가재정은 파탄 지경에 이른 것이다. 세종은 그 까닭을 오래 연구해오다가 공법 개혁이라는 특단의 조치를 취하고자 했다. '손실답험법'에서 '정액제'로 공법을 개혁하고 싶어 했다.

마침내 오랫동안 고민해오던 것을 전격적으로 제기하기로 마음먹고 세종은 과거가 있는 창덕궁의 인정전으로 나아갔다.

세종 9년 3월 16일

인정전에 나아가서 문과 책문의 제題를 내다

"왕은 이렇듯 말하노라. 예로부터 제왕이 정치를 함에는 반드시 일대의 제도를 마련하는 것이니 (······) 일찍이 듣건대 다스림을 이루는 요체와 백성을 사랑하는 시초란 오직 백성으로부터 절도 있게 거두는 것일 뿐이다. 지금 백성들로부터 거두는 것에는 토지로부터 거두는 것과 공납, 부세보다 중요한 것이 없는데 (······) 하물며 우리나라는 산천이 험준하고 고원과 습지가 꼬불꼬불하여 시행되지 못할 것이 명백하였다. (······) 공법을 사용하면서 이른바 좋지 못한 점을 고치려고 한다면, 그 방법은 어떻게 해야 하겠는가? 예전에는 토지에 따라 공을 바치게 하였으므로 일찍이 생산되지 않는 것을 책임지우지는 아니했던 것이다. (······) 바닷가의 마을에다 산촌의 생산물을 부과하기도 하니, 바치는 것이 생산되는 물품이 아니므로 백성들이 심히 고통스럽게 여기고 있다. (······) 장차 어떻게 처리하겠는가? 맹자는 말하기를 '인정은 반드시 경제로부터 시작된다.'고 하였다. (······) 내가 비록 덕이 적은 사람이나 이에 간절히 뜻이 있다. 그대들은 경술에 통달하고 정치의 대체를 알아 평일에 이를 강론하여 익혔을 것이니, 다 진술하여 숨김이 없게 하라. 내가 장차 채택하여 시행하겠노라."

책문이란 문과 시험의 마지막 관문으로 오늘날로 말하자면 '최종 논술고사'라고 할 수 있다. 조선시대의 문과란 오늘날로 치면 고위공무원을 뽑는 시험이다. 고위공무원이 된다는 것은 그만큼 공부를 많이 했다는 뜻이기도 했다. 고을마다 이른바 천재라고 이름을 날린 유생들이 모였을 것이다. 그러하니 치열하고 중요하기가 이루 말로 할 수 없었다.

세종의 입에서 떨어진 책문의 제목은 아무도 예상하지 못했던 '공법 개혁'이었다. 백성들이 조정에 공물을 바치는 법을 개혁하겠다는 세종의 마음은 책문의 제목을 내리는 말에 나온 그대로 백성을 사랑하는 마음에서 비롯된 것이었다. 무릇 국정의 핵심이란 백성의 근심과 걱정을 덜어주는 것이어야 마땅했다. 세종은 헌법보다 고치기 어렵다는 세금 제도의 개혁을 과거 책문의 문제로 낸 것이었다. 그 해의 과거에는 성균관 유생은 당연히 참가 자격이 있지만 3품 이하의 관리에게도 참가 자격을 부여했다. 그날의 '문과중시'에서 장원은 정인지였다.

과거에서 책문의 제목으로 공법 문제를 제기했던 세종은 어전회의에서 이를 공식 안건으로 채택했다. 공법 개혁의 핵심은 변동 세제에서 정액 세제로 바꾸는 것이었다. 수확량을 따지지 않고 세금을 정액제로 내게 된다면, 조사관들이나 지방 수령 혹은 중앙의 고위직들이 세금을 중간에서 갈취하는 일이

없어질 것이었다. 나아가 백성들이 조사관들에게 시달릴 일이
없을 터였다.

세종이 공법 개혁을 말하자 편전에 모인 신하들의 얼굴은
그다지 밝지 않았다. 세종은 신하들의 반대를 이미 예감하고
있었다. 늙은 신하들은 무엇보다도 개혁을 싫어했다. 개혁을
하게 되면 익숙한 것들과 결별해야 하기 때문이다. 익숙한 것
들과 결별하고 불편해져야 하는 까닭을 늙은 신하들은 받아들
이지 못했다.

세종 11년 11월 16일

조참을 받고 정사를 보다

명나라에 매를 잡아 바치는 문제를 논의한 뒤에 임금이 좌우 신하
들에게 이르기를 "연전에 공법의 시행을 논의하고도 지금까지 아
직 정하지 못하였으나, 우리나라의 인구가 점점 번식하고 토지는 날
로 줄어들어 의식이 넉넉하니 못하니 슬픈 일이다. 만일 이 법을 세
우게 된다면 반드시 백성들에게는 후하게 되고, 나라에서도 일이 간
략하게 될 것이다. 또 답험할 때에 그 폐단이 막심할 것이니 우선 이
법을 행하여 1~2년간 시험해보는 것이 옳을 것이다. 가령 토지 1결
에 쌀 15두를 받는다면 1년 수입이 얼마나 되며 10두를 받는다면
얼마나 된다는 것을 호조로 하여금 계산하여 보고하도록 하고, 또
신민들로 하여금 아울러 그 가부를 논의해 올리도록 하라." 하였다.

여기에 대해 먼저 황희가 반대하고 나섰다. "전하, 공법은 함부로 건드려서는 아니 될 문제이옵니다. 자칫 잘못 건드렸다간 백성들의 원성이 하늘을 찌를 것이옵니다." 세종이 기획하면 황희는 실행하는 사이였다. 세종은 황희의 실무능력을 높이 평가했고, 새로운 정책이나 기획의 실행을 황희에게 맡겼다. 업무를 직접 담당하지 않더라도 황희는 배후에서 서로 다른 의견들을 조정하여 실행에 어긋나지 않도록 노력하는 훌륭한 참모였다. 그런 황희가 반대하고 나선 것이었다.

황희가 운을 떼자 신하들이 저마다 한마디씩 거들었다. 좋은 밭에서는 소출이 많고, 거친 밭에서는 소출이 적게 마련인데, 이를 평균적으로 나누어 똑같이 내라고 하면 소출이 적은 곳에서 불평이 커질 것은 불 보듯 뻔한 일이라는 것이었다. 신하들의 말은 옳았다. 세종은 신하들의 옳은 그 말을 정면으로 찌르고 나갔다.

"정 그렇다면, 백성들에게 어떤 제도가 더 좋은지 여론조사를 실시하는 것이 어떻겠소?" 신하들로서는 중국의 사서 어디에서도 읽어본 적이 없는 황당한 주문이 아닐 수 없었다. 신하들은 입만 열면 "백성을 위해서 정치를 합시다. 백성들을 위해서 해야 합니다."라고만 주장했다. 입으로만 백성을 위하자고 외치는 사대부 성리학자의 등에 일침을 놓은 것이다. 허를 찔린 신하들은 허둥거렸지만 세종은 침착하게 여론조사를 준비했다.

세종 12년 7월 5일

정사를 보았다

호조판서 안순이 아뢰기를 "일찍이 공법의 편의 여부를 가지고 경상도의 수령과 인민들에게 물어본즉 좋다는 자가 많고 좋지 않다는 자가 적었사오며, 함길·평안·황해·강원 등 각도에서는 모두들 불가하다고 한 바 있습니다."

임금이 "백성들이 좋지 않다면 이를 행할 수 없다. 그러나 농작물의 잘되고 못된 것을 답사 고험할 때에 각기 제 주장을 고집하여 공정성을 잃은 것이 자못 많았고 또 간사한 아전들이 잔꾀를 써서 부유한 자를 편리하게 하고 빈한한 자를 괴롭히고 있어 내 심히 우려하고 있노라. 각 도의 보고가 모두 도착해 오거든 그 공법의 편의 여부와 답사해서 폐해를 구제하는 등의 일들을 백관으로 하여금 숙의하여 아뢰도록 하라." 하였다.

위의 실록 기사를 보면 여론조사가 이미 진행되었다는 것을 알 수 있다. 여론조사는 전국에 걸쳐 17만 가구의 관민을 대상으로 거의 6개월에 걸쳐 진행되었다. 대가족제도의 농경사회였기 때문에 한 가구당 최소 6명만 잡아도 표본 수치는 어림잡아 100만 명이 넘었다.

여론조사 기관에서 집집마다 찾아가 백성들에게 의견을 물어본 결과 찬성이 9만 8,000여 가구, 반대가 7만 4,000여 가구였다. 찬성이 미미하게 우세했다. 찬성이 압도적인 곳은 삼남과 같은 단위면적당 생산량이 높은 지역이었고, 반대가 많은 곳은 척박한 농지가 많은 한강 이북의 지역이었다. 이처럼 지역적으로 이해관계에 얽혀 편차가 심하고 신하들도 반대하자 세종은 공법 개혁을 일단 유보했다.

그렇다고 포기한 것은 결코 아니었다. 세종은 연구에 연구를 거듭했다. 세종은 반대하는 신하들의 심리를 어느 정도는 이해하고 있었다. 이유는 명확했다. 공법 개혁을 하게 되면 세금을 더 많이 걷을 수 있어 국가재정에는 크게 도움이 되지만 문제는 누구도 세금을 더 많이 내고 싶어 하지 않다는 것이었다. 특히 부유한 관리들은 세금을 덜 내고 싶어 했기 때문에 강력히 반대했다. 다시 1년이 지나자 세종은 공법 개혁 문제를 또 꺼냈다. 그러자 많은 토지를 소유하고 있는 신하들이 반대하고 나섰다.

"중간 수준의 정액제는 척박한 토지를 가진 백성들에겐 절대 불리합니다. 이를 개선하지 않으면 반드시 역효과가 날 것이옵니다."

"좋소, 그럼 땅이 척박한지 비옥한지 조사해서 거기에 따라 세금을 부과하면 공평하다 하겠구료."

세종은 물러서지 않았다. 거듭 개혁안의 수정을 지시했다. 세금처럼 민감한 문제일수록 반대편의 동의 없이는 성공할 수 없었기 때문이다. 세종은 조급해하지 않았다. 시간이 걸리더라도 꼼꼼하게 챙겼다.

마침내 공법 개혁을 제안한 지 15년 만에, 즉 세종 24년에 토질과 수확량에 따라 세금을 거두는 새로운 제도가 통과되었다. 손실답험법과 정액 세제를 절충하여 '연분구등-전분육등'이라는 새로운 기준이 마련된 것이다. 만장일치로 이뤄낸 결과였기에 그 의미는 더욱 컸다.

세종은 프로젝트를 언제나 중장기적으로 모두가 동의하는 방향으로 진행했다. 그리고 프로젝트를 시행하기 전에 전문가로 하여금 충분히 연구하게 했다. 또 연구 결과가 나오고 프로젝트의 성공과 그 영향에 대해 확신이 설 때까지 그 문제를 중신들끼리 충분히 논의하도록 했다. 그리고 중신들의 의견이 하나로 결집되지 않으면 여론조사를 통해 백성들의 의견을 모았다. 이렇게 해서 새로운 정책과 제도를 채택했고, 채택한 경우에도 한꺼번에 실시하는 것이 아니고 차츰차츰 시행했다.

공법 개혁을 통해 과세를 결정할 때는 충분한 조사 결과, 즉 데이터를 토대로 세금을 부과했다. 비옥하고 소출이 많은 토지, 척박하고 소출이 거의 없는 토지 등 국토의 토지를 모두 9등급으로 나누어 세금 부과에 공정성을 기한 것이다. 당시 세계적으로 봐도 이토록 합리적인 세금제도를 실현하려고 노력했던 예는 찾아볼 수 없다.

그런데 왜 세종은 여론조사를 시행했던 것일까? 당시는 통신 체제가 완벽하게 갖춰지지 않았고, 서울에서 부산까지 가려면 보름 이상 걷거나 말을 타야 했던 시대다. 그럼에도 엄청난 인력과 물자를 사용하면서까지 여론조사를 강행했었다. 여기에는 세 가지 목적이 있다고 본다.

첫째, 신하들을 견제하기 위해서였다. 세종은 신하들의 반대에도 불구하고 공법 개혁을 완수하고 싶어 했다. 국가재정을 든든히 하는 것은 물론이고, 신하들의 사리사욕에 대한 엄중한 경고의 뜻도 담겨 있었다. 관리들이 중간에서 세금을 착복하는 상황을 용납할 순 없는 노릇이었다. 백성들의 목소리를 직접 듣는다면 신하들도 마냥 반대만 하기에는 부담이 상당했을 것이다. 오랜 시간 동안 임금이 직접 제도 개혁을 추진하고 있었기에 신하들도 반대하기 어려운 상황이 되었다. 세종의 길고 긴 사전 조정 작업에 신하들도 승복할 수밖에 없었다.

둘째, 백성들이 직접 나라의 일에 참여한다는 심리적 고취 효과를 높이기 위한 노력의 일환이었다. 백성들은 한양의 대궐에 산다는 임금님보다 고을의 수령을 더 무서워했다. 그런데 임금님의 명령을 받은 여론조사관들이 집집마다 다니며 나라의 정책에 대해 찬성과 반대를 묻고 있으니 참으로 놀랄 일이었을 것이다. 그리하여 백성 스스로 결정한 정책이 실제로 시행된다면, 국가의 일에 본인도 참여했다는 자부심이 마음속에 가득할 터였다. 이것이야말로 세종이 교서에서도 밝혔던 '인'의 정치였던 것이다. 그것을 통해 백성들은 임금에게 감동하고 나아가 자발적으로 새로운 제도를 지키려고 노력하지 않았을까 싶다. 세종은 이 점을 염두에 두고 여론조사를 실시했던 것이다.

셋째, 정보의 확보였다. 임금이 아무리 국가의 지존이라고 해도 정보에서 소외된다면 허수아비에 불과하다. 세종이 직접 선발해 지방 각지로 내려 보낸 조사관경차관들이 방방곡곡을 다니며 여론을 조사하는 과정에서 부수적으로 정보 수집의 역할도 수행했을 것이다. 임금에게는 보고되지 않고 은폐되어 있던 온갖 비리와 실정, 부정부패 그리고 각지의 토지 현황이며 생산된 물목에 대한 정보가 생생하게 수집되었던 것이다. 세종은 정보의 확보야말로 정치의 기본이라는 점을 여론조사를 통해 충분히 느꼈을 것이라 짐작된다.

우리나라의 군왕 중에서 세종처럼 여론조사를 통해 백성을 정치에 참여시키고, 신하들의 반대 의견을 통합적으로 관리하고, 정보를 수집했던 군왕은 없었다. 갈등을 증폭시키는 것이 아니라 그것을 통합하고 관리하는 것이 정치의 본령이라고 세종은 알고 있었다. 그랬기에 세종은 비로소 조선이라는 문화의 형식을 새롭게 기초할 수 있었다. 세종은 조선이 성리학이라는 철학의 기초 위에 반석처럼 굳건하기를 바랐다. 중국의 황제들은 성리학보다는 절대권력으로 통치했다. 그렇지 않으면 국가의 존속이 위태로워지기 때문이었다. 따라서 철학적이라기보다는 철저하게 정치적이었다. 그러나 조선은 중국보다 영토도 작았고, 상대적으로 강력한 힘을 행사하는 지역 호족도 많지 않았다. 많지 않은 정도가 아니라 거의 없었다고 해도 무방하다. 이성계는 함북 지역에 근거를 둔 마지막 지역 호족 출신이었다. 고려가 호족 연합체 국가였다면 조선은 신진사대부의 국가였다. 그랬기에 세종은 성리학을 통치철학으로 삼았고, 신권과 왕권의 균형과 조화 그리고 간섭을 통해 조선을 경영했던 것이다.

3부
오직 백성을 사랑하는 마음으로

9.
한글 창제의
목적

말이란 마음이 밖으로 나온 것이고 글이란 허공으로 사라지는 말을 붙잡아 둔 것이다. 허공으로 흩어지는 말을 붙잡아 두기 위하여 인류는 문자 기호를 만들어 냈다. 마음이 밖으로 나온 것이 말이라면, 글도 역시 마음이 밖으로 나온 것이다. 지극히 개별적이며 감정이 풍부한 글쓰기로는 '편지'와 '일기'가 있다. 대표적인 것이 로마자 알파벳과 중국의 한자가 있다. 사람은 문자 기호를 적는 것으로 말을 고정할 수 있었고, 그것을 전할 수 있게 되었다. 입에서 나오는 순간 허공으로 사라지는 말보다 문자로 기록된 글이 훨씬 더 정확하게 정보를 전달한다는 것을 사람들은 깨달았다.

이 세상에 사람으로 태어나 어머니의 젖을 먹으며 조금씩 성장하면서 맨 먼저 배우는 것이 어머니가 사용하는 말이다.

어머니의 말을 모어母語, mother tongue라고 한다. 모국어는 정확한 용어가 아니지만 우리말의 특성상 같은 의미로 사용하기도 한다. 사람의 마음을 가장 정확하고 가장 풍부하게 표현해낼 수 있는 말은 모어가 유일하다. 모어가 아닌 말들은 어린 시절부터 학습을 통해 습득하게 된다. 학습된 언어는 찰나로 변해가는 마음의 순간들을 포착하기가 매우 어렵다. 모어로 감정을 표현하고, 이어 그 모어에 해당하는 외국어를 찾아 입으로 말하는 것이다. 그 과정이 얼마나 빠르냐가 외국어 실력을 가늠하는 것이다.

한 통의 편지가 앞에 놓여 있다. 붓글씨로 휘갈겨 쓴, 400년 전의 편지다. 무덤을 이장하다가 우연히 발견된 편지를 보고 있자니 세월을 뛰어넘은 기록의 위대함에 새삼 고개를 숙이게 된다. 더구나 '여인의 편지'가 아니던가. 누렇게 변색된 종이 위의 검은 글씨는 한글이다. 비록 400년 전에 쓴 편지라고 해도 한자로 쓰지 않았으니 곧장 읽어도 그 뜻을 확연하게 알 수 있다.

편지는 어떤 사내의 미라에서 나왔다. 이응태라는 이름을 가진 사내의 가슴 위에서 423년 동안 고이 간직되어 오다가 마침내 지상으로 나온 여인의 편지에는 차마 어쩔 수 없는 애절한 마음이 글자마다 가득했다. 한글은 '조선말이라는 모어'를 기록하는 문자다. 한글이라는 문자가 있었기에 여인의 마음이 400년이란 세월을 견뎌낸 것이다.

한글의 자음과 모음마다에 슬픔이 새겨진 여인의 편지는 심장의 피를 찍어 쓴 한 편의 연애시였고 사부곡이었다. 이응태의 무덤에서는 편지뿐 아니라 머리 뭉치도 나왔는데, 머리카락으로 삼은 미투리였다. 여인은 남편의 병이 깊어지자 머리카락을 베어 미투리를 삼으며 간절히 기도했던 것이다.

조심스러운 마음으로 편지를 읽는다.

원이 아버지에게

병술년1586 유월 초하룻날 아내가

당신 언제나 나에게 둘이 머리 희어지도록 살다가 함께 죽자고 하셨지요.

그런데 어찌 나를 두고 당신 먼저 가십니까?

나와 어린아이는 누구의 말을 듣고 어떻게 살라고 다 버리고 당신 먼저 가십니까?

당신 나에게 마음을 어떻게 가져왔고 또 나는 당신에게 어떻게 마음을 가져왔었나요.

함께 누우면 언제나 나는 당신에게 말하곤 했지요.

'여보 다른 사람들도 우리처럼 서로 어여삐 여기고 사랑할까요?

남들도 정말 우리 같을까요?'

어찌 그런 일들 생각하지도 않고 나를 버리고 먼저 가시는가요?

당신을 여의고는 아무리 해도 나는 살 수 없어요.

빨리 당신께 가고 싶어요. 나를 데려가주세요.

당신을 향한 마음을 이승에서 잊을 수가 없고, 서러운 뜻 한이 없습니다.

내 마음 어디에 두고 자식 데리고 당신을 그리워하며 살 수 있을까 생각합니다.

이 내 편지 보시고 내 꿈에 와서 자세히 말해주세요.

꿈속에서 당신 말을 자세히 듣고 싶어서 이렇게 써서 넣어드립니다.

자세히 보시고 나에게 말해주세요.

당신, 내 배 속의 자식 낳으면 보고 말할 것 있다 하고 그렇게 가시니 배 속의 자식 낳으면 누구를 아버지라 하라는 거지요?

아무리 한들 내 마음 같겠습니까?

이런 슬픈 일이 하늘 아래 또 있겠습니까?

당신은 한갓 그곳에 가 계실 뿐이지만 아무리 한들 내 마음같이 서럽겠습니까?

한도 없고 끝도 없어 다 못 쓰고 대강만 적습니다.

이 편지 자세히 보시고 내 꿈에 와서 당신 모습 자세히 보여주시고 또 말해주세요.

나는 꿈에 당신을 볼 수 있다고 믿고 있습니다.

몰래 와서 보여주세요.

하고 싶은 말 끝이 없어 이만 적습니다.

한글로 그 애절한 마음을 꾹꾹 눌러 담는 여인의 모습을 상상해보았다. 상복을 입고 머리를 풀어헤친 모습으로 방바닥에 엎드려 편지를 썼을 것이다. 머리카락으로 삼은 미투리를 신고 머나먼 도솔천을 건너 서방정토에 무사히 가닿으라는 어떤 기원과 지극한 사랑과 슬픔이 담긴 편지. 이 편지를 읽는 내내 눈시울이 붉었고 억장이 무너졌다.

세종이 한글을 만들어내지 않았다면 이 여인의 생생한 감정은 지금까지 남아 있지 못했을 것이다. 지상에서 단 하나 밖에 없는 언어, 우리의 일생과 함께하는 언어, 상처받았으나 언제나 겨레의 영혼을 담아주었던 한글. 한글이 없었다면 민족의 삶은 어떻게 되었을까?

지난 2007년 전주에서 개최된 아시아-아프리카 문학페스티벌에서 아프리카 작가들을 많이 만났다. 아프리카 작가들은 한국 작가들보다 세계 문단에 훨씬 더 많이 알려져 있었다. 그들은 대개 프랑스나 영국의 식민지에서 태어났고 유럽으로 건너가 작품 활동을 하고 있었다. 영어나 프랑스어로 창작을 하고 있으니 한국어로 창작하는 작가들보다 한결 편하게 세계 문단에 알려지게 된 것이다. 대신에 그들은 그들의 모어로는 창작할 수가 없었다. 그들의 모어에는 문자가 없기 때문이었다.

정도상 : 언어는 각 부족에게 존재의 집 같은 것입니다. 그런데 그 집의 언어가 빠른 속도로 소멸되고 있습니다. 예컨대 한국에서도 방언은 5천 년 이상 인간의 삶이 녹아 있는 말이지만 표준어의 하위개념으로 취급하고 있지요. 저는 사라지는 언어를 어떻게 보존할

것인가에 관심을 많이 갖고 표준어 정책을 보완하기 위해 방언을 국어사전에 올리는 운동을 하고 있습니다. 선생님께서도 줄루족의 삶을 그들의 언어로 표현할 때 영어로는 다룰 수 없는 심연이 있을 것으로 생각하지 않으신지요?

루이스 응코시 : 소르본 대학에서 공부한 제 유대인 친구도 비슷한 고민을 했습니다. 그들은 이디시어를 썼지만 2차 대전 이후 전 세계에 흩어지면서 현지에 살아남기 위해 고유의 언어를 버리고 있지요. 그 친구도 이디시어를 보존하고 알리는 데 관심이 많습니다. 그런데 제가 생각하는 해결책은 이런 것입니다. 토착어를 쓰는 사람들이 자기 말을 보존하는 길은 그 언어의 고유한 느낌, 그 지방어로 표현하지 않으면 안 되는 무언가를 문학으로 드러내는 것이라고 생각합니다. 단테를 보세요. 그는 이탈리어를 알리려고 애쓰지 않았어요. 다만 이탈리아어로 《신곡》을 썼을 뿐인데, 이탈리아어에 대한 사람들의 호기심을 불러일으키면서 널리 알린 것 아니었나요?*

실제로 아프리카 작가들은 자기 부족의 언어로 문학을 하기에 많은 노력을 기울이고 있었다. 부족들이 살고 있는 마을을 찾아다니며 구전과 구술의 방법으로 문학을 하고 있다는 것이다. 하지만 문자가 없기에 문학이 보존되고 전승되는 데 애

---

* 손영옥, 〈남아공 작가 응코시-소설가 정도상 대담, '문학의 위기' 공감〉,《국민일보》2007년 11월 9일

를 먹고 있다며 고충을 토로하였다. 인도 출신 작가도 힌디어로 창작을 해야 하는지 영어로 해야 하는지에 대해 인도 내부에서 많은 토론이 있었다고 했다. 문제는 힌디어로 창작을 하면 영어권 문단에 데뷔하기가 어렵다는 데에 있었다. 본래의 모어보다는 식민지 본국의 언어를 작품의 언어로 선택하는 게 기분 좋은 일은 아니지만 그것이 현실이라고 했다.

만일 한글이 없었다면, 우리는 매번 문장을 쓸 때마다 우리 말로 상상하고 한자로 번역하여 기록하는 방식으로 시도 쓰고 소설도 쓰고 있을 것이다. 실제로 조선시대의 문학은 대개 이런 방식으로 이루어졌다. 니체는 언어의 기원에 대해 많은 말을 남겼다. 그중에서 주요한 문장들을 두서없이 발췌해보면 다음과 같다.

모든 의식적 사고는 언어의 도움을 받아야 비로소 가능합니다. 그렇게 예리한 사고는 한갓 동물적인 의성어 같은 것을 가지고는 전혀 불가능합니다. 가장 심오한 철학적 인식들이 이미 언어에 준비되어 있습니다. 판단의 개념은 문법적인 문장에서 추상된 것입니다. 주어와 술어에서 주체와 속성이라는 범주들이 성립되었습니다.
언어는 개개인의 작업이기에는 너무 복잡하고, 집단의 작업이기에는 너무 통일적인 것으로, 그것은 하나의 온전한 유기체입니다. 올바른 억양과 섬세한 청각은 아무에게나 주어진 것이 아니라는 것입니다.*

우리말과 글을 합쳐 한국어라고 한다면, 한국어는 세계 10위 권의 언어 영향력을 갖고 있다. 한글이라는 문자를 갖고 있지 않았다면 한국어는 중국어의 언어권으로 분류될 수도 있을 것이다. 우랄·알타이어의 언어 구조와 인도·유럽어의 언어 구조는 크게 다르다. 한국어는 우랄·알타이어군에 속하고 중국어는 인도·유럽어군에 속한다. 말의 구조가 완전히 다르고 단어와 표현 자체가 완전히 다른데도 불구하고 그것들을 모두 한자로 표기해야 한다는 것은 비극이 아닐 수 없다. '너를 사랑해.'라고 말하고 '我愛你'라고 표기해야 한다면 어찌 비극이 아니겠는가? 세종은 이 비극을 극복하고 싶었다.

"한글 창제의 목적은 무엇입니까?"
"백성에 대한 사랑 때문이었고, 표현과 기록의 차이에서 오는 괴로움을 극복하고 싶었다."

백성들은 말과 글이 서로 다른 현실에 너무 버거워했다. 공문서에도 중국의 한자어만 사용한 것이 아니라 신라시대에 만들어진 이두까지 광범위하게 사용되었다. 한자를 모르고, 한

---

* 니체, 김기선 옮김, 《언어의 기원에 관하여 외》, 책세상, 17~21쪽

자로 문장을 짓지 못하는 백성이 너무 많아 억울함이 있어도 억울함을 호소할 방법이 없었다. 세종은 고민이 깊었다.

세종 2년 윤 1월 29일

처음에 임금이 교서를 내려 신하들의 진언을 요구하고, 의정부와 육조에 명하여 그들의 언론을 의논하게 하였더니, 이제 그중 시행할 만한 조건을 가려 뽑아 아뢰었다.

예문관 대제학 유관 등이 말하기를 "수령이 어질고 어질지 못함에 따라 백성이 잘 살게 되고 못 살게 되는 문제가 달려 있습니다. 근래에 수령 중에서 많은 사람이 사무 처리하는 것만으로 일을 삼고 형벌을 엄하게 함으로써 권위를 세우려 합니다. 압박하고 재촉함으로써 일을 거둬치우는 데만 힘을 쓰고 백성의 이해에 대하여는 일찍 돌아보고 생각해주지 아니합니다. 백성이 억울함이 있어 하소연하여도 억누르기만 하고 이것을 풀어주지 아니할 뿐 아니라 그들에게 매질하며 쫓아내기까지 하고 있습니다. 그러면서 '형벌을 엄하게 하지 않으면 위엄이 서지 아니하며, 다급히 독촉하지 않으면 일을 처리하지 못한다.' 하여 이러한 짓을 하는 자들이 종종 있습니다. 이로 말미암아 원망과 분노가 민간에 쌓이어 불만이 점차 고조되고 있습니다. 그런데 감사는 그러한 사람들을 일처리 잘한다고 생각하여 성적을 매길 때에 이를 높은 등급으로 매깁니다. 뒤에 그 후임을 맡은 사람도 그대로 본받아 하게 되니 백성이 어떻게 그의 생활에 안심할 수 있으며 그들의 원망을 풀어낼 수 있겠습니까. 원컨대 각 도에 명령을 내리시와 수령들로 하여금 모두 백성을 사랑할 것을 염두에 두고 각박한 짓을 하지 않도록 힘써서 원망에 가득한 공기를 가시게 하옵소서." 하였다.

경창부 승 오청 등이 말하기를 "각 고을의 수령이 백성에게 법률의 조문을 가르치는데 만일 글자를 몰라서 배우지 못하는 자가 있으면 곧 속전을 징수하여 백성이 매우 원망하오니, 이제부터는 글자를 아는 자 이외는 법률의 조문을 가르치지 말게 하옵소서." 하였다.

정부와 육조에서 의논하여 "글자를 모르는 자에게는 우리말로 법률 조문의 대강 중요한 뜻만을 가르치고, 속전은 징수하지 말자."고 하였다.

어전회의가 끝나고 신하들이 물러났다. 그들이 떠난 빈자리에 쟁쟁하게 남은 말들이 세종의 귀에 남았다. "글자를 몰라서 법률의 조문을 배우지 못하는 백성에게 속전별금을 징수한다." 세종은 법률에도 슬픔이 있어야 한다고 생각한 사람이었다. 그런데도 지방의 수령들은 그저 행정의 달인으로만 치세를 삼으려 하였다. 예문관 대제학 등이 말한 내용이 바로 그러한 것들이었다. 나라의 근본이 어디에 있는지 모르고, 백성을 진심으로 사랑하지 아니한 수령 방백들이 얼마나 많은가. 그들은 행정의 이름으로만 백성을 대했다. 법률을 모르면 어떤가. 법을 모르고, 임금의 이름도 모르던 시대가 바로 요순 아니었던가.

'글자를 모르는데 우리말은 할 수 있다?'

　행정 부처나 민간의 사대부들은 우리말과 한자와의 사이에
있는 간극을 메꾸기 위해 이두를 사용하고 있었다. 이두를 사
용하면 한자어만 사용하는 것에 비해 편리할 때가 많았다. 어
차피 조선말은 중국말과 달랐다. 세종은 조선말을 중국 글자
로 표기하면서 생기는 문제가 자꾸만 마음에 걸렸다. 세종은
이두에 대해 더 많이 공부하였다. 조선말을 중국 글자로 표기
하자면 무엇보다도 두 나라 말의 문장구조가 같아야 가능했
다. 그러나 엄격하게도 달랐고 조선말은 중국말에 없는 '에',
'를', '하니', '으로', '하다' 등 체언의 격이나 용언의 어미가
다양하였다. 들기로는 광개토대왕 비문도 이두로 쓰인 문장이
많다고 하였다. 세종은 《제왕운기》를 읽으며 이두가 어떻게
사용되는지 살펴보았다.

　이두를 백성이 알기에는 어려운 점이 많았다. 이를테면 '孝
爲尼'라는 문장을 만나면 자연스럽게 '효도하니'로 읽어지지
않는 것이 이두의 문제였다. 아전들이 행정의 편의를 위해 만
들어낸 방식인데도 쓰임새가 일정하지 않아 이두인지 아닌지
알아내는 것도 쉬운 노릇이 아니었다. 그래서 세종은 몽골 글
자에 관심을 기울였다. 무엇보다도 소리를 적을 수 있는 글자
라고 했다.

세종 5년 2월 4일

몽학의 시험 보는 예를 정하다

예조에서 "몽고자학蒙古字學이 두 개의 모양이 있으니, 첫째는 위올진偉兀眞이요, 둘째는 첩아월진帖兒月眞이라 합니다. 전의 조서와 인서에는 첩아월진을 사용하고 상시 사용하는 문자에는 위올진을 사용하였으니, 한쪽만 폐지할 수 없는 것입니다. 지금 생도들은 모두 위올진만 익히고, 첩아월진을 익힌 사람은 적은 편이니, 지금부터는 사맹삭에 몽학으로서 인재를 뽑을 적에는 첩아월진까지 아울러 시험을 봐서 통하고 통하지 못하는 것을 나누어 헤아려 위올진의 시험 보는 사례에 의할 것입니다."라며 결재를 올렸다. 그대로 시행하라 하였다.

위올진은 '위구르문자'다. 위구르문자는 4개의 모음 문자와 14개의 자음 문자로 구성되어 있다. 칭기즈칸에 의해 몽골어를 표기하기 위해 채택되었다. 중세 실크로드가 한창일 때 지금의 우즈베키스탄의 사마르칸트에서 상업을 지배하던 소그드족이 있었는데, 소그드의 소리 문자를 모방했다고 전해지는 문자였다. 위구르문자는 나중에 만주족의 문자로 발전되었다.

첩아월진은 '파스파문자'다. 예전 중국을 정복한 원나라, 즉 몽골에는 문자가 없었다. 세계를 정벌하고 통치를 해야 하는 몽골족의 입장에서는 무엇보다도 문자가 필요했다. 말은 입에서 나오는 순간 사라지지만 문자는 종이나 대나무 그리고 목간에 적혀 오래 보존되었고 또한 정확했다. 몽골은 먼저 위구르문자를 사용했고 중국에서 원나라를 개국한 뒤에는 한자를 사용했다. 그러나 몽골은 중국이나 다스리는 제국이 아니라 유라시아를 다스리는 대제국이 되어 있었다. 대제국을 다스리기 위하여 그들은 자신들만의 문자가 필요하다는 것을 알았다. 그리하여 티베트 승려이자 몽골 황제의 국사인 파스파에게 명하여 새로운 몽골만의 문자를 만들도록 했다.

세종이 보기에 첩아월진 문자는 소리글자로서 뛰어난 체제를 갖고 있었다. 매력적인 글자지만 몽골이 망하자 함께 사라지고 말았다. 아마도 세종은 일과가 끝나고 나면 강녕전으로 세자, 정의공주, 수양, 안평을 불렀을 것이다. 그들과 함께 세종은 첩아월진을 한 글자씩 발음했을 것이다. 언어에 뛰어난 사람은 수양과 정의공주였다. 세종은 그림을 잘 그리는 안평에게 발음을 할 때 변하는 입 모양을 그리라고 했을 것이다.

깊은 밤까지 특근을 하며 장계를 읽거나 형조에서 올라온 살인사건에 관한 보고서를 읽는 날이 아니고 조금 일찍 업무가 끝나는 날이면 세종은 자식들을 강녕전으로 불렀다. 몸이 허약한 세자를 비롯하여 모두들 즐겁게 모여 웃고 떠들며 첩아월진을 읽었을 것이다. 물론 이에 대한 정확한 기록은 남아 있지 않다. 다만 그렇게 상상할 뿐이다.

또한 세종은 송나라 문자학의 대가인 모황의 음운론인《모황운》도 자식들과 함께 읽었을 것이다. 송나라 시대의 한자음의 발음과 표기가 명나라 시대에는 어떻게 달라졌는지 비교할 수 있었다. 게다가 송나라 수도인 개봉이나 항주는 남방이었고 명나라의 수도인 북경은 북방이었다. 같은 글자가 남방에서 발음할 때와 북방에서 발음할 때에 현격한 차이가 난다는 점에 대해서도 서로 이야기를 나누었다. 호남과 영남, 평안과 함길에서도 같은 사물이나 단어에 대해 다른 발음을 한다는 것을 이야기하면서 서로 신기하다고 말하곤 했을 것이다.

세종은 말과 글이 같은 파스파문자가 마음에 꼭 들었다. 한자는 중국말에는 적합할지 몰라도 조선말에는 맞지 않았다. 아무래도 도롱이 쓰고 햇살 쨍쨍한 한낮에 돌아다니는 기분이었다. 세종은 말과 글이 같으면 백성들도 사용하기 편하고 법률을 몰라 벌금을 내거나 처벌받는 일이 없게 될 것 같았다. 한자는 만백성이 모두 쓰기 편한 글자가 아니었다. 그것은 어찌 되었든 남의 나라 글자였다. 세종은 자식들과 함께 음운에 대해 토론하면서 백성들이 쉽고 편하게 사용할 문자에 대해 생각했다. 반드시 단순해야만 했다. 세종은 단순하면서도 새로운 글자를 상상하느라 자주 잠을 설쳤다.

10.
대의를 위한
국왕의 비밀 프로젝트

"저 요망하고 허황된 책을 모조리 거둬들여 불사르라."

중종은 말했다. 어전회의에서 신하들의 집요한 요청을 도무지 물리칠 방법이 없었다. 이 신하들은 그냥 신하가 아니라 소위 공신이었다. 아무리 임금이라도 해도 공신을 함부로 대할 수는 없었다. 심지어 역모를 통해 집권한 조선의 주류들이었다. 연산군을 몰아내고 중종이 집권한 지 6년이 지났다.

세종이 1443년에 '훈민정음'을 창제한 지 68년이 지난 1511년의 여름은 뜨거웠고 은밀했고 흉흉했다. 양반들은 물론이고 상민이나 천민들도 한 편의 소설을 한글로 베끼느라 정신이 없었다. 이 소설의 제목은 《설공찬전》이었다. 중종 3년1508에 당대의 문장가 채수가 지은 이 소설은 귀신이 살아 있는 사람의 몸에 들어가 말을 한다는 충격적인 설정으로 세간의 관심이 드높았다.

《설공찬전》은 한글로 번역되어 화살처럼 빠르게 퍼져 나갔다. 별채의 규수들보다는 오히려 사대부들과 중인들이 더 많이 읽었다. 집필을 끝내고 발표된 소설은 소설가의 손을 떠나는 순간 그 자체로 하나의 생명력을 획득한 작품이 된다. 인쇄술이 발달하여 한꺼번에 몇천 권씩 찍어내는 시대가 아닌, 조선의 전반기에는 독자 스스로가 소설을 필사하여 돌려 읽었다. 은밀한 필사는 그 행위 자체로 강렬한 폭발력을 지니게 되는 법이었다.

소설은 3년이 지난 1511년 여름, 마침내 조정 대신들 손에 들어가게 되었다. 소설을 읽은 대신들은 너무 놀라 뒤로 자빠질 지경이었다. 그렇다고 소설의 내용에 대해 입을 열자니, 그 죄를 모면하려는 변명이 될 것 같아 차마 공개적인 토론에 올릴 수도 없었다. 그렇다고 그냥 두고만 볼 수도 없는 노릇이었다. 유교의 이념과 사상이 다르다는 이유를 붙여서라도 반드시 채수의 죄를 묻고, 소설의 유통을 막아야만 했다. 사헌부가 총대를 멨다.

중종 6년 9월 2일

"채수가 《설공찬전》을 지었는데, 복과 화가 윤회한다는 논설로 매우 요망한 것입니다. 서울이나 지방이나 가리지 않고 현혹되어 믿고서 문자로 옮기거나 언어로 번역하여 전파함으로써 백성을 미혹

시킵니다. 사헌부에서 마땅히 거두어들이겠으나 혹 거두어들이지 않거나 뒤에 발견되면 죄로 다스려야 합니다."라며 상소를 올렸다. "《설공찬전》은 내용이 요망하고 허황하니 금지함이 옳다. 그러나 법을 세울 필요는 없다. 나머지는 윤허하지 않는다."라고 하였다.

실록의 내용으로 보아 아마 중종도 소설을 읽은 모양이다. 어쩌면 신하들이 채수의 소설을 중종에게 올리지 않았을 수도 있다. 세간이 떠들썩하도록 유명한 소문이 임금의 귀에 들어가지 않는 것도 문제다. 그것은 통치를 위한 정보력이 없다는 뜻도 되기 때문이다. 정보를 가지지 못한 임금은 그저 허수아비에 불과한 법이었다. 권력의 행사는 다양한 정보에서 나오기 때문이다. 채수는 소설에서 연산군을 몰아내고 중종을 임금으로 세운 공신들의 타락을 공격했다. 중종이 읽지 않았더라도 승정원을 통해서 그 내용을 충분히 알고 있었을 것이다. 사실 중종은 공신들에게 크게 실망하고 있었다. 조광조 등에게 힘을 실어주고는 있으나 기득권 세력의 권력과 저항도 만만치 않았다. 반정은 기득권 세력이 똘똘 뭉쳐 이뤄낸, 그저 왕만 바꾼 기득권 혁명이었다.

당시 백성들의 살림살이는 무척 고단했다. "황해도 각 읍에 황흑색 벌레의 재해가 있었고7월 6일, 충청도에 한재가 있었고 7월 25일, 이어 전라도에 한재와 충재가 있었고8월 2일, 경상도의 진주 등 14읍에 황재가 나고, 김해 등 7읍에 큰물이 져서 농사를 해쳤다8월 11일." 그런데도 대간은 날마다 사직서만 올리고 있었고, 누구 하나 백성들의 주린 배를 채울 방도를 상소하지 않았다.

"명천 현감 이효건의 파직을 명하였는데, 주린 백성을 구제하지 않았기 때문이다8월 13일." 이렇게 해도 대신들은 자신들의 잘못을 모르고 있었다. 비록 요망하고 허황된 소설이지만《설공찬전》을 읽었으면 반성할 만도 했는데 그렇지 않았다. "크게 흉년이 들어 면포 한 필 값이 7~8되8월 30일"가 되어도 수습할 방책이 없으면서 그저 채수를 죽이라는 말만 되풀이했다. 중종은 신하들에게 절망했지만, 그들의 도움으로 반정에 성공하고 왕위에 올랐다는 열등감 때문에 그 절망을 함부로 드러낼 수도 없었다.

중종 6년 9월 5일

《설공찬전》을 불살랐다. 숨기고 내어놓지 않는 자는 요서은장률妖
書隱藏律로 치죄할 것을 명했다.

임금의 명령에 따라 전국 각지에서 한문으로 되었든 한글로 되었든《설공찬전》을 모두 거둬들여 불에 태웠다. 또 그 요망한 소설을 몰래 숨긴 자는 죄를 묻고 형벌을 준다는 명도 내렸다. 다만 채수를 사형에 처하지는 않았다. 채수를 사형에 처하지 않은 것은 중종의 자존심 때문인지도 모른다. 채수는 중종을 공격한 것이 아니라 공신들의 요망 방자한 행실에 대해 야유하고 있었기 때문이다.

아무리 지엄한 임금의 명령이라 하더라도 누군가는 반드시 숨기게 마련이다. 뜻밖에도 그 주인공은 당시에 승정원 승지를 지낸 이문건이었다. 이문건은 1535년에서 1567년까지 쓴 《묵재일기》의 낱장 속 면에 《설공찬전》을 한글로 필사하여 교묘하게 숨겼다.

그러나 영원한 비밀은 세상에 존재하지 않는 법이다. 그로부터 500여 년이 지난 1997년 이문건의 《묵재일기》를 세밀하게 조사하던 이복규 교수의 눈에 그 비밀이 포착되었다. 이복규 교수가 《묵재일기》를 읽는데 그 속장에 자꾸만 다른 글씨들이 비쳐들어 세밀한 조사를 진행하게 되었다. 속장을 조심스레 들춰 보니 한글로 기록된 글이 나왔고, 그 글을 읽어보니 우리 국문학계의 오랜 수수께끼로 남아 있던 한글소설 《설공찬전》이었다.

《설공찬전》은 〈중종실록〉에서 이미 보았듯이 조선 성종 때 호조참판까지 지낸 당대의 문장가 채수가 쓴 한문소설이다. 귀신이 살아 있는 사람의 몸에 접신하여 연산군을 폐위시키고 중종반정을 일으킨 신흥 사림파 세력을 비판하는 내용을 담고 있었다. 벼슬을 버리고 지방에 은거하며 쓴 한문소설이 도성은 물론 전국에 퍼진 것은 삽시간의 일이었다. 한문을 모르는 사람들은 한글로 번역하여 베끼니 그 속도는 과히 봉화보다

빨랐다고 할 수 있다.

한 편의 소설이 정권을 위협할 정도로 엄청난 파괴력을 가지게 된 것이다. 그 파괴력은 어디에서 나왔을까? 소설의 내용도 내용이지만 한글로 번역되어 누구나 읽을 수 있고 베낄 수 있다는 유통의 편리함에 파괴력이 숨어 있었다. 만약 한문으로 되어 있었다면 민중들은 소설을 읽을 수 없었을 터였다.

세종은 도대체 왜 이토록 위험한 한글을 만들었을까? 한글이 얼마나 위험한 문자인지를 일찌감치 인식하고 우려했던 사람은 집현전 학사들이었다. 부제학 최만리, 직제학 신석조, 직전 김문, 응교 정창손, 부교리 하위지, 부수찬 송처검, 저작랑 조근은 상소를 올려 한글 창제의 부당함을 주장했다. 이것만으로도 집현전에서 한글이 창제되지 않았다는 증거로 충분하다. 세종이 집현전에 새로운 문자 창제의 소명을 내렸다면 한글은 결코 창제되지 않았을 것이다. 《설공찬전》은 지배계층에게는 엄청난 재앙이었지만 피지배계층에게는 더없는 축복이었던 한글의 위력을 만천하에 드러낸 상징적인 필화사건이었다. 같은 이유로 세종은 한글 창제를 집현전에 맡기기보다는 임금 스스로 추진하는 것을 선택한 것이다. 집현전에 문자 창제의 교지를 내리는 순간, 사대부들이 전면적으로 반대하며 나섰을 것이다.

소리와 기호가 완벽한 과학적 조화를 이루고 있는 한글. 하지만 세종이 언제, 무엇 때문에 한글을 창제하기로 결심했고 또 어떻게 그 엄청난 작업을 했는지에 대해서 기록으로 알려진 바가 거의 없다. 세종의 일거수일투족을 기록한 〈세종실록〉에는 세종이 신하들과 무슨 이야기를 나눴는지, 무엇을 먹었는지, 심지어 잠자리에서 기침을 몇 번 했는지까지 자세하게 기록되어 있지만, 불행하게도 〈세종실록〉 어디에도 훈민정음 창제 과정에 관한 기록은 없다. 이는 그만큼 비밀리에 한글이 창제되었다는 증거이기도 하다.

문자 창제라는 이 거대한 사업을 세종은 과연 어떤 과정을 통해 완성할 수 있었을까? 그 과정의 추적은 역사 기록의 행간에 숨겨진 세종의 마음을 읽을 수 있어야 겨우 가능할 뿐이다. 그것은 결코 쉬운 일이 아니다. 어쩌면 불가능한 일인지도 모른다. 그러나 문자로 기록되지 아니한 세종의 마음을 읽어내려고 노력하는 것 자체에 큰 의미를 두고자 한다. 세종은 불가능을 가능으로 만들어낸 우리들의 영원한 왕이고, 우리는 그의 제국의 영원한 백성이니 말이다.

내가 사용하는 말과 글은 입으로 발음되어 나오거나 혹은 종이 위에 기록되는 것과 상관없이 나와 아버지, 또 그 아버지의 아버지, 또 그 어머니의 어머니로부터 내려온 유구한 과거와 미래 그리고 현재의 생명 그 자체다. 오랜 음운으로 된 말의 영감과 그 뜻을 담고 있는 한글은 그리하여 나의 정체성이기도 하다. 또 이 나라의 산하와 사람을 비롯한 새소리와 물소리 그리고 천년의 바람 소리를 포착하고 표현할 수 있다는 자부심도 안겨주었다. 그것은 아득한 옛날 선조 중의 누군가가, 혹은 400년 전의 여인이 내면 깊숙한 곳에 있던 마음 한 자락을 밖으로 내보였던 말이, 그 질서 속에 잠들어 있다가 우리와 우리 후손이 불러낼 때마다 눈부신 빛으로 그리고 넘쳐나는 생명의 소리로 나타날 것이기 때문이다. 그런저런 생각을 하고 있는데 소쉬르가 떠올랐다.

한글이 우리 민족의 횃불이라면 400년 전의 무덤 속은 어둠이었다. 나는 그 어둠 속에서 한 여인의 편지를 읽었다. 그리고 '스랑'이라는 글씨를 발견했다. '스랑'이라는 글자를 첫사랑의 소녀를 바로 앞에 두고 있는 것처럼 간절한 마음으로 소리 내 읽었다. 문득 아득해졌다. 이루어지지 않아서 더욱 아름답고 슬펐던, 첫사랑의 소녀에게 보냈던 편지에서 수없이 지우고 썼던 '사랑'이라는 단어의 절절함이 400년 전에도 동일하게 존재했다니……. 놀라운 일이다. 한 여인의 '스랑'과 지금의 내 '사랑'이 똑같은 울림과 가슴 떨림으로 나와 너 사이에 그리고 우리 사이에 존재하고 있다는 이 엄연한 현실 앞에서 나는 전율했다.

비록 언어학이나 기호학에 대한 전문가는 아니지만, 또는 학술적인 연구에 대해서 그 내용과 형식에 문외한이지만 새로운 도전을 해보고 싶었다. 그 도전의 대상은 세종대왕의 마음과 꿈이었다. 기록의 행간을 읽어가면서 마음의 한 자락이라도 포착할 수 있다면 그걸로 충분히 행복할 것 같았다. 한글이라는 촛불에 의지해 과거라는 어두운 창고 속으로 들어가 무엇을 뒤질 수 있을까. 순간 두려운 마음이 들기도 했다. 하지만 독자들이 세종대왕의 마음과 그의 꿈을 생생하게 읽어낼 수 있는 가능성이 조금이라도 존재한다면, 다소 거친 발걸음이나마 옮겨보기로 마음을 정했다.

"어찌 국왕 스스로 비밀 프로젝트를 수행하였습니까?"
"비밀 프로젝트가 아니었다면, 한글은 세상에 존재하지 않을 것이다."

한글은 철저히 비밀에 잠긴 프로젝트였다. 가내수공업을 하듯이 가족들끼리만 모여 앉아 기획하고 실행하고 창조해낸 위대한 작업이었다. 이것은 내 상상이 만들어낸 한글 창제의 풍경이다. 이 풍경은 사실이 아닐 수도 있다. 하지만 그것은 중요하지 않다.

세종은 문자를 창조한 언어학자였다. 언어와 철학의 관계를 밝힌 비트겐슈타인, '랑그와 빠롤, 시니피에와 시니피앙'의 개념을 기초했던 소쉬르, 변형생성문법의 이론을 체계화한 촘스키보다 더 뛰어난 언어학자라고 할 수 있다. 그들은 기호를 해석한 학자였지만 세종은 기호를 창조한 학자였다. 보다 엄밀히 말하자면 그들은 해석자였고 세종은 창조자였다.

즉위 10년째인 1428년, 세종의 국가 경영에 중대한 전환점이 된 충격적인 사건이 발생했다. 임금 앞에 놓인 상소에는 진주에서 김화라는 사람이 아버지를 살해했다는 내용이 담겨 있었다. 세종은 깜짝 놀라 낯빛이 변했다. 이어 곧 자책했다.

"제 친아버지를 죽이다니. 이것이 정녕 사실인가? 어찌 이런 패륜이 있단 말인가? 계집이 남편을 죽이고, 종이 주인을 죽이는 것은 혹 있는 일이지만, 이제 아비를 죽이는 자가 있으니, 이는 내가 덕이 없는 까닭이로다."

신하들은 그저 "전하, 통촉하여 주시옵소서."라는 말만 되풀이했다. 조선을 인의 정치의 유교적 이상국가로 만들기를 꿈꾸었던 세종의 충격은 이만저만이 아니었다. 빈번하게 발생하는 간통 사건은 남녀의 문제였기에 그렇게 강한 충격은 받지 않았지만 이번에는 달랐다. 땅에 떨어진 도덕을 바로 세울 특단의 조치가 필요했다. 세종은 먼저 《효행록》 발간을 지시했다. 그러나 한문으로 작성된 이 책은 백성들에겐 너무 어려웠다.

그래서 고안한 것이 그림책이었다. 충신과 효자, 열녀의 행적을 큰 그림으로 그린 후, 그 옆에 짧은 해석을 적어놓은 《삼강행실도》는 까막눈인 사람들도 그림만 보면 어렵지 않게 이해할 수 있는 책이었다. 그러나 세종은 이 정도로 만족하지 않았다. 죄를 짓지 않도록 미리 방지하는 게 최선의 길이었다.

세종 : 법이라는 것이 글을 아는 사람도 해석하기 힘든데, 글을 모르는 백성들은 오죽하겠는가? 대표적인 법 조항만 뽑아 이두 문자로 번역하고 백성들에게 알려주는 게 어떻겠는가?

신하 : 간악한 백성이 법을 알게 되면 법을 마음대로 농간하려들 것이며, 이는 죄를 줄임이 아니라 오히려 부추김이 될 것입니다.

세종 : 그렇다면 경들은 백성이 죄를 짓는지도 모르고 벌을 받는 것이 옳다고 생각하오? 법전을 편찬함은 사람들에게 널리 알리기 위한 뜻인데 어찌 그같이 생각한단 말이오?

세종의 희망은 감옥에 사람이 없도록 하는 것, 즉 '치영어지일공致囹圄之一空'이었다. 그래서 노예도 천민도 모두 조선의 백성이기 때문에 함부로 죽일 수 없다고 했다. 생명사상에 기초해서 인권을 보장하고 신장한다는 얘기다. 그랬기에 세종은 틈만 나면 감옥을 방문해 죄수들의 건강 상태를 살폈다. 나아가 학술적인 통로를 열어서 모든 사람이 문화인이 되도록 하는 것, 글을 읽을 수 있는 길을 열어주는 것이 세종의 소망이었다. 그러기 위해서는 중국의 문자를 발음하는 표준도 정해야 했고, 모든 백성이 쉽게 쓸 수 있는 문자도 필요했다. 그러나 군왕의 고민을 신하들은 이해하지 못했다. 신하들이란, 국가라는 세계를 창조하는 자들이 아니라 그저 관리하는 자들에 불과했다. 그러기에 국가의 체제와 이념 그리고 지향에 대해 보수적인 가치체계를 가질 수밖에 없었다. 그들은 바뀌는 것, 즉 '변화'를 싫어했다. 그러나 세종은 변화를 꿈꾸었다. 그리고 그 변화의 핵심은 언제나 금기를 넘어서야만 실현 가능한 것들이었다.

장르가 무엇이든지 간에 작가들은 변화의 징후를 포착하고 그것을 작품으로 표현해낸다. 세종대왕에 대해 알면 알수록 그의 실존에 담긴 변화의 열망이 얼마나 큰지 새삼스레 깨닫는다. 그러나 변화를 추구하는 데는 필연적으로 반드시 치러야 할 대가가 존재하는 법이다. 세종의 실존적 고민은 그 대가를 최소화하는 데 있었다.

대군 시절부터 독서광이었던 세종은 아마도 음운론에 관한 중국의 서책들을 많이 읽었던 것으로 보인다. 심지어는 중국어의 사성 체계에도 정통했다. 사성 체계에 정통했다는 것은 문자와 발음 사이의 관계를 완벽하게 이해한다는 뜻이기도 하다. 나아가 언어학에도 깊은 사색이 있었을 것이다.

무엇보다도 세종을 당혹하게 했던 것은 '집'이라는 사물을 입으로 소리 내 '집'이라고 하면 서로 소통이 가능한데 그것을 기록하는 문자가 없다는 점이었다. '집'을 '家'로 적고 '가'라고 읽어야 했다. 하지만 '家'는 조선의 문자가 아니라 중국의 문자였다. 그것으로는 모든 것을 표현할 수 없었다. 하나의 사물과 그것을 발음하는 소리와 그것을 표현하고 기록하는 문자가 서로 어우러져야 비로소 언어로서의 체계가 완성되는데, 결정적으로 조선에는 문자가 없었다. '家'의 중국어 발음도 사실 '가'는 아니었다. 중국의 지역에 따라 서로 다르게 발음하고 있었기 때문이다. 오늘날 중국의 보통화 발음에서 '家'는 '찌아'로 발음된다. 세종 당시에는 아마도 '가'에 가까웠을 것이다.

세종은 조선어와 조선 사람의 언어능력이 서로 일치하지 않는 것에 불안함을 느꼈다. '집'과 '家'의 '불안한 비대칭성'에 불만이 많았을 것이다. 세종은 조선이 사용하는 언어, 말과 문자의 환경을 유심히 관찰했다. 그리고 '한 국가에서 다른 국가로, 혹은 한 지역에서 다른 지역으로 이동할 때 다른 언어들이 존재'한다는 것을 알게 되었다. 이어 '언어의 지리적 다양성이야말로 언어학의 기초적인 사실'이라는 것도 깨달았다.

세종은 많은 고민 끝에 인공적인 문자를 창조하기로 결심했다. '인공 문자'는 그것이 순환되기 전에는 창조자의 손에 쥐어져 있다. 그러나 그것이 자신의 임무를 수행하여 모든 사람의 것이 되는 바로 그 순간 통제를 벗어난다. 첫 순간이 지나면 이 언어는 아마도 기호학적인 삶을 살게 될 것이다. 그리고 그것은 반성적인 창조적 법칙과는 아무런 유사성이 없는 법칙에 따라 전수될 것이다. 그리고 결코 되돌아올 수 없게 될 것이다. 그가 창조한 언어는 좋든 싫든 모든 언어들을 휩쓴 흐름에 이끌려갈 것이다.

기호로서 문자는 '집단을 위해 존재하는 것이지 개인을 위해 존재하는 것이 아니다. 바로 이런 이유로 겉보기와는 다르게 기호학적 현상은 어느 한 순간이라도 집단성이란 사실을 배제하지 않는다.'는 점을 세종은 확신하고 있었을 것이다. '항해하지 않는 배는 배가 아닌 것처럼 집단성의 사실로부터 벗어난, 순환되지 않는 언어는 언어가 아니라는 것'을 세종은 느꼈고 왕자와 공주들과 함께 조용히 실험을 시작했다.

소리를 다루는 학문은 '율학'이다. 그것은 도량형과 밀접한 관계가 있다. 도량형의 문제들이 모두 다 해결이 되어야만 전개되는 것이 과거의 음운학이었기 때문이다. 따라서 세종은 과학의 발전과 동시에 한글 창제를 비밀리에 진행했던 것이다. 문자를 만드는 일은 자격루를 만드는 것과는 확연히 달랐다. 자격루를 비롯한 천문 지리에 관련된 기술적인 문제는 장영실이라는 탁월한 기술관료에게 전면적으로 일임하는 것으로 해결되었지만, 문자 창제는 믿고 맡길 만한 신하가 없었다.

천문 지리 기술의 개발로 우주 만물의 운행 원리를 파악한 조선은 자연과 조화를 이루는 음악의 기준을 찾아냈다. 세종의 다음 과제는 과학과 음악과 인간을 서로 이어주는 도구를 만드는 일이었다.

세종이 이룬 업적을 살펴보면 놀라운 사실을 발견하게 된다. 그가 추진했던 국가사업들은 모두 그다음 단계 사업을 추진하는 데 기초가 되었다는 점이다. 사업이나 정책은 각각 따로 진행되었지만 궁극적으로 하나로 연결되었다. 천문지리학과 농업기술 연구를 통해서 생산이 늘어나면 세제개편을 통해서 늘어난 생산을 골고루 분배했다. 마치 모든 일이 치밀한 계획에 따라 이루어진 것처럼 차례대로 진행된 것이다. 이렇듯 주도면밀하게 국가를 경영해온 세종이 맨 마지막으로 추진한 사업이 바로 한글 창제였다.

왜 세종은 자신의 마지막 과업으로 문자 창제를 결심했을까? 그리고 그 구상은 언제부터 시작됐던 것일까? 만백성이 쉽게 쓸 수 있는 문자를 창제하겠다고 귀띔만 해도 완벽한 반대에 부딪힐 터였다. 기득권이란 이미 획득한 이익을 지켜내는 불가침의 권리라고 사대부들은 생각했다. 비밀리에 이를 추진하기로 결심한 세종은 남들이 눈치채지 못하도록 조금씩 어학 연구를 진행해나갔다.

세종 : 이번에 사신을 따라 요동으로 간 통역관들에게 그곳에 계속 머무르면서 중국어를 배우게 하는 게 어떻겠소?

신하 : 굳이 돈을 들여 그 고생을 시킬 필요가 있겠사옵니까? 그럴 바에야 교재를 출판하여 우리나라에서 익히게 하는 것도 괜찮지 않겠습니까?

세종 : 말이라는 것은 상황에 따라 뜻과 맛이 달라지는데, 글로만 배워서야 그 오묘한 변화를 알 수 있겠소? 현지 말을 제대로 익힐 방법을 강구하도록 하시오.

신하들은 세종을 유난히 어학에 관심이 많은 임금으로 생각했다. 세종은 명나라로 사신이 떠날 때마다 음운학 연구에 필요한 서적을 구해올 것을 친히 부탁했다. 그런 세종의 모습이 신하들의 눈에는 집착으로 비쳤을지도 모른다. 한글 창제를

4년 앞둔 1439년, 조정 회의에서 던진 세종의 발언이 조정을 발칵 뒤집어놓았다. 왕의 권한을 의정부 재상들에게 대폭 이양하고, 서무 결재권도 세자에게 넘기겠다는 폭탄선언이었다. 세종은 대체 무슨 이유로 권력을 내놓으려 한 것이었을까?

무엇보다 세종은 자기만의 시간이 필요했다. 새벽 4시부터 시작되는 왕의 업무를 모두 처리하고 남는 시간에 비밀 프로젝트를 진행하기에는 시간이 너무 부족했을 것이다. 세종은 비밀 프로젝트에 모든 역량을 집중하고 싶었다. 두 명의 대군과 한 명의 공주가 실무적으로 참여한 과업이었다. 그것도 눈에 보이는 일이 아니라 눈에 보이지 않는 어떤 행위를 통해 완전히 새로운 무엇을 만들어내는 일이었다. 세종은 무엇보다 업무량을 절대적으로 줄이는 것이 급선무였다. 그러기 위해서는 1차적으로 업무가 많은 6조 직계제를 의정부서사제로 전환하고 재상들의 힘을 조금 키워주면서 왕의 서무 결재권을 세자에게 넘기는 것이 필요했다.

세종이 자신의 업무마저 미루고 어학 연구에 매달리는 동안, 집현전 학자들은 대체 무엇을 하고 있었던 것일까? 그들은 한글 창제에 어떤 기여를 했을까? 외국어에 능통해 집현전 학사 중에서 한글 보급 사업에 가장 많이 동원되었다고 전해지는 신숙주는, 자신의 문집에 음운학 연구를 위해 요동을 열네 번이나 다녀왔다고 기록하고 있다. 그러나 신숙주가 처음 요동에 간 것은 훈민정음이 창제된 지 1년이나 지난 뒤였다. 또 요동에 간 목적도 한글을 만들기 위해서가 아니라 한자음을 바로잡기 위해서였다.

일반적으로 한글은 세종과 집현전 학자들이 힘을 합쳐서 만들었다고 얘기하지만 사실 한글은 세종 혼자서 독자적으로 만든 것이라고, 나는 생각한다. 세종을 도와준 사람은 세자인 문종, 수양대군 그리고 안평대군 그리고 정의공주였다. 한글 창제는 왕과 직계 혈육만 아는 철저한 비밀 프로젝트였던 것이다.

세자의 스승이자 집현전의 최고 실세인 최만리조차 깜깜하게 모를 정도로 한글 창제는 극비리에 진행되었다. 세종이 우려한 기득권의 저항은 그만큼 강력한 것이었다. 모든 문화가 중국에 의지하고 있었기 때문에 그것을 떠나 갑자기 한자와 생김새가 전혀 다른 문자를 창제하게 되면 이른바 유교 문화에 경도되어 있던 학자라든지 관리들과 심하게 갈등할 것이 뻔했다.

집권 25년째인 1443년, 세종은 마침내 훈민정음 창제를 발표했다. 예상대로 그것은 지식인들 사이에 엄청난 반발을 불러일으켰다. 반대파의 대표적인 인물이 최만리였다. 최만리는 세종과 대립했다. 그것은 왕과 신하의 단순한 의견 대립이 아니었다. 사상과 세계관을 내건 전면적인 충돌이었다. 한자를 한글로 바꾼다는 것은 중국 중심의 세계관이 조선 중심의 세계관으로 바뀐다는 것을 의미했다. 최만리는 훈민정음이 단순한 문자가 아니라 조선의 신분 질서를 파괴할 것이라고 우려했다. 그는 한글의 위력을 누구보다 잘 간파한 사람이었다. 그러나 중국의 위협과 신분 질서를 내세우며 한글 반포를 멈추라는 신하들의 상소를 세종은 단호히 거부했다. 그의 판단 기준은 오직 백성이었고, 조선의 미래였다.

세종은 나라에 군과 신과 민이 있다고 할 때 민과의 직접적인 만남이 국왕의 힘을 키우기도 하고 신하들의 도전을 막을 수 있는 하나의 장치가 될 수 있다고 보았다. 세종은 백성들에게 가장 중요한, 읽고 쓸 줄 아는 정치적 무기로서 그리고 자신의 권리에 대한 보호장치로서 문자를 주고 싶었던 것이다. 일부 국어학자 중에는 훈민정음이 그저 중국의 한자음을 바로잡기 위해 창제된 것이라고 주장하는 사람도 있는데 그것은 나무만 보고 숲을 보지 못한 주장이다.

세종은 과거와 공문서 작성에도 한글 사용을 지시했다. 한글은 단시간에 빠르게 전파되었고 아녀자와 노비까지 글을 깨치기 시작했다. 한글을 만든 지 불과 60여 년 만에 최만리의 우려는 현실이 되었다. 정권을 비판하는 소설이 한글로 유포되면서 민심이 급격히 동요하는 사건이 일어난 것이다. 《설공찬전》의 위력은 단지 소설의 내용에 있었던 것이 아니라 한글이라는 문자가 가진 엄청난 전파 속도에도 있었다. 한글은 정보와 지식에 목마른 사람들에게 소통의 불을 지폈다. 그리고 그 불길은 새로운 문화의 시대를 열었다.

중국과의 외교 문제와 엄격한 신분제도 등 세종이 훈민정음을 완성하기까지는 실로 많은 장애물이 앞을 가로막고 있었다. 하지만 세종은 조선과 중국은 다르다는 상식을 앞세워서 그 장벽을 헤쳐나갔다. 우리말은 중국과 달라 서로 맞지 않는다는 훈민정음의 첫 구절이 바로 우리 역사상 가장 빛나는 문화의 시대를 일으킨 세종의 문장이었다. 그리고 그 문화의 힘이 바로 21세기에 대한민국을 디지털 강국으로 이끈 저력이 되고 있다. 먼 미래를 내다보고 현실의 문제를 해결해나간 세종, 그 리더십이 바로 정치의 품격을 결정하는 것이 아닌가 싶다.

600여 년 전, 신생 왕조 조선의 운명을 온몸에 짊어졌던 세종대왕. 그가 추진한 조선의 개혁 정책은 시대를 뛰어넘어 오늘에까지 빛을 발하고 있다. 소통하지 않는 정치는 정치가 아니라는 그의 믿음은 천년 후의 미래까지 바꾸어놓았다. 과학과 문화와 인간이 소통하는 태평성대의 꿈, 세종의 꿈은 여전히 계속되고 있다.

11.
백성의 소리를
담아내는 문자

2006년 10월 29일은 일요일이었다.

서울 마포구 아현동에 있는 민족문학작가회의 사무실로 작가들이 모여들었다. 이들은 곧 버스를 타고 금강산으로 갈 예정이었다. 금강산에서 북한의 작가들과 함께 6·15민족문학인협회 결성식을 갖기 위해서다. 출발하기 직전 통일위원장이었던 나는, 작가회의 김형수 사무총장과 협의하여 준비해둔 보도 자료를 읽기 시작했다.

작가에게 있어서 제1의 조국은 모국어다. 우리는 일제에 의하여 36년 동안이나 언어공동체를 빼앗겨왔고, 되찾은 후에도 61년 동안이나 언어 영토가 분단된 환경에서 살아왔다. 우리의 언어공동체를 분할 관리하고 있는 두 개의 정부와 정치체제에 대해 언제나 민족 공동체의 명운을 우선에 두고 사고하라고 촉구해왔다. 우리 민족은 더 이상 위험에 빠져서는 안 된다. 반전 반핵은 작가들의 오랜 슬로건이었다. 상황이 어렵더라도 우리 작가들은 한반도 주민들의 평화와 행복을 위해 작가적 양심에 따라 행동하고자 한다. 한반도 비핵화는 우리 민족의 실존적 운명에 관한 문제이기 때문에 결코 포기할 수 없다. 북은 추가 핵실험을 자제하고 6자 회담에 즉시 복귀하며 미국은 성실하고 진지하게 대화에 임해야만 한다. 우리 민족의 삶의 터전인 한반도가 전쟁터로 변할 수 있는 털끝만큼의 가능성도 있어서는 안 된다. 우리는 모든 전쟁을 반대한다. 전쟁은 관념이 아니라 구체적인 현실이다. 우리는 모국어 공동체의 안녕을 지키기 위해 무거운 마음으로 금강산으로 가고자 하는 것이다.

그날의 보도 자료에는 모국어 공동체라는 말이 있다. 나는 모국어 공동체라는 말을 세종의 언어 영토라고 바꿔 부르고 싶다. 우리말과 우리글을 사용하는 모든 언어권이야말로 세종의 언어 영토이며 작가들의 조국이지 않겠는가?

2003년 7월에 영화배우 문성근, 작가 김형수와 함께 평양을 방문했었다. 나는 평양으로 출발하기에 앞서 '통일맞이' 사무처의 서랍 안에 15년이나 잠겨 있던 몽상 하나를 심장에 넣어 두었다. 2000년 여름 어느 날, 신길동에 있는 통일맞이 옥탑방 사무실에서 문익환 목사의 방북 기록집《걸어서라도 갈 테야》를 읽고 있었다. 옥탑방은 불볕더위로 달구어져 있었고 러

닝셔츠가 푹 젖을 지경이었는데, 문득 한 구절이 눈에 띄었다. '남북한 공동 국어사전', 숨이 멎을 것만 같았다.

다음으로 실현 가능한 구체적인 일들을 몇 개 제안해보았다. 첫째, 남북한 공동 국어사전 편찬 사업. 긍정적인 답변이었다. *

두 문장이었다. 내 심장에 담긴 몽상은 이것이 전부였다. 합의서가 있는 것도 아니다. 평양에 다녀온 얘기를 담은 문익환 목사의 《걸어서라도 갈 테야》에서 읽은 두 문장뿐이었다. 가슴이 요동쳤다. 통일을 준비하는 그 첫 번째의 일이 바로 국어사전을 만드는 일이라니, 소설가인 내가 나서야 할 일이라는 것을 직감했다. 2003년 평양에 가기 전부터 나는 북측의 사람들을 만나면 공동 국어사전을 만들어야 한다고 주장했고 설득했다. 내 말을 가장 무겁게 받아들이고 경청한 사람은 당시 민화협 사무소장이었던 리창덕이었다. 이 자리를 빌려 리창덕에게 깊은 감사의 마음을 전한다.

2003년 7월 평양의 여름은 뜨거웠다. 고려호텔에서 안경호 조국평화통일위원회 위원장과 실무자들에게 '남북 공동 국어사전을 만들자'고 '이것은 김일성 주석의 유훈'이라고 주장하기 시작했다. 북의 실무자들은 김일성 주석의 유훈이라고 하

---

* 문익환, 《걸어서라도 갈 테야》, 실천문학사, 51쪽

니, 비로소 무겁게 받아들였다. 그 후, 박용길 장로가 김정일 국방위원장에게 남북 공동 국어사전을 만들게 해달라고 요청하는 친서를 썼고, 친서를 갖고 가서 북측의 인사들에게 직접 전달하기도 했다.

길고 긴 설득과 온갖 정성 끝에 북의 '민화협'과 남의 '통일맞이'는 중국의 연길에서 《겨레말큰사전》 편찬의향서에 합의하고 서명하기에 이르렀다. 그 후로도 우여곡절이 있었지만 2005년 2월에 마침내 금강산에서 《겨레말큰사전》 남북공동편찬위원회 결성식을 갖고 사업을 시작하였다.

우리 민족은 세종대왕이 한글을 창제한 이후로, 세종대왕의 언어적 영토를 통괄하는 국어사전 하나를 갖지 못하고 있다. 참으로 비극이 아니라고 할 수 없다. 《표준국어대사전》은 휴전선 이남을 언어적 영토로 하는 국어사전이고, 《조선말대사전》은 휴전선 이북을 언어적 영토로 하는 국어사전이다. 국토의 분단은 국어사전의 분단을 가져왔다.

《겨레말큰사전》은 휴전선 이남과 이북을 통괄하고, 나아가 북간도의 조선족과 중앙아시아의 고려인, 사할린의 고려인, 일본의 재외동포들이 생산해낸 우리말과 글을 모두 조사하여 말뭉치로 만들고, 그 바탕 위에 겨레의 '입말'을 중심으로 세종대왕 이후 최초로 편찬되는 '남북한 해외 공동의 국어 대사전'이다.

우리가 '모국어 공동체라는 말을 사용하는 이유가 여기에 있다. 국경이란 근대가 인위적으로 구획한 경계이다. 비록 사는 지역이 다르더라도 국경 너머 어딘가에서 같은 말을 사용하는 공동체는 이미 그 자체로 삶의 공동체라 할 수 있다. 우리가 재외동포들이 사용하는 말을 조사하고 어휘를 수집해야 하는 이유는 그 하나만으로도 충분하다.

또한 지역어도 마찬가지다. 이미 누천년에 걸쳐 삶의 심연이 표현되고 있는 어휘를 표준어가 아니라는 이유만으로 하위 언어로 규정해왔는데, 이 점은 되도록 빨리 시정되어야 한다고 본다. 표준에 의해 비표준으로 밀려났던 지역어들을 살려내는 것이 우리말 곳곳에 숨어 있는 우리 민족의 유산을 발굴하는 일이 될 것이다.

그래서 중국, 러시아, 일본, 미주 등 재외동포들이 사용하는 우리말 조사, 남북 각각 지역어 조사 용역팀을 운용하여 생동하는 입말 조사, 현장 어휘 조사, 문헌 어휘를 조사했다. 특히 재외동포들이 비록 일부이지만 우리말의 원형을 잘 보존하고 있는 점에 크게 주목하고 있다.'*

나는《겨레말큰사전》을 만드는 일도 문학의 일이라고 생각하고 최선을 다하고자 한다. 아마도 내 생애의 대표작을 꼽으라면 나는 주저 없이《겨레말큰사전》을 꼽을 것이다. 그러나

---

* 필자의 겨레말큰사전 소식지《겨레말》인터뷰 중에서 발췌

이 모든 일의 전제에는 한글이 존재한다. 한글이 없었더라면 작가로서 무엇을 할 수 있었을까? 나는 한글에 생애를 기대어 살고 있는 사람이다.

인간이 세상에 나온 이래 문학의 영원한 주제는 '사랑의 아픔'이었다. 인터넷이나 휴대폰이 없던 시절, 사람들은 다락방에 엎드려 단발머리 소녀에게 혹은 까까머리 소년에게 편지를 쓰느라 밤을 꼬박 지새우곤 했다. 깊은 밤, 아름다운 문장을 만들고 그 문장 안에 마음을 담았다. 그러나 다음 날 아침에 그 편지를 다시 읽어보면 얼마나 유치했던가?

미서

이제 오래토록 내 안에 잠들어 있던 짐승을 깨울 시간이 다가온 것 같습니다. 짐승은 잠에서 깨겠다고 자꾸 으르렁거리고 있는데 나는 짐짓 못 본 체했습니다. 그동안 문학 아닌 일로 많이 바빴습니다. 당분간은 여전히 문학 밖의 일로 바쁠 것 같지만, 내 안의 짐승이 자꾸만 보채니 '일어나라'고 해야겠지요.

글쓰기는 내 안의 짐승을 밖으로 나오게 하는 일입니다. 미서 당신은 언젠가 물었지요. "네 안에 있는 그 짐승의 정체가 뭐냐고."

내 안에 들어 있는 짐승은 낙타입니다.

나와 낙타는 영혼의 걸음걸이로 생의 사막을 유목할 것입니다. 나는 니체처럼 끊임없이 질문을 던지며 낙타와 함께 미륵의 서쪽을 향해 유목하겠지요. 문학이란 결국 질문이며 유목이니까요.

나는 자벌레처럼 온몸으로 걸어 생의 사막을 유목하며 미서 당신을 향해 갈 것입니다.

문장 위를 온몸으로 기어가는 자벌레 한 마리……. 이만 줄입니다.

날마다 새로워집시다.

미서는 '미륵의 서쪽'이라는 뜻으로 상상 속의 사람이다. 나는 미서에게 내 마음을 정확하게 표현하고자 편지를 썼다. 펜으로 잉크를 찍어 눌러쓰는 손 편지다. 손 편지를 쓰면서 나는 한글의 아름다움과 풍요로움을 새삼스레 느꼈다. 자음과 모음이 결합되면서 하나의 소리나 마음에 대응되는 글자가 만들어지는 것이다. 마음을 담는 그릇인 말은 있지만 말을 담는 그릇인 문자가 없다는 것은 상상만 해도 끔찍하다. 문자가 없는 소수민족의 언어는 벌써 6천여 개나 지구상에서 소멸되었다. 문자는 인류를 문명 세계로 이끌어낸 위대한 기호다. 세종은 조선말을 담는 그릇을 만들고 싶어 했다. 그것은 새로운 도전이었고, 혁명이었다.

"소리를 표현하는 문자를 어떻게 만들었습니까?"

"소리는 입술과 혀와 치아와 목구멍에서 나오느니……."

자음을 만들기 위해 세종은 고민에 고민을 거듭했다. '공주'라는 소리를 글자로 어떻게 표현해야 하는지 정말 어려운 문제였다. '간다'라는 뜻의 한자는 '行'이다. 그러나 세종은 '行'이 아니라 입에서 나오는 그대로 적고 싶었다. 소리를 문자로 표현하고자 하는 욕망과 백성을 사랑하는 마음이 겹쳐져 세종은 꽤 오랫동안 연구에 몰두하였다. 세종이 가장 아끼는 연구 파트너는 왕자들과 공주였다. 세종은 자음을 만들기 위해 자식들에게 소리를 내게 하고 입, 목, 혀 등의 발음기관을 살폈다. 동궁전에서 들려오는 이상한 소리에 신하들은 영문을 몰랐을 것이다.

세종은 어의와도 의논했다. 각각의 소리마다 달라지는 발음기관의 모양을 보다 정확하게 파악하기 위해서였다. 발음을 할 때마다 움직이는 각 발음기관의 모양을 하나하나 그려가며 글자의 기본 틀을 만들어갔다. 그림 솜씨가 뛰어난 안평대군은 입술 모양, 혀의 모양, 목구멍이 벌어지는 모양을 그려냈을 것이다. 문자 개발을 시작한 지 10여 년, 발음기관을 본뜬 17개의 자음이 완성되었다.

자음은 과학적이다. 다른 문자들은 사물의 모양을 보고 만들었지만, 한글의 자음 모양은 사람의 발음기관을 본떴다. 소리를 목구멍, 어금니, 혀, 이, 입술 등 다섯 가지 기준으로 분류했다.

반면 모음은 철학적이다. 천지인을 기본으로 만들어졌는데 하늘을 상징하는 점, 땅을 상징하는 수평선, 사람을 상징하는 수직선이 그것이다. 모음의 열한 자는 수평선과 수직선 그리고

그 수평선과 수직선의 위, 아래, 왼쪽, 오른쪽에 점을 찍어 만
든 것이다. 과학적인 자음과 철학적인 모음이 만나 이루어진
한글. 세종은 10여 년의 연구 끝에 마침내 한글을 완성했다.

세종 25년 12월 30일

훈민정음을 창제하다

이달에 임금이 친히 언문 28자를 지었는데, 그 글자가 옛 전자를
모방하고, 초성·중성·종성으로 나누어 합한 연후에야 글자를 이루
었다. 무릇 문자에 관한 것과 이어俚語, 항간에서 쓰는 속된 말에 관한
것을 모두 쓸 수 있고, 글자는 비록 간단하지마는 전환하는 것이
무궁하니, 이것을 훈민정음이라고 일렀다.

하루를 연기하여 한 해가 새로 시작되는 원단元旦에 언문
28자를 지었다고 발표하지 않은 이유는 왜였을까? 겨우 하루
차이인데 굳이 섣달 그믐날에 발표한 까닭에 대해 많은 생각
을 해보았다. 얼마나 기쁜 일인가? 새해 원단이 아닌 그믐날에
위대한 비밀 프로젝트의 완성을 발표해야만 했던 세종의 실존
적 감정은 무엇이었을까?

세종은 조선이 스스로 글자를 갖게 되었다는 것 자체가 엄
중한 위험이라는 것을 알고 있었다. 사대로 섬기고 있는 명나
라가 있고, 명나라의 문자가 엄연하게 존재하는데도 독립적인
문자를 갖는다는 것은 스스로 오랑캐임을 자인하는 꼴이었다.

몽골, 여진 등 스스로 문자를 창제하여 쓴 나라는 모두 중국이 아니라 오랑캐의 나라들이었다.

세종은 새해 첫날 한글을 창제하였다는 거창한 발표보다 지나가는 해의 마지막 날에 언문 28자를 만들었다고 슬그머니 발표하는 형식을 취했다. 새해 첫날은 한 해 동안 중점적으로 시행할 정책들을 기획하고 발표하는 날이지만 그믐날은 지난 한 해의 일들을 정리하는 성격을 갖기 마련이었다. 세종은 언문 28자를 미래의 일이 아니라 과거의 일로 묻어버리는 형식을 취했다. 그것이 명나라의 비위를 거스르지 않기 위한 고육지책이었다.

조선을 비롯한 오랑캐의 나라가 해서는 안 될 일이 몇 가지가 있다. 그것은 천자의 나라이자 세상의 중심인 중화의 나라만이 가질 수 있는 영역이었다. 그중 첫 번째가 천문학이었다. 천문대를 세우고 별자리를 살펴 스스로 우주의 운행을 밝히는 것은 중국에 정면으로 도전하는 일이었다. 두 번째로는 달력을 제작하는 일이었다. 조선에서는 매년 사신을 보내 명나라의 황제가 하사하는 책력을 받아와야 했다. 만일 책력을 조선에서 제작하였다면 그에 마땅한 처벌이 뒤따랐을 것이다. 세 번째가 문자를 갖는 일이었다.

세종은 문자를 갖기 위해 두 가지를 먼저 포기하기로 결심했다. 그것은 치밀하게 시간을 두고 진행되었다. 집현전이나 신하들은 세종의 뜻을 아무도 몰랐다. 그 첫 번째가 장영실의

해임이었다. 장영실은 최하급 천민 출신이었지만 그 과학에
대한 뛰어난 실력으로 대호군까지 진급한 과학자였다. 대통령
수석비서관 격인 동부승지가 정3품이었으니 종3품인 대호군
도 매우 높은 벼슬이었다. 요즘으로 계산하자면, 별 하나의 준
장 정도의 장군이 대호군이다. 하지만 사소한 사건을 빌미로
세종 24년 5월 3일 장영실을 해임하고 유배 보낸 뒤에 다시는
부르지 않았다.

두 번째가 간의대의 철거였다. 별자리를 살피는 건축물을 궁
궐 내에 두어 중국의 심기를 불편하지 않게 하겠다는 뜻이었
다. 간의대는 신하들의 반대에도 불구하고 철거를 강행하였다.

세종 25년 1월 14일

후궁 건설을 정지할 것을 좌헌납 윤사윤이 아뢰다

좌헌납 윤사윤이 아뢰기를 "이제 간의대를 헐고 후궁을 세우시려
하심에 신 등은 비록 그 완급은 알지 못하오나 어찌 마지못해 하는
일이 있사오리까. 이 역사를 정지하시기를 비옵니다." 하니 임금이
말하기를 "이 간의대가 경회루에 세워져 있어 중국 사신으로 하여
금 보게 하는 것이 불가하므로 내 본래부터 옮겨 지으려 하였다."

세종은 쓰라린 마음으로 경복궁에 있는 간의대를 철거하였
다. 그렇다고 세종이 간의대를 포기한 것은 아니었다. 다른 곳
에다 건축하였다.

언문 28자를 만들었다고 발표하기 위해 세종은 1년 6개월 이전부터 차근차근 준비를 해왔던 것이다. 다시 강조하거니와 세종은 그토록 사랑했던 과학자 장영실에 대해서도 얼음처럼 차갑게 굴었다. 그것은 장영실을 사랑하지 않아서가 아니라 문자를 발표하기 위해서는 사소한 빌미라도 신하들에게 제공하면 안 되겠다는 판단 때문이라고 생각한다.

만일 세종이 비밀리에 한글을 만들지 않았다면, 조선의 사대부들이 모조리 몰려나와 날이면 날마다 빗발치듯 상소를 올리고 중국에 따로 보고서를 올려 기어이 만들지 못하게 방해하고 말았을 것이다. 집현전에 맡겼으면 집현전 자체가 둘이나 셋으로 쪼개져 날마다 옳으니 그르니 논쟁을 일삼아 일의 진척은 끝내 이뤄지지 않았을 것이다. 세종은 그것을 알았기에 철저한 보안 속에 가족 중심의 프로젝트를 수행했던 것이 아닌가, 나는 생각한다. 다행히 진양^{수양}은 언어학에 뛰어났고 안평은 그림에 뛰어났고 정의공주는 발음에 뛰어났다. 세종이 말로 설명하면서 그림을 그리라고 하면 안평은 즉시 그려냈다. 입술과 혀와 치아와 목구멍의 모양을 제대로 아는 것은 중요한 일이었다. 그 모양에서 세종은 글자의 생김새를 찾아내려고 하였다. 기어이 세종과 그 자식들은 마침내 자음을 만들어냈는데, 모두 발음기관의 모양을 본떠서 만들어냈다.

자음과 모음이 만들어지는 과정에서 세종은 자식들과 함께 수많은 토론을 했고, 또 우주 만물의 운행에 대해 서로 토론하여 문자에 어떻게 적용할 것인지에 대해서도 의견을 나누었다. 실제로 문자를 만들어 조합하고 실행하고 적용하는데 적어도 3년은 걸렸으리라 추측한다. 3년 정도 실험하고 적용해본 결과 세종은 마침내 훈민정음을 발표하기로 결심하였다.

발표는 정치적인 일이었다. 스스로 문자라 칭하지 아니하고, 언문이라고 급을 낮추었다. 형식적으로는 중국을 향해 바짝 엎드린 태도를 취했다. 중국 한자의 발음을 바르게 표현하는 글자라 하여 '정음正音'이라고 칭했다.

세종은 언문 28자를 맨 먼저 집현전에 보급하였다. 집현전 학자들에게 집중적으로 언문 28자를 어떻게 사용하는지 가르쳤다. 집현전의 학자들 중에서도 언문을 편하게 받아들이는 자와 국왕의 명이니 하는 수 없이 받아들이는 자와 겉으로도 받아들이지 않는 자들이 있었다. 하지만 세종은 날마다 집현전을 방문하여 두어 시간씩 언문의 글자를 소리에 따라 어떻게 배열하고 조합하는지 설명하고 가르쳤다. 집현전 학자들은 조선의 천재들이라 몇 시간 만에 배웠고 언문으로 문장을 지어낼 줄도 알게 되었다. 달포 만에 세종은 언문을 응용해보기로 하였다.

세종 26년 2월 16일

언문으로 《운회》를 번역하게 하다

집현전 교리 최항·부교리 박팽년·부수찬 신숙주·이선로·이개, 돈

녕부 주부 강희안 등에게 명하여 의사청에 나아가 언문으로 《운회》를 번역하게 하고, 동궁과 진양대군 이유·안평대군 이용으로 하여금 그 일을 관장하여 모두 성상의 판단에 품의하도록 하였으므로 상을 거듭 내려주고 공억하는 것을 넉넉하고 후하게 하였다.

한 마디로 《운회》를 한글로 번역하는 사람들에게 특혜를 내려주겠다는 뜻이다. 집현전 학사 중에서 몇몇만 뽑아 국사를 논의하는 의사청에서 《운회》를 번역하도록 하자 거기에 뽑히지 못한 학사들과 언문을 근본적으로 반대하는 학사 중에서 불만이 터져 나왔다. 최만리의 유명한 상소는 다음 질문에서 다루기로 하겠다. 세종은 언문에 대한 반대를 일축하며 더 앞으로 나아갔다. 언문 28자를 만든 것은 왕과 왕의 직계가족이었지만 그것을 체계적이고 학문적으로 다듬을 수 있는 기관은 집현전이었다. 세종은 훈민정음의 '보기를 들어 풀라'는 해례본 제작을 집현전에 명하였다. 집현전의 최우선 과업은 훈민정음 해례를 만드는 것으로 정해졌고, 학자들은 밤낮으로 이에 매달려 언문 28자를 만든 지 3년 만에 해례본을 만들어냈다. 그날로부터 '언문 28'자는 '훈민정음'이 되었다.

세종 28년 9월 29일

'훈민정음'이 이루어지다

'훈민정음'이 이루어졌다. 어제御製에 '나랏말이 중국과 달라 한자와

서로 통하지 아니하므로, 우매한 백성들이 말하고 싶은 것이 있어
도 마침내 제 뜻을 잘 표현하지 못하는 사람이 많다. 내 이를 딱하
게 여기어 새로 28자를 만들었으니, 사람들로 하여금 쉬 익히어 날
마다 쓰는 데 편하게 할 뿐이다. ㄱ은 아음이니 군 자의 첫 발성과
같은데 가로 나란히 붙여 쓰면 뀨 자의 첫 발성과 같고, ㅋ은 아
음이니 쾌 자의 첫 발성과 같고, ㅇ은 아음이니 업 자의 첫 발성과
같고, (……) ·는 탄 자의 중성과 같고, ㅡ는 즉 자의 중성과 같고,
ㅣ는 침 자의 중성과 같고, ㅗ는 홍 자의 중성과 같고, (……) 무릇
글자는 반드시 합하여 음을 이루게 된다.'라고 하였다.

'어제'는 세종이 직접 지은 '한글의 제작 원리'란 뜻의 글이
다. 세종이 직접 어제를 지어 한글의 문자를 소개하고 어떻게
조합하여 음을 이루게 하는지 설명한 것도 참으로 이채롭다.
그만큼 한글에 애정을 깊이 기울였다는 얘기가 된다. 지구상
에 그리고 인류의 역사에 있어서 문자를 창제하고 그 구성의
원리와 해례를 과학적이면서 철학적으로 규명한 서적은 《훈
민정음해례본》이 유일무이하다. 《훈민정음해례본》은 인류의
보물인 것이다. 예조판서 정인지는 해례본에 서문을 남겼다.

"천지자연의 소리가 있으면 반드시 천지자연의 글이 있게 되니, 옛
날 사람이 소리로 인하여 글자를 만들어 만물의 정을 통하여서 삼
재*의 도리를 기재하여 뒷세상에서 변경할 수 없게 한 까닭이다.

(……)

계해년 겨울에 우리 전하께서 정음 28자를 처음으로 만들어 예의 例義를 간략하게 들어 보이고 명칭을 '훈민정음'이라 하였다. 물건의 형상을 본떠서 글자는 고전古篆을 모방하고 소리에 인하여 음은 칠조七調**에 합하여 삼극三極***의 뜻과 이기二氣****의 정묘함이 구비 포괄되지 않은 것이 없어서, 28자로써 전환하여 다함이 없이 간략하면서도 요령이 있고 자세하면서도 통달하게 되었다. 그런 까닭으로 지혜로운 사람은 아침나절이 되기 전에 이를 이해하고, 어리석은 사람도 열흘 만에 배울 수 있게 된다. (……)"

한글은 발음기관을 본뜬 자음과 우주의 원리를 담은 모음의 결합으로 어느 문자와도 비교할 수 없는 독창성을 가진 문자다. 자모의 어울림에도 철학이 담겨 있는데, 바로 음양오행의 이치다. 동양철학을 대표하는 음양오행 중, 음과 양은 우주 만물의 기운을 생성하는 두 가지 기운이다. 모음도 점의 위치에 따라 음 또는 양이 된다. 선의 위나 오른쪽에 점이 찍히면 밝고 따뜻한 양의 기운을, 아래나 왼쪽에 찍히면 어둡고 차가운

---

* 천天·지地·인人
** 칠음七音. 곧 궁宮·상商·각角·치徵·우羽의 다섯 음과 반치半徵·반상半商과의 일곱 음계
*** 천天·지地·인人
**** 음양

음의 기운을 의미한다.

예를 들어 영어의 'beautiful'은 한국어로 '아름답다'다. 여기에 사용된 모음 'ㅏ'는 수직선 오른쪽에 점이 찍힌 모음이다. 단어의 뜻도 밝고 따뜻하다. 반면 'dark'를 의미하는 '어둡다'에는 모음과 'ㅓ'와 'ㅜ'가 사용되는데 수직선 왼쪽과 아래쪽에 점이 찍혀 어둡고 차가운 뜻을 갖는다.

자음의 오행은 동서남북 중앙에 오방, 단청의 기본 오색, 금목수화토 우주 만물의 다섯 가지 특성 등으로 설명된다. 자음의 기본 다섯 글자에도 인간, 자연, 우주의 거대한 철학이 담겨 있는 것이다. 소리를 내는 발성기관의 특징, 이런 것이 금목수화토가 가지고 있는 만물의 기본적인 요소와 맞아떨어졌다. 그런 면에서 한글은 대단히 철학적인 문자다. 세계 어느 나라에서도 기호에 철학을 담지는 않았다. 과학과 철학이 결합된 한글은 언어학자 세종이 만들어낸 15세기 최고의 발명품이다.

그렇다면 자음과 모음의 조합 원리는 어떠할까? 여느 문자와 달리 한글의 자음과 모음은 단순하고 자유로우면서도 체계적으로 결합한다. 예를 들어 '감'이라는 단어가 있을 때 'ㄱ', 'ㅁ', 'ㅏ'의 자리를 다르게 배치할 수 있고 그 배치에 따라 뜻도 각각 달라진다. 단어를 구성하는 자·모를 손쉽게 바꿔 새로운 뜻을 만드는 단순한 조합 방식을 가지고 있는 것이다.

비록 바람 소리와 학의 울음이든지, 닭 울음소리나 개 짖는 소리까
지도 모두 표현해 쓸 수가 있게 되었다.

― 《훈민정음해례본》, 정인지 서문 중에서

이로써 글을 쓰거나 읽지 못했던, 그래서 자신의 마음을 표
현할 수 없었던 조선의 백성들은 마침내 문자를 갖게 되었다.
우리말, 우리글을 가지고서 우리 문학을 할 수 있는 시대가 온
것이다. 아마도 세종은 혀와 목구멍과 입술 모양이 만들어내
는 모어로부터 추방된다는 것의 고통을 진심으로 느꼈던 지식
인이지 않았을까 싶다.

세종의 진정한 꿈은 모어와 일치하는 문자를 갖는 것이었
다. 그리하여 중국과 다른 확실한 조선만의 문자, 그것을 조선
사람이라면 누구나, 가진 자나 못 가진 자 혹은 배운 자나 못
배운 자나 가리지 않고 평등하게 소유하게 되기를 간절히 소
망했던 것이다. 입에서 소리가 되어 나오는 그대로 기록되는
문자를 얼마든지 향유할 수 있게 되었다는 것, 이것으로 세종
은 한글 나라의 영원한 군주가 되었다.

한글은 600여 년 전에 제작되었지만 여전히 현대적이고 감
각적이다. 디자인적으로도 뛰어난 한글은 현대 디자인의 지침
서로도 손색이 없을 만큼 체계적이다. 형태도 점, 선, 동그라미
등 아주 단순한 요소들로 돼 있어 다양한 모양을 만들어낸다.
대칭의 원리, 반복의 원리, 회전의 원리, 이것들은 사물을 구성

하는 가장 기본적이고 단순한 원리들이다. 이처럼 한글의 조형 감각이 아주 우수한 것은 자연의 원리를 본받았기 때문일 것이다.

세종이 한글을 만든 후 가장 먼저 지시한 사업은《동국정운》의 편찬이었다.《동국정운》은 한자음을 한글로 정리한 최초의 한자 교본이다. 당시 조선에는 같은 한자를 두고도 각 지방과 사람마다 다르게 읽는 문제가 있었다. 한자음의 표준을 제시하여 한자를 올바르게 읽고 쓰는 것 또한 한글 창제만큼이나 중요하고 시급한 사안이었다. 1447년, '훈민정음' 반포 1년 뒤, 최초의 결실이 나왔다. 세종의 지시로《동국정운》이 출간된 것이다.

세종 29년 9월 29일

<u>《동국정운》 완성에 따른 신숙주의 서문</u>

이달에《동국정운》이 완성되니 모두 6권인데, 명하여 간행하였다. 집현전 응교 신숙주가 교지를 받들어 서문을 지었다.

"(……) 대저 음音이 다르고 같음이 있는 것이 아니라 사람이 다르고 같음이 있고, 사람이 다르고 같음이 있는 것이 아니라 지방이 다르고 같음이 있다. 대개 지세地勢가 다름으로써 풍습과 기질이 다르며, 풍습과 기질이 다름으로써 호흡하는 것이 다르니, 동남 지방의 이와 입술의 움직임과 서북 지방의 볼과 목구멍의 움직임이 이런 것이어서, 드디어 글 뜻으로는 비록 통할지라도 성음으로는 같지 않게 된다. 우리나라는 안팎 강산이 자작으로 한 구역이 되어 풍습과 기질이 이미 중국과 다르니, 호흡이 어찌 중국 음과 서로 합치될 것이랴. 그러한즉, 말의 소리가 중국과 다른 까닭은 이치의 당연한 것이고 글자의 음에 있어서는 마땅히 중국 음과 서로 합치될 것 같으나, 호흡의 돌고 구르는 사이에 가볍고 무거움과 열리고 닫힘의 동작이 역시 반드시 말의 소리에 저절로 끌림이 있어서 이것이 글자의 음이 또한 따라서 변하게 된 것이니. (……) 아아, 소리를 살펴서 음을 알고, 음을 살펴서 음악을 알며, 음악을 살펴서 정치를 알게 되나니, 뒤에 보는 이들이 반드시 얻는 바가 있으리로다."

신숙주는 중국과 조선이 말과 글에서 다른 이유를 완전히 이해하고 있는 사람인 것 같다. 신숙주는 세종의 뜻과 가르침을 받아《동국정운》을 세심하게 완성하였다. 글자마다 고유하게 갖고 있는 음의 높이와 길이에 대해 세종만큼 잘 알고 있는 사람도 없었다. 집현전의 학자들은 그런 점을 염두에 두고《동국정운》을 집필했다.《동국정운》은 한글로 중국 문자의 발음을 정해놓은 책이다.

세종은《동국정운》을 통해 조선의 한자음을 완전히 정착시켜 놓았다. 명나라에서 한글을 걸고 시비할 수 있는 트집 자체를 원천 봉쇄해버린 것이었다. 게다가 중국 한자의 음에 대해 조선에서도 제각각이었는데 이제야 마침내 모든 사람이 쉽게 쓸 수 있고, 음을 바르게 읽을 수 있게 되었다.

훈민정음에 이어 《동국정운》이 출간된 후, 세종은 본격적인 한글 대중화에 나섰다. 먼저 의금부와 승정원에 보내는 공문서를 한글로 작성하게 했다. 의학, 경전 등 외국 서적도 한글로 번역하게 했다. 또 관리 채용 시험에도 훈민정음과 동국정운을 필수과목으로 지정했다. 한글의 보급으로 백성들 역시 정보를 공유하게 되었고 조선의 문화를 만들어가는 주체로 자리 잡을 수 있었다. 고유한 문자를 바탕으로 백성과 함께 새로운 조선 건설이라는 이상이 현실로 나타나게 된 것이다.

오로지 백성을 위해 새로운 조선 건설을 꿈꿨던 세종. 그의 뜻에 따라 탄생한 위대한 문자, 한글. 한글 탄생 이후 백성들은 그동안 표현하지 못했던 일상의 기록과 감정들을 마음껏 표출하면서 조선의 문예부흥을 이끄는 주인공이 되었다. 백성을 사랑했던 한 임금의 노력이 한 나라의 운명을 바꿔놓은 것이다.

15세기 아시아의 작은 나라 조선. 백성을 사랑했던 조선의 임금 세종은 온 국민이 지식과 정보를 공유하고 문화적 공감대를 형성하는 평등사회 건설을 위해 세계 어디에도 유례가 없는 과학적이고 체계적인 문자 한글을 만들었다. 그가 만든 문자는 백성들의 눈과 귀가 되었고 600여 년이 지난 지금, 대한민국은 세계에서 가장 문맹률이 낮은 국가가 되었다. 2020년 현재 한글은 세계 언어학자들로부터 가장 쉽고 뛰어난 세계 유일의 문자로 인정받고 있다.

12.
한글에 대한
저항에 맞서다

　세종의 영토가 분단된 지 어언 75년이 흘렀다. 아직도 분단
의 시간은 계속 흐르고 있다. 민족 내부의 전쟁이나 이데올로
기로 분단된 것이 아니라 외세에 의해 강제로 분단된 것이라
서글프기 짝이 없는 시대를 우리는 살고 있는 것이다. 게다가
비극적인 전쟁이 있었다. 분단체제는 학교의 책상과 칠판에,
아침저녁으로 먹는 밥상에, 매일매일의 뉴스에, 거리와 광장
에도 존재한다. 혐오하고 증오하는 말을 폭력적으로 쏟아내면
서 분단체제는 괴물이 되어 한반도의 삶을 지배하고 있다. 분
단체제는 무엇보다도 마음에 존재한다. 분단체제는 새로운 중
화, 새로운 사대주의를 만들어낸 채 지속되고 있다. 새로운 중
화는 미국이다. 미국에 반대하면 분단체제가 폭력적으로 작동
하기 시작한다. 이러한 폭력을 선동하는 사람들은 소위 배운

사람들이다. 전문가의 오만과 왜곡이 국가를 얼마나 위기에 빠트리는지 우리는 수없이 보아왔다.

《겨레말큰사전》은 언어의 분단을 극복하고 세종의 영토를 복원하기 위한 남북 공동의 사업이다. 하지만 반대의 목소리도 있다. 드러내놓고 《겨레말큰사전》 남북공동편찬사업회를 없애겠다고 주장하는 국어학자도 일부 있다. 그들은 《겨레말큰사전》을 '국어사전 만들기'로만 착각하고 있다. 《겨레말큰사전》은 남북공동 국어사전이면서 동시에 언어문화를 교류하고 통합하려는 남북 교류 협력사업이며 통일운동이다. 또한 대한민국에 의해 통일이 되면, 북한말은 저절로 소멸되어 남한말에 흡수된다는 논리로 사업의 비효율성을 지적하는 사람들도 있다. 소아병적이며 근시안적으로 문제를 바라보는 사람들이 취하는 일반적인 태도에 다름없는 일이다.

세종도 그러하였지만, 나도 '정치의 최종 단계는 언제나 문화로 발현된다.'고 생각한다. 《겨레말큰사전》 소식지에 이와 관련해 짧은 글을 발표한 적이 있다.

어떤 문화든 고립된 섬일 수는 없다. 섬에 갇혀 혹은 높은 성을 쌓아두고 그 내부에서만 생성되고 발전된 문화란 인류 역사에 존재하지 않았다. 모든 문화는 섬을 떠나 바다로 항해했으며 성을 넘어 길을 따라 이동했다. 그리하여 오늘날 우리가 소위 문화라고 부르는 인류의 재산이 만들어진 것이다. 지금도 끊임없이 문화는 이동하고 있으며 다른 문화와 다양한 형식으로 섞이고 있다. 문화의 이동을 막을 수 있는 것은 인류가 탄생할 때부터 지금까지 단 한 번도 존재한 적이 없었다.

그것은 언어도 마찬가지였다. 한 지역 혹은 한 민족의 언어 또한 끊임없이 다른 언어와 섞이면서 발전을 거듭해왔다. 불변의 언어, 고정적이고 정체된 완벽한 언어가 과연 존재할 수 있을까? 기록을 통해 보듯이 언어는 탄생, 성장, 소멸의 길을 걸어왔다. 언어는 생물처럼 살아 움직였다. 어떤 언어의 무덤 속에는 여러 천 년 동안 사용했으나 지금은 사용하지 않는 어휘가 바닷가에 쌓여 있는 조개껍데기만큼이나 많이 담겨 있다.

한국어를 포함한 세계의 모든 언어는 내적, 외적인 힘에 의해 끊임없이 변화할 수밖에 없다. 그것을 부정하고 표준의 틀 안에 언어를 고정하는 것은 언어의 생물성과 다양성을 포기하는 것이며 언어의 발전을 근본적으로 가로막는 장애라고 생각한다. 《겨레말큰사전》은 명시적으로 선언하진 않았지만, 언어의 생물성과 다양성을 확보하기 위한 남북 언어학자들의 암묵적 합의에서 출발했다.

정치의 최종 단계는 언제나 문화로 발현된다. 폭력적 갈등과 군사적 충돌, 압제와 부당한 권력의 행사, 비민주성과 그에 따른 인간 발전의 심각한 장애를 정치적 행위로 충분히 해결할 수 있다. 그러나 그 해결은 사실상 시작에 불과하다고 할 수 있다. 갈등과 충돌, 차별과 폭력으로 인해 발생한 상처를 인간 발전과 사회 발전의 지렛대로 삼을 수 있는 것이 바로 문화이기 때문이다.

평화롭게 함께 어울리고 더불어 사는 사회를 이루고자 한다면, 이는 '다르다'는 것에 뿌리내리고 있는 가치_{진리, 사상, 주의 주장, 견해를 포함한}를 인정하고 다른 문화에 대한 존중이 반드시 필요하다. 그것은 언어에서도 마찬가지다. 한 국가의 표준어가 그 국가 안의 다른 언어를 '비표준어'라고 억압할 수 있는 근거는 어디에도 없다. 표준어 때문에 여러 천 년 동안 사용해온 경상도 지역의 어떤 어휘가 하위언어 취급을 받고, 충청도 지역의 어떤 어휘가 사투리라고 낙인찍힌 경우를 우리는 수없이 목격해왔다. 그 자체로 수준이 낮고 배타적이며 하위계층만 사용하고 질이 떨어져서 존중받을 가치가 없는 언어란 있을 수 없다. 특정 지역의 어휘들이 국가에서 발간한 사전이나 국가가 공인한 교과서에서 추방당하고 있는 게 현실이었다.*

《겨레말큰사전》 남북공동편찬사업회 사무실의 창문으로 밖을 내다보면, 경복궁 뒤 북악산도 보이고 만리동 고개도 보인다. 한겨레신문사 앞의 도로에는 수많은 자동차가 정체를 빚으며 밀려가며 밀려오고 있다. 세종이 최만리에게 하사한 저택의 위치가 창밖으로 보이는 현대적인 풍경 어디쯤일 것이다. 그 때문에 사람들은 그 고개를 '만리현'이라고 불렀다. 한 사람의 이름이 마을의 명칭으로 사용될 정도니 그의 생애가 어떠했는지 짐작이 간다. 세종 때는 훌륭한 인물이 넘쳐나기

---

* 《겨레말큰사전 웹진》 2011년 3월호

로 유명했지만, 500여 년이 지나도록 그 이름을 한 마을의 이름으로 남긴 사람은 그리 흔치 않다.

최만리는 누구일까? 최만리는 세종 26년1444에 집현전 부제학의 이름으로 훈민정음 창제를 극구 반대하는 상소를 올린 것으로 후세에까지 악명이 자자하다. 그로 인해 최만리는 사대주의자로 낙인찍혔다. 하지만 세종 당시는 물론이고 조선시대 내내 사대주의가 국가의 근본이었다는 점을 우리는 알아야 한다. 그것을 무시하고 사대주의자라는 이유만으로 최만리의 장점을 부정하는 것은 온당치 않다.

최만리에 대한 상당한 오해가 역사적으로 지속되는 것을 바로잡기 위해서라도 그가 어떤 사람인지를 알아보는 노력을 해야 한다고 생각한다. 최만리의 본관은 해주로, 해동공자라 일컬어지는 최충의 12대손이다. 특이한 점은 최만리의 딸이 율곡 이이의 증조할머니라는 점이다. 최만리는 5년 동안 세자의 서연을 담당했고 1435년에서 1444년까지 9년 동안 집현전 직제학으로 근무했다. 전체적으로 볼 때 관직에 있었던 25년 거의 대부분을 집현전에서 보낸 것이다. 세종이 집현전을 아끼고 사랑했기 때문에 관직 생활 대부분을 집현전에서 보낸 최만리 역시 무척 아꼈던 것으로 보인다. 이에 대해 해주 최씨 집안에 전해오는 이야기가 있다.

최만리는 술을 좋아했다. 어느 날은 취한 채로 어전에 들어가 임금을 뵈었더니 세종이 최만리를 걱정하여 "경은 몸을 생각하여 앞으로 세 잔 이상씩은 마시지 마오." 하였다. 이에 왕명을 어길 수 없었던 최만리는 자신이 쓸 술잔을 스스로 크게 만들어 하루 세 잔씩만 마셨다. 후에 세종이 최만리를 접견할 때 술을 많이 마셨음을 알고 나무라기를 "경은 또 취기를 띠고 나왔으니 어떻게 된 것이오?" 하니 옆에 있던 동료가 말하기를 "만리는 어명대로 세 잔만 마셨을 뿐입니다. 단지 스스로 큰 술잔을 만들어 마셨습니다."라고 하였다. 이에 세종이 껄껄 웃으며 "경이 왕명을 그토록 철저히 지킬 줄은 몰랐소." 하고 바로 명하여 공관으로 하여금 커다란 은잔을 만들게 하여 그 잔을 집현전 본관에 갖다 두고 수시로 최만리를 접대하게 하였다.

최만리의 집안에서 전해오는 이야기에 불과하지만 그렇다고 굳이 믿지 못할 이유도 없다. 근거가 있기에 이야기가 만들어지고 또 부풀려 전해오는 것이 아니던가. 어쨌든 세종과 최만리는 아주 가까운 군신 관계를 유지하고 있었다는 것은 분명하다. 세종이 최만리의 뛰어난 학식과 대쪽 같은 청렴성을 신뢰하지 않았다면 세자의 스승으로 삼지도 않았을 것이다. 세종은 최만리를 사랑했다. 그러나 최만리는 한글을 반대했다.

"한글에 대한 저항이 얼마나 심하였습니까?"
"저항은 충분히 예상했던 바이다."

세종의 사랑을 받던 최만리가 한글 창제에 반대하는 상소문을 올린 것은 왜일까? 집현전의 실질적인 책임자인 부제학 최만리는 어찌하여 한글 창제가 이루어진 두 달 후에 상소문을 올렸던 것일까? 그것은 세종 26년₁₄₄₄ 2월 16일, 세종이《고금운회거요》를 번역하라고 왕명을 내린 것이 계기가 되었다. 세종은《고금운회거요》의 번역 사업을 매우 중요하게 여겼다. 이에 최만리는 나흘 뒤에 직제학 신석조·직전 김문·응교 정창손·부교리 하위지·부수찬 송처검·저작랑 조근이 연명한 상소를 올렸다.

　최만리는 사실 당대 최고의 학자였다. 그는 20년 이상 집현전에 몸을 담고 직제학, 부제학 등을 지냈으며 그 외 여러 업적을 남겼다. 그러나 아무래도 그는 한글 반대 상소를 올린 이로 더 유명하다. 최만리가 올린 반대 상소는 역설적이게도 실록에 남아 있는 유일한 한글 관련 기록이다.

　또 상소의 내용은 당시 주류 학자들의 생각이 어떠했는지, 어찌하여 세종이 한글 창제를 철저히 비밀리에 진행했는지 알게 해주는 중요한 자료다. 사실 지금 우리는 당시 학자들이 한글을 어떻게 바라보았는지 정확히 이해하기 어렵다. 그러나 지난 긴 세월을 감안해도 세종의 생각은 파격적이었다.

　지금까지도 우리나라에 고유의 문자가 없어 비밀리에-지금도 역시 이 일을 성공시키려면 어느 선까지는 비밀 프로젝트로 기획되었을 듯하다.-문자를 만들어놓고 "오늘부터 새로운 문자를 써야 한다."라고 발표한다면, 그 문화적 충격은 어느 정도일까? 온 나라가 발칵 뒤집어질 정도였을 것이다.

지금도 불편한 문자를 쓰는 많은 국가들이 문자 개혁을 엄두도 못 내는 이유가 바로 여기에 있다. 그리고 좀 더 깊숙이 당시의 정황을 머릿속에 그리며 이 상소를 읽는다면 최만리야말로 시대를 읽는 뛰어난 혜안의 소유자였음을 알게 될 것이다. 나는 최만리의 반대 상소를 아주 많이 읽었다. 상소문을 읽을 때마다 어느 한 구절에 가서는 빙그레 웃곤 하는데 바로 이 대목이다. "널리 의견을 묻지 않고 갑자기 이배 10여 명에게 언문을 가르쳐……" 다분히 감정이 실린 문장이다. 집현전의 성삼문, 신숙주, 박팽년 등을 이배라 표현한 부분도 그렇고 널리 의견을 묻지 않았다는 표현도 그렇다. 오른팔 중의 오른팔이며 석학 중의 으뜸인 자신을 소외시키며 어찌 이런 엄청난 일을 도모했느냐는 항변이다. 질투에 가까운 이러한 인간적인 불평이 최만리와 우리를 아주 가깝게 만들어준다. 사실 그는 세종을 잘 안다고 생각했을 것이다. 그래서 배신감은 더 컸을 것이다.

최만리를 가장 고약한 인물로 만든 대목은 "백성이 글을 알면 위험하다."라는 부분이다. 그는 이를 두고 "마치 소에게 밥을 먹이는 꼴"이라 했다. 백성을 소에 비유하고 문자는 인간인 양반이 독점해야만 한다는 내용이니 현대를 사는 우리에겐 무척 거슬리는 부분일 수밖에 없다. 그러나 지금의 기준으로 보았을 때나 잘못된 인식으로 보일 뿐이지 당시 지배계급의 지도자로서는 사태의 본질을 정확히 파악한 것이다. 그리고 그의 이 지적은 한글이 만들어진 지 채 100년이 안 돼 분명한 사실로 입증되었다.

최만리가 올린 상소를 놓고 세종과 신하들은 치열한 논쟁을 벌였다. 임금과 신하의 논쟁이라니, 새삼스레 아름답게 여겨지는 풍경이 아닐 수 없다. 그 풍경을 최만리의 상소문을 근간으로 하여 문답식으로 재구성해본다.

세종 : 훈민정음에 대해 그대들은 어떻게 생각하는고?

최만리 : 언문을 만드신 것은 지극히 신묘하나이다. 만물을 창조하시고 지혜를 발휘하시는 전하의 능력이 천고에 뛰어나다 할 것이옵니다. 그러나 신들의 좁은 소견으로 볼 때 의심스러운 부분이 있어 간곡한 마음으로 말씀드리고자 하오니 부디 잘 판단하여 주시기 바라옵나이다.

세종 : 그대들의 생각을 들어보고 싶으니 망설이지 말고 말하도록 하라!

최만리 : 우리 조선은 건국 이래로 정성을 다해 사대하였으며 모든 일에 있어 중국의 제도를 따라 행하여 왔사옵니다. 그리하여 우리나라는 중국과 같은 글을 쓰고 같은 제도를 시행하는 문명국이 되었다고 할 수 있사옵니다. 그런데 이러한 때에 언문을 창제하셨으

니 보고 듣는 저희들은 놀라지 않을 수 없사옵니다. 게다가 소리로 써 글자를 합성하는 것은 모두 옛것에 어긋나니 진실로 근거할 바가 없는 일이옵니다. 만약 이 언문이 중국에 흘러 들어가서 혹 이를 두고 비난하는 자가 있다면 어찌 사대 모화하는 데 부끄러움이 없을 수 있겠사옵니까?

세종 : 무엄하도다. 정음을 만든 것이 어찌 사대에 어긋나는 일이란 것인고? 우리가 중국의 제도를 바꾸어 적용하지 않았느냐? 한자로는 우리말을 쉽게 또 정확히 적을 수 없으므로 백성들의 불편함이 이루 말할 수 없을 정도이다. 이러한 실정을 고려하여 정음을 만든 것뿐이다. 과인은 즉위한 이래 사대 모화에 대해 조금도 소홀히 한 일이 없고, 이러한 사실은 황제께서도 잘 알고 계신다. 혹 모함하려는 자가 정음을 만든 것을 빌미로 문제를 삼는다면 우리의 뜻이 사대 모화에서 조금도 어긋난 적이 없음을 밝히고, 이것이 오로지 우리나라 백성들의 편리를 도모하기 위한 것임을 자세히 설명한다면 크게 문제가 되지 않을 것이로다.

최만리 : 예로부터 9개 지역으로 나뉜 중국 안에서 기후나 지리가 비록 다르더라도 방언에 따라서 따로 글자를 만든 일이 없사옵니다. 오직 몽고, 서하, 여진, 일본, 서번과 같은 무리만이 제각기 자기들의 글자를 가지고 있는데 이것은 모두 오랑캐들의 일이므로 말할 가치조차 없사옵니다. 옛글에도 중국의 문화로서 오랑캐의 문화를 변화시킨다 하였지 중국의 문화가 오랑캐 문화에 의해 변화되었다는 이야기는 듣지 못하였사옵니다. 역대 중국의 여러 나라들

이 모두 우리나라에 대하여 기자의 유풍을 간직하고 있어 예악과 문물이 중국과 견줄 만하다고 인정하였사옵니다. 그런데 이제 따로 언문을 만들어 중국을 버리고 스스로 오랑캐와 같아지려고 하니 이것이 이른바 향기로운 명약인 소합향을 버리고 쇠똥구리가 만든 쇠똥 덩어리를 취하는 격이라 할 것이옵니다. 이 어찌 문명에 있어 큰 해가 되지 않겠사옵니까?

세종 : 허어, 정녕코 글자에 대해 무지하도다. 대개 지세가 다르면 기후가 다르고, 기후가 다르면 사람들이 숨 쉬는 것발음도 달라지는 것이니라. 그러므로 온 세상의 문자와 제도를 통일시킨다고 하더라도 사람들의 발음이나 말은 같아지지 않는 것이니라. 하물며 우리나라는 안팎으로 산하가 저절로 한 구획을 이루어 지리와 기후가 중국과 크게 다르니, 말소리가 어찌 중국의 것과 서로 같아질 수 있겠느냐? 그러한즉 언어가 중국과 다른 까닭은 당연한 이치이지 않겠느냐? 즉 예악과 문물은 우리가 중국과 같아질 수 있으나 언어에 있어서는 그럴 수 없는 것이로다. 이러한 우리의 현실을 돌아보지 않고 정음을 만드는 것이 오랑캐와 같아지려는 것이라 하는 그대들의 주장은 받아들이기 어렵노라.

최만리 : 신라의 설총이 만든 이두는 비록 거칠고 촌스러우나 모두 중국에서 통행하는 글자를 빌어다가 어조사를 적는 데 이용하므로 한자와 전혀 별개의 것이 아니옵니다. 따라서 하급 관리나 하인들이 이두를 익히려고 하면 반드시 먼저 학문으로 된 여러 책을 읽어서 한자를 대강이라도 익힌 다음에야 비로소 이두를 사용하게

되옵니다. 즉 이두를 사용할지라도 반드시 한자에 의거하여야만 뜻이 통할 수 있으니 이두 때문에 한자를 공부하여 알게 되는 사람이 상당히 많고 따라서 학문을 진흥시키는 데도 도움이 되옵니다. 만약 우리나라가 예전부터 문자가 없어 끈을 묶어 의사소통을 하던 시대와 같다면 임시방편으로나마 언문을 사용하는 것이 가능할 것이옵니다. 그러나 그런 경우에도 올바른 소견을 가진 사람이라면 반드시 '임시방편으로 언문을 사용하는 것보다는 좀 시일이 걸리더라도 중국에서 통행하는 한자를 익히도록 하여 장기적인 계획을 세우는 것이 낫다.'고 할 것이옵니다. 하물며 이두는 수천 년 동안 써오면서 문서나 계약서 등을 작성하는 데 어떠한 장애도 없었는데 어찌하여 이런 이두를 바꾸어 따로 속되고 무익한 글자를 만든단 말씀이옵니까? 만일 언문이 통용되면 관리가 되려는 사람들이 오로지 언문만을 익히고 한자를 배우려 하지 않을 것이옵니다. 또한 관리가 되려는 사람이 언문으로써 벼슬자리에 오를 경우 뒷사람들은 모두 이러한 일을 보고 '28자의 언문으로써 족히 세상에 입신할 수 있는데 무엇 때문에 힘들여 성리학을 배울 필요가 있겠는가?'라고 여길 것이옵니다. 이렇게 되면 수십 년 뒤에는 한자를 아는 사람이 매우 적어질 것이옵니다. 비록 한글로써 능히 관공서의 일을 처리할 수 있다 하더라도 성현의 문자를 알지 못하면 배우지 않고 담벼락을 마주 대하고 있는 것과 같아서 사리의 시비를 따지는 데에는 관심이 없고, 헛되이 언문에만 공을 들일 것이니 장차 어디에 쓸 수 있겠사옵니까? 우리나라에서 그동안 쌓아왔던 학문을 숭상하는 정책이 완전히 사라져버릴까 두렵사옵니다.

이전부터 사용하던 이두도 비록 한자에서 크게 벗어난 것이 아님에도 식자층에서는 오히려 이를 속되게 여겨 이문으로 바꾸려고 하는 형편인데 하물며 언문은 한자와 전혀 관련이 없고 오로지 저잣거리의 속된 말에서만 쓰이는 것이 아니옵니까? 가령 언문이 예전부터 있었던 것이라 하더라도 오늘날과 같이 문명한 정치를 이루려고 하는 때에 '여전히 언문을 인습적으로 그대로 사용하시겠습니까?' 하고 반드시 이를 바로잡겠다고 논의하는 사람이 있을 것이옵니다.

오래된 것을 싫어하고 새것을 좋아하는 것은 예나 지금이나 다름없는 일반적인 폐단이옵니다. 지금의 이 언문은 하나의 신기한 재주에 불과할 뿐이라고 사료되옵니다. 학문에 있어서는 손실만 가져오고 다스림에 있어서는 아무런 이로움도 없사옵니다. 저희들이 아무리 되풀이해서 생각해보아도 그 옳음을 알 수 없사옵니다.

세종 : 참으로 망측하구나. 앞서 그대들이 이르기를 '정음은 소리를 쓰고 글자를 합성함에 있어서 모두 옛것에 어긋난다.'고 하였는데 그렇다면 설총이 만든 이두 또한 소리를 달리한 것이 아니더냐? 게다가 이두를 제작한 본래의 뜻도 바로 백성에게 편리를 주기 위한 것이 아니겠느냐? 만일 이두가 백성에게 편리를 주기 위한 것이라고 한다면 지금의 언문도 또한 백성들에게 편리를 주기 위한 것이 아니겠느냐. 너희들은 설총이 한 일은 옳다고 하면서 임금이 한 일은 그릇되다고 하니 그 이유가 무엇인고?

또 언문을 제작한 것이 신기한 하나의 기예일 뿐이라고 하였는데 내가 늘그막에 소일하기 어려워 책을 벗 삼고 있을 뿐이니 어찌 옛 것을 싫어하고 새로운 것만을 좋아하여 정음을 만들었겠느냐? 그리고 또한 이는 사냥을 하며 매를 풀어놓은 일과는 다르다. 그러니 그대들의 말은 상당히 지나친 점이 있도다.

최만리 : 망극하옵니다. 하나의 신기한 재주라고 말씀드린 것은 말을 하다보니 말이 그렇게 나온 것이지 별다른 뜻이 있어서 드린 말씀은 아니옵니다.

세종 : 또한 내가 하급 관리들을 선발하는 데 정음을 넣도록 하였으나 전적으로 정음만을 대상으로 시험 보는 것은 아니도다. 하물며 대과의 경우에는 정음을 시험과목에 편입하지도 않았도다. 그러므로 학문에 막대한 손실을 가져올 것이라는 그대들의 주장은 너무 과장된 것이라 하겠노라. 또한 다스림에 있어 아무 이로움도 없다 하였는데 이 또한 옳지 않도다. 가령 형을 집행하고 죄인 다스리는 문서들을 이두와 한문으로 써온바 글의 정확한 의미를 이해하지 못하는 어리석은 백성들이 한 글자의 차이로 인하여 억울한 일을 당하는 일이 비일비재하니라. 그러나 만약 정음으로 그들이 하는 말을 그대로 적은 후 읽어준다면 아무리 어리석은 백성이라 하더라도 모두 쉽게 내용을 이해할 수 있으므로 억울한 일을 당하는 사람이 없을 것이니라.

최만리 : 전하, 중국은 예전부터 말과 문자가 동일하였음에도 불구하고 죄인을 다스리는 일이나 소송사건에 있어 억울한 일을 당하는

일이 매우 많사옵니다. 우리나라로 말하더라도 옥에 갇힌 죄인 가운데 이두를 아는 사람이 직접 자신이 진술한 내용을 읽어보고 그 내용에 사실과 다른 점이 있음을 발견하더라도 매를 견디지 못해서 승복하는 일이 많사옵니다. 이렇게 보건대 글의 뜻을 몰라 억울하게 형벌을 받는 것이 아님이 명백하옵니다. 그러므로 아무리 언문을 사용한다 하더라도 이와 무엇이 다르겠사옵니까? 즉 죄인을 공정하게 다스리는가 그렇지 않은가는 그 일을 담당한 관리가 어떠한 자인가에 달려 있다는 것을 알 수 있사옵니다. 그러므로 언문으로 죄인을 공정하게 다스릴 수 있다는 것에 대해 저희들은 의심이 되옵니다.

세종 : 내 일찍이 어리석은 백성들이 법률 조문을 몰라 자신들이 저지른 범죄의 크고 작음을 알아서 스스로 고칠 수 없음을 안타깝게 여겨 비록 백성으로 하여금 법률 조문을 다 알게 할 수는 없을지라도 따로 큰 죄의 조항만이라도 뽑아서 이를 이두로 번역하여 민간에게 반포하면 범죄를 피하게 할 수 있을 것이라 하교한 적이 있노라.

죄인을 공정하게 다루는가 하는 문제가 관리의 자질에 달려 있는 것은 사실이나 공정한 관리도 착오를 범하여 억울한 죄인을 만들 수 있느니라. 죄인을 다스림에 정음을 사용하면 억울한 일이 다소라도 줄어들 것이니라. 죄인을 다스릴 적에 문서를 정음으로 작성하여 들려주면 억울한 일을 당하는 일이 적어질 것이다. 이것은 정음이 쓰일 수 있는 한 예일 뿐이도다. 가령 만약에 정음으로 《삼강행실도》를 번역하여 민간에 반포한다면 일반 백성들이 모두 쉽게 이해할 수 있을 것이니 충신, 효자, 열녀가 많이 나오지 않겠느냐?

정창손 : 비록 언문으로 번역하지는 않았을지언정 백성들이 알기 쉽도록 그림으로 그려 《삼강행실도》를 반포하였으나 그 뒤에 충신과 효자와 열녀가 많이 나온 것을 보지 못하였사옵니다. 사람이 삼강을 행하고 행하지 않는 것은 오직 그 사람의 자질이 어떠하냐에 달린 것입니다. 반드시 언문으로 그 책을 번역, 배포한 뒤라야만 사람들이 그러한 행실을 본받는다고 어찌 보장하시겠습니까?

세종 : 참으로 무례하도다! 그대의 말은 허조의 말보다 더 심하구나. 이것이 어찌 이치를 아는 선비의 말이라고 할 수 있겠느냐? 그러면 교화나 가르침이 필요가 없다는 말이냐? 사람의 자질도 교화함으로써 얼마든지 변화할 수 있는 것이다. 어리석은 백성들을 가르치지 않고 자질 탓만을 하는 것이 선비 된 도리로 옳은 것이라 할 수 있느냐? 그대야말로 참으로 쓸모없는 속된 선비에 불과하도다.

최만리 : 통촉하여 주시옵소서, 전하! 무릇 일을 이루고 공을 세움에 있어서는 빠른 시일 안에 서둘러 마치는 것을 귀하게 여기지 않사옵니다. 그런데 근래의 국가의 조직들은 모두 빨리 이루는 데에만 힘을 쓰고 있으니 이는 다스리는 근본이 아니라고 여겨지옵니다. 비록 언문이 부득이하여 만들지 않을 수 없는 것이라 하더라도 이는 풍속을 바꾸는 중대한 일이므로 마땅히 재상들로부터 아래로는 하급 관리와 백성들에 이르기까지 함께 의논을 하셔야 한다고 사료되옵니다.

그리하여 설혹 모두 옳다고 하더라도 시행하기 전후에 백성들에게 충분히 그 뜻을 거듭 설명한 다음 다시 세 번 더 생각하여 역대 제왕들의 다스림에 비추어보아도 어긋남이 없고 중국과 상고하여도 부끄러움이 없으며 후세에 성인이 다시 태어나 이를 보더라도 의심스러운 바가 없는 다음에야 비로소 시행해도 늦지 않사옵니다. 그런데 지금 여러 사람의 뜻을 널리 묻지도 않고 하급 관리 10여 인에게 명하여 정음을 익히게 하며 또 옛사람이 이미 이루어 놓은 운서를 가볍게 고치고 황당한 언문을 붙여서 공장工匠 수십 명을 모아, 이를 새겨 급하게 널리 유포시키려 하시니 천하와 후세의 공론이 어떠하겠습니까?

게다가 이번에 청주 초수리에 행차하심에 있어 올해 흉년이 든 것을 특별히 염려하시어 호종하는 모든 일을 간략하게 시행하도록 하셨습니다. 그런데 언문은 국가의 긴급한 일도 아니고, 부득이한 기한이 있는 일이 아님에도 어찌 행재소에서까지 급하게 서두르시어 전하의 옥체를 조섭해야 할 시기에 번거롭게 하시는 것입니까? 저희들은 더욱 그 옳은 줄을 알지 못하겠사옵니다.

세종 : 어허, 참으로 통탄할 일이로다. 그대들이 운서를 아는가? 사성과 칠음을 알며 자모가 몇인지 아는가? 우리나라의 한자음은 마땅히 중국의 음과 부합되어야 할 것이나 오랜 세월 말하는 사이에 자음과 모음이 저절로 어음에 이끌렸으니, 이것이 곧 한자음 역시 따라서 변한 까닭이로다. 비록 그 음은 변했더라도 청탁이나 사성은 예전과 같을 수 있을 것인데 일찍이 그 바른 것을 전해주는 책

도 없느니라. 그래서 어리석은 스승이나 일반 선비들이 반절법도 모르고 자모와 운모의 분류 방식도 모르고 혹은 글자 모습이 비슷하다고 해서 같은 음으로 하고, 혹은 앞 시대에 임금의 휘자이기 때문에 피하던 것으로 인해서 다른 음을 빌려 쓰기도 하고, 혹은 두 글자를 합해서 하나로 하기도 하고, 혹은 한 음을 둘로 나누기도 하며, 혹은 전혀 다른 글자를 빌려 쓰기도 하며, 혹은 점이나 획을 더하거나 덜며, 혹은 중국 본토 음을 따르고 혹은 우리나라 음을 따라서 자모와 발음, 청탁, 사성이 모두 변하였도다. 만약 내가 이 운서를 바로 잡지 않는다면 그 누가 이를 바로 잡겠는가?

최만리 : 선유先儒의 글에 이르기를 '무릇 모든 신기하고 보기 좋은 일들이 선비의 뜻을 빼앗아간다. 편지 쓰기는 선비의 일에 가장 가까운 것이나 전적으로 이것만을 좋아하면 이 또한 저절로 뜻을 잃게 된다.'고 하였사옵니다. 지금 동궁께서는 비록 덕성을 많이 성취하셨지만 아직은 성학에 깊이 마음을 써서 모자라는 점을 더욱 닦아야 할 것이옵니다. 동궁께서 이 일에 정신을 쏟고 마음을 기울여 날을 마치고 시간을 보내니 이는 실로 현재 시급히 닦아야 할 학문에 손해가 되옵니다.

세종 : 내가 나이 들어 국가의 서무는 세자가 맡아서 하는 까닭에 비록 작은 일이라도 세자가 마땅히 참여하여 결정하는데 하물며 정음이야 더 말할 필요가 있겠느냐? 만약 세자로 하여금 항상 동궁에만 있게 한다면 환관이 이 일을 맡아서 해야겠느냐?

최만리 : 공적인 일이라면 아무리 작은 일이라 할지라도 동궁께서

참여하여 결정하지 않을 수 없겠으나 그리 급박하지 않은 일에까지 하루 종일 마음을 쓰실 필요가 있겠사옵니까?

세종 : 정음을 만드는 일이 어찌 국가의 공적인 일이 아니란 말이냐. 그대들과 더 이상 말하기 어렵다. 어찌 생각이 이리 다를 수 있단 말이냐?

최만리 : 저희들이 모두 보잘 것 없는 재주를 가지고 외람되게도 전하를 모시고 있으므로 마음속에 품은 생각을 감히 담고만 있을 수 없어 이에 삼가 아뢰어 전하의 어지심을 흐리게 하였사옵니다.

세종 : 그대들이 나를 가까이서 시종하므로 나의 뜻을 명확하게 알 것인데도 이같이 행동하니 이것이 옳다고 할 수 있겠느냐? 또한 이전에 김문은 말하기를 '언문을 제작하는 것은 불가한 일이 아니다.' 하더니 지금에 와서는 반대로 불가하다고 주장하는 무리에 포함되어 있으니 어찌 된 일이냐? 내가 그대들을 불러 이야기를 나눈 것은 정음에 관한 그대들의 의견을 듣고자 함이도다. 그런데 임금의 뜻을 이해하지도 못하고 이치에 닿지 않는 말로 답하고 궁지에 몰리면 말을 교묘하게 바꾸어 응답하니 그대들에게 죄를 묻지 않을 수가 없노라. 도승지는 듣거라! 부제학 최만리, 직제학 신석조, 직전 김문, 응교 정창손, 부교리 하위지, 부수찬 송처검, 저작랑 조근을 의금부에 하옥시켜라! 또 의금부에서는 김문이 전후에 태도를 바꾸어 말하게 된 사유를 조사하여 어떤 처벌을 내려야 할지 결정하도록 하라.

임금과 신하가 서로 뜻을 굽히지 않고 팽팽하게 맞서는 이 풍경에서 대논쟁을 보는 느낌이 들었다. 결국 권력자인 세종은 상소를 올린 신하들을 설득하는 데 실패하고 옥에 가두는 것으로 논쟁을 마무리했다. 하지만 다음 날, 세종은 이들 대부분을 석방하라고 명령을 내렸다. 최만리는 석방과 동시에 복직되었으나 고집을 꺾지 않고 사직상소를 올리고 낙향했다. 그리고 다음 해에 작고했다. 세종은 집현전 부제학의 자리를 비워두고 최만리를 기다리다가 그가 작고했다는 소식을 듣고 침식을 잊고 슬퍼하였다.

세종은 소통을 중시했지만 반드시 해야만 하는 정책이나 프로젝트에 대해서는 결코 물러서지 않았다. 신하들과 길고 긴 논쟁을 해야만 하는 정책은 10년 혹은 30년에 걸쳐서라도 소통하기를 마다하지 않았다. 그러나 훈민정음은 애초부터 비밀 프로젝트였고, 그 프로젝트에 대한 저항은 어떠한 경우에도 용납하지 않았다. 그것은 조선의 문자, 훈민정음에 대한 세종의 애정이 태산보다 높았기 때문이다. 세종은 겉으로는 사대모화를 하였지만 내면적으로는 철저히 자주적이고 독립적이었다.

13.
금기를 넘어
하늘을 보다

'별이 빛나는 밤하늘을 보고 길을 갈 수가 있고, 길의 지도를 읽을 수 있었던 시대는 얼마나 행복했던가. 그리고 별빛이 그 길을 훤히 밝혀주던 시대는 얼마나 행복했던가. 이런 시대에는 모든 것이 새로우면서 친숙하며 또 모험으로 가득 차 있으면서도……'*

게오르그 루카치의 저 유명한 저서,《소설의 이론》은 이렇게 시작한다. 문학과 혁명을 꿈꾸던 이십 대의 청춘에 저 문장을 읽으면서 얼마나 가슴이 뛰었던가. 고대로부터 인간은 별을 읽으려고 노력했다. 어린 시절 시골집 마당의 멍석에 누워 오리온자리 별들의 밤하늘 여행을 바라보곤 하였다. 오리온

---

* 의미가 제대로 전달되도록 문장을 약간 손보았음

과 북두칠성 그리고 개밥바라기는 어린 꼬마들에게도 친숙한 별들이었다. 나머지 별들은 이름조차 외우기 힘들어서 찾아볼 엄두도 내지 않았다. 하지만 어떤 사람들은 별들이 너무 궁금해서 평생토록 밤하늘만 바라보며 살아온 사람도 있으리라. 그들이 바로 천문가 혹은 천문학자들이다. 그들은 촌장이나 추장 혹은 무당이나 주술사란 이름으로 구석기시대부터 지구에 존재했을 것이다. 그들은 별들의 운행을 보고 부족의 운명과 하루하루를 점쳤다. 그러니 별들이란 얼마나 신기하고 아름다운 존재들인가.

정치라는 한자를 자세히 보면, 먼저 정政은 바르다정正와 글과 말문文이 합성된 글자고, 치治는 물水과 별台이 합성된 글자다. 그리하여 정이란 '글과 말을 바르게 하는 것'이고 치란 '만물의 질서를 조화롭게 둔다는 것'이다. 단순히 다스린다는 뜻 이상의 의미를 담고 있는 말이 정치인 것이다. 그래서 고대로부터 작은 부족의 족장이나 추장이라 하더라도 하늘의 뜻을 읽으려고 무던히도 노력하였다. 하늘의 뜻을 미리 읽는 방법은 별자리를 보고 그 운행을 읽어내는 것이었다. 추장이나 족장 혹은 주술사가 밤하늘의 별자리를 보고 부족의 운명을 미리 점치는 것에서 점성술이 비롯되었다. 인류의 천문학은 점성술로부터 시작되었다고 해도 틀린 말이 아니다. 이로부터 점성술이나 천문학은 곧 추장과 주술사의 운명과 권력을 결정하는 잣대가 되었을 것이다.

천문학은 농사와도 깊은 관련이 있기에 무릇 국가의 형태를 가지고 있다면 반드시 연구해야 할 학문이었다. 그러나 고려 중기에 주자학이 들어온 이후, 우리 민족은 스스로 많은 것을 포기하고 중국을 사대하기 시작했다. 사대는 스스로 문화 정체성을 버리고 문화의 세심한 결까지도 중국의 것을 모방하거나 모시는 지경까지 나아갔다. 그중의 하나가 천문학이었다. 조선은 스스로 달력을 만들지 아니하고, 매년 중국의 천자가 주는 것을 받아 사용하였다. 세종은 이러한 현실을 바꾸고 싶었다.

상상해보면, 세종은 결재를 아주 꼼꼼하게 했던 것 같다. 지신사가 올리는 보고서며 온갖 자료를 한 글자씩 또박또박 읽어내지 않았다면, 경연에서나 윤대에서 신하들의 심리까지 꿰뚫어 볼 수 없었을 것이다. 세종은 신하들의 마음을 읽어내고 그 바탕 위에서 자신의 철학을 펼쳐가곤 했다. 무엇보다도 세종은 조선의 현실에 대해 깊이 고민했다. 세종의 독서력과 독서량은 어마어마했다. 그러나 세종이 읽는 책은 모두 중국의 것이었다. 중국의 역사와 사례를 그대로 조선에 적용한다는 것은 뭔가 이치에 맞지 않았다.

세종은 '조선과 중국은 다르다.'는 객관적인 현실에 대해 함부로 말할 수 없었다. 만약 '다르다'라고 입을 여는 순간, 신하들은 사대의 명분과 종주국에 대한 예의, 유교의 이념을 내세우며 근정전 앞에 엎드려 '전하, 통촉하시옵소서. 스스로 오랑캐라 하시다니요!'를 외칠 것이 분명했다. 신하 중에 조선과 중국은 다르고, 다를 수밖에 없고, 다르기 때문에 다른 정치를 해야 한다는 것을 고민하는 자들은 존재하지 않았다. 이러한 사대주의적 태도는 조선이 망국의 길을 걸을 때까지 지속되었다.

세종은 현실주의자였다. 현실주의자 군왕에게 놓인 현실은 중국이 아니라 조선이었다. 조선을 위해, 조선의 백성을 위해 정치를 하는 것, 그것만이 세종의 관심이자 철학이었다. 대의명분은 언제나 현실의 변화를 굼뜨게 만들었고 심지어는 저지시키기도 했다. 아버지 태종은 신하들을 칼로 제압했으나 세종은 그럴 마음이 없었다. 칼 앞에 굴복하는 것은 육체일 뿐이지 마음은 결코 아니기 때문이다. 세종은 태종이 칼로 기틀을 잡은 국가를 물려받았기에 칼을 버리고 붓을 잡고 싶었다. 세종의 붓에는 자연과학도 포함된다.

조선의 경영에서 세종이 염두에 둔 것은 두 가지였다. 첫째는 백성의 마음을 얻기 위한 정책의 시행이며, 둘째는 당장 아무런 실효성도 없고 백성들도 무관심하지만 국가 경영에 있어서 반드시 필요한 제도나 정책을 정비하고 개혁하는 중장기 프로젝트의 기획이며 실행이었다. 태조와 태종이 국가 창업의 기틀을 잡았다면, 세종은 창업된 국가를 체계화하는 것을 국가 경영의 철학으로 삼았다.

세종의 철학은 실용주의였다. 고금의 도서에서 뽑아낸 문장에 얽매어 공자 왈 맹자 왈 하면서 백성의 삶과는 거리가 먼

비실용주의 철학과, 조선의 현실에는 도무지 적용할 수 없는 중국의 전례와는 상당한 거리를 두었다. 세종 당시로 돌아가서 실용주의의 입장으로 보자면, 중장기 프로젝트를 시행하는 것은 참으로 비효율적이었다. 기능성과 단기 순이익 그리고 성과주의가 핵심인 실용주의는 반드시 국가와 인간에 대한 선한 가치와 결합해야만 한다. 그렇지 않으면 자칫 대중추수주의와 결합하여 염치도 모르고 상식과 배려도 없는 가치 몰락의 상태를 만들기 십상이었다. 그런 면에서 실용주의에 대한 비판 없는 찬양과 강조는 국가 경영의 덫이자 독이 될 수도 있다. 세종은 이 점을 경계하면서 실용주의 노선을 차근차근 전개해나갔다.

조선의 하늘은 중국의 하늘과 다르다. 해와 달이 뜨고 지는 시간이 중국의 북경과 조선의 한양은 다를 수밖에 없다. 그래도 조선의 천문학자들은 북경의 시간에 맞춰 천지 운행을 계산해야만 했다. 계산은 자주 틀렸다.

한양에 갑자기 굵은 비가 내렸다. 번쩍, 구름과 구름이 충돌하면서 불을 일으키면 아주 가까운 곳에서 우르릉 쾅쾅 천둥이 울었다. 세종이 종묘와 사직에 나가 아무리 정성을 다해 제를 올려도 하늘은 가차 없이 재앙을 내렸다. 궁궐 마당에도 삽시간에 물이 가득 찼다. 그 물을 밟고 맨 먼저 한성부에서 장계가 올라왔다. 강물이 넘쳐 마포가 잠겼고, 백성들의 집이 물에 떠내려갔으며 몇 명인지 모를 백성들이 익사했다는 내용이었다.

얼마 전까지만 해도 비가 오지 않아 굶주리던 백성들이 말라 죽었다는 장계가 넘쳐나더니 이번에는 비가 너무 많이 와서 백성들이 죽어 나간다는 장계가 넘쳐나고 있었다. 넘치는 장계 앞에서 세종의 마음은 괴로웠다. 한양도 넘치는 물에 마구잡이로 허물어지고 있는데 하물며 지방은 더 말해 무엇하랴? 속수무책. 세종은 창고에 쌓아놓은 구휼미를 풀라는 말만 되풀이할 수밖에 없었다. 그러나 구휼미도 바닥이 난 상태였다.

이처럼 세종이 즉위한 조선의 현실은 척박했다. 기근과 홍수가 끊일 날이 없어 굶주리는 백성의 수를 헤아리기 어려웠다. 게다가 태종이 병권을 거머쥔 상왕으로 떡 버티고 앉아 칼날에 피를 묻히고 있었다. 백성들의 삶이 곤궁해지면 따라서 도덕과 사회질서도 매우 문란해지게 마련이다. 그것을 극복하기 위해서는 무엇보다도 조선만의 새로운 문화가 필요했다. 조선만의 새로운 문화는 조선에만 적용되는 기술이었다. 세종은 그 기술이 부족한 것에 대해 한탄하였다. 세종은 자연현상에 대해 정확하게 알고 싶었다. 비는 얼마나 내리는지, 지금 시각은 몇 시인지, 별자리는 어떻게 되고 어떻게 하늘을 운행하는지 등에 대해 세종은 알아야만 했다.

오늘날 대한민국은 동경시東京時를 사용한다. 동경시는 일본 도쿄의 시간을 기준으로 삼은 시간이다. 조선시대에는 북경시北京時를 사용하였다. 역시 베이징의 시간을 기준으로 삼아 조선에서 사용한 것이다. 북경시를 사용하면 북경에 비해 한양의 시간이 30여 분 정도 느리고, 동경시를 사용하면 동경에 비해 서울의 시간이 30분 정도 빠르다. 21세기임에도 대한민국은 자기의 기준시를 갖고 있지 않다. 이 또한 참으로 서글픈 일이다. 우리가 사주팔자를 보는데 동경시를 기준으로 보고 있으니, 그 사주팔자가 과연 정확한지도 의문이 든다.

대한민국은 여전히 동경시를 아무런 의문이 없이 사용하고 있다. 조선민주주의인민공화국이 평양시平壤時를 사용하자 남쪽에서는 미개인 취급을 하며 조롱하였다. 우주의 운행으로만 따진다면 조선민주주의인민공화국이 평양시를 사용하는 것은 객관적으로 옳다. 하지만 동경시에 맞춘 한반도의 실생활에서는 평양시를 사용하는 게 매우 불편한 노릇이다. 너무 오랫동안 자기 하늘의 시간을 포기한 탓에 들어버린 습관 때문이다. 남북이 합의하여 서울시든 평양시든 기준시를 새롭게 정하는 게 세종의 뜻에는 합당한 일이다. 그러나 그렇게 되면 컴퓨터에 등록된 시간부터 은행이자 계산까지 고쳐야 할 것이 너무 많아서 비용이 천문학적으로 든다고 한다. 어떻게 해야 하는가? 식민지 시절에 채택된 동경시의 사용에 아무런 회의도 들지 않는가?

"천문 연구라니, 명나라가 두렵지 않았습니까?"
"천문 계산이 매번 틀려 일식이 맞지 않았다."

모든 문물이 중국에 뒤지는 초라한 나라 조선, 세종은 조선의 근본부터 바꾸고 싶었다. 그러한 조선을 문화 선진국으로 거듭나게 한 결정적인 계기는 과연 무엇이었을까? 세종 4년 1월 1일. 그날은 개기일식이 예정된 날이었다. 달이 태양을 가리는 개기일식은 국가적인 기상이변이었다. 궁중에서는 따로 제의를 올릴 만큼 임금을 비롯한 모든 신하가 소복을 갖춰 입고 나와야 했다. 그날의 일을 실록은 다음과 같이 전한다.

세종 4년 1월 1일

일식이 있어 인정전 월대 위에서 일식을 구하다

일식이 있으므로, 임금이 소복을 입고 인정전의 월대 위에 나아가 일식을 구하였다. 시신이 시위하기를 의식대로 하였다. 백관들도 또한 소복을 입고 모여서 일식을 구하니 해가 다시 빛이 났다. 임금이 섬돌로 내려와서 해를 향하여 네 번 절하였다. 천체의 운행을 관측하면서 계산을 잘못하여 일각을 앞당긴 이유로 술자術者 이천봉에게 곤장을 쳤다.

실록을 보면, 예고한 시간에 개기일식은 일어나지 않았다. 세종은 당황했다. 대궐 안팎과 조정이 술렁거렸다. '하늘이 주상을 거부했다.'는 징후로 해석하려는 신하도 나타났다. 하늘이 세종을 거부했다면, 상왕인 태종이 세종을 폐위할 수도 있는 정치적 위기 상황이 발생한 것이었다. 하늘의 뜻은 곧 백성의 뜻이고, 백성의 뜻을 거스른다는 것은 곧 왕도에 어긋나는 일이었다. 하늘이 변화하는 것, 즉 일식은 단순한 자연현상이 아니라 군왕에 대한 하늘의 계시였다.

그런데 서운관의 예측보다 1각 뒤에 일식이 일어난 것이었다. 1각은 요즘의 시간 단위로 보면 14.4분에 해당한다. 이에 대한 책임을 물어 일식 담당인 이천봉에게 곤장을 쳤다고 실록은 전하고 있지만, 소복을 입고 제례를 올릴 준비를 하고 있던 세종의 입장에서는 참으로 기막힌 일이 아닐 수 없었을 것이다. 그러나 세종은 일식의 오류를 정치적인 이유에서 찾지 않고 과학, 즉 천문학에서 찾았다.

당시 조선에서는 중국의 칠정을 근거로 달의 운행과 위치를 측정했다. 칠정은 목성, 화성, 토성, 금성, 수성에다 해와 달을 합친 것을 뜻한다. 일식의 파동을 지켜보면서 세종은 조선의 하늘을 중국의 천문으로 계산했기에 오차가 발생할 수밖에 없다고 판단했다.

하지만 천문학 연구는 오직 중국만이 할 수 있었다. 조선이 천문학을 연구한다는 것은 명나라의 천자에 대한 도전이었다. 감히 명나라에 도전하는 것은 상상할 수도 없는 일이었다. 세종은 공개적인 천문학 연구가 불가능하다는 사실 앞에 절망했다. 어찌 되었든 전면적인 철통 보안의 절대 비밀 프로젝트로 연구를 진행할 수밖에 없었다. 이 사실을 명나라가 알면, 조선은 바람 앞의 등불처럼 위태로울 수 있었다. 명나라는 중국인이 아닌 외국인들의 천문 학습을 노골적으로 금지하고 있었다. 역서를 만들면 사형에 처한다고 했으니 상황은 더욱 복잡했다. 세종의 고민은 깊었다.

중국과 우리나라는 경도가 다르다. 동경 15~20도 정도 차이가 난다. 경도가 다른데도 불구하고 중국의 역법으로 계산을 하니까 일식이나 월식의 예고가 틀릴 수밖에 없는 것이다.

'조선의 하늘은 중국의 하늘과 다르다.' 이는 너무나 당연한 진리다. 지금은 누구도 이것을 부정하지 않는다. 중국의 베이징과 우리나라의 서울은 한 시간 정도의 시차가 존재한다. 본래 천문학적으로는 30분 정도 차이가 나는데, 우리나라는 동경시를 사용하기 때문에 30분을 더하여 1시간이 차이나는 것이다. 따라서 한국에서 태양은 중국보다 한 시간 먼저 떠오른다. 그러나 당연한 진리가 때로는 이데올로기에 의해 순식간에 부정되곤 한다. 그 이데올로기란 다름 아니라 '사대존명'이었다. 하늘의 일은 오직 천자만이 관장할 수 있다는 논리였다.

중국의 역법으론 조선의 기상현상을 설명할 수 없다는 평범한 상식, 세종은 이날 조선은 중국과 다를 수도 있다는 사실을 보다 더 확실히 깨달았을 것이다. 세종의 깨우침은 조선을 개혁하는 결정적 지침이 되었다. 세종은 당장 천문학 연구에 착수했다. 기상 담당관이 아닌 조정의 문신들에게 역법 연구를 지시한 것은 천문학을 국가 역점 사업으로 추진하겠다는 뜻이었다. 조정은 발칵 뒤집어졌고, 병조판서 조말생은 명나라와의 관계를 이유로 노골적으로 반대했다. 세종은 위기에 빠졌다. 게다가 아직도 태종이 상왕으로 있는 '수습 왕'일 뿐이었다. 신하들은 금상인 세종보다는 상왕인 태종의 눈치를 살피기 바빴다. 결국 세종은 이 일을 가슴에 품고 뒤로 미룰 수밖에 없었다. 모든 신하가 반대하는 것을 굳이 밀고 나갈 이유가 없었던 것이다.

세종은 때가 되기를 기다리면서 스스로 공부를 시작했다. 본인 스스로 확신이 서지 않으면 정책을 시행하는 데 있어서 불필요한 논리 개발에 몰두해야 하고, 또 그 때문에 국론이 분열될 가능성이 있기 때문이다. 또 스스로 충분히 알고 있어야 신하들을 제압하기도 쉬웠다.

그런데 왜 하필이면 천문역법이었을까? 천문역법은 나라의 안정이라든가 제도의 정착 같은 것과는 너무나 거리가 먼 것처럼 느껴진다. 하지만 과학이 발달하지 않은 봉건국가에서의 천문역법은 곧 하늘의 뜻을 살피는 중요한 제의였다. 백성들은 대홍수나 긴 가뭄과 같은 기상이변을 곧 하늘의 뜻으로 받아들였고, 그것이 제왕의 자질과 부덕에서 연유한다고 믿었다. 그 때문에 기상이변은 곧 민심이 흉흉해지는 조건이 되기도 했다. 그러기에 나라의 제도적 안정이라든가 왕조의 권위를 살리는 데 있어서 가장 중요하게 이용되는 것이 바로 천문역법이었다.

그로부터 10년이 지난 뒤, 세종은 마침내 결단을 내렸다. 이

순지와 김담 등에게 조선의 하늘에 맞는 천문역법을 연구하도록 교지를 내렸다. 무엇보다도 천문 예측에서 자주 빚어지는 오류의 원인을 조선의 과학이 형편없는 수준에 머물러 있다는 것에서 찾았다. 천문학 연구에는 무려 20년이라는 긴 세월이 필요했다. 그야말로 장기적인 프로젝트였던 것이다.

역서 편찬 작업에 돌입한 지 20년이 지난 세종 24년, 마침내 우리나라 최초의 역서曆書《칠정산》이 완성되었다. 해와 달을 비롯해 태양계에 속한 행성의 운행을 계산한《칠정산》의 완성은, 조선의 힘으로 선진 과학기술을 확보하겠다는 세종의 한결같은 집념이 이루어낸 결과였다.

세종 당시, 전 세계에서 자기 나라의 일식과 월식 계산법을 완성한 국가는 중국과 아라비아뿐이었다. 중국의 역서는 대표적으로《대명력》이 있었고, 아라비아의 것으로《회회력》이 있었다. 그런데 그 공식을 조선이 스스로 계산하고 완성한 것이었다. 세종 대의 천문학은 세계 최고의 수준으로 변모하게 되었다.

그 후 1442년에《칠정산내편》이, 1444년에《칠정산외편》이 각각 편찬되었다. 중국의 역법을 기본으로 삼아 연구하고 편찬한 내편보다 아랍의 역법을 기본으로 삼은 외편이 더 정확했다. 내편은 1년을 365일 5시간 49분 12초로 계산했지만 외편은 365일 5시간 48분 45초로 계산하여 현대의 기준365일 5시간 48분 46초과 단 1초의 차이를 보였을 뿐이었다.

건국 초기에는 사방으로 통하는 거리에 종루를 두고 의금부의 물시계를 맡은 사람으로 하여금 시각을 맞추어 밤과 새벽으로 종을 쳐서, 만백성의 집에서 밤에 자고 새벽에 일어나는 시간을 조절하게 하였다. 그러나 그 물시계가 자주 틀리고, 또 맡은 사람의 착오로 인하여 공사 간의 출입이 이르기도 하고 늦기도 하여 심히 불편하였다. 이에 병조의 정문과 월차소 행랑과 수진방 동구의 골목 어귀의 길가에 집을 짓고 모두 쇠북을 설치하여 궁중의 자격루 소리를 듣고, 이것을 전하여 종을 쳐서 의금부까지 이르게 하여 영구히 행하게 했다.

세종 19년, 1437년 6월 28일에 실록에 나오는 자격루에 관한 기록이다. 자격루는 '자동으로 시보를 알려주는 정밀한 장치의 물시계'다. 1434년 세종의 명령으로 장영실, 김조, 이천 등이 만들었다. 자격루는 시, 경, 점에 맞추어 종과 북, 징을 쳐서 시각을 알리는 시계로 경복궁 경회루 남쪽 보루각에 설치되었다.

이처럼 천문 과학기술의 개발은 시계 기술의 발전으로 이어졌다. 장영실이 만든 해시계 앙부일구는 글을 모르는 백성들도 시간을 알 수 있도록 디자인된 최초의 공중 시계였다. 그 정확성은 지금의 시계와 비교해 손색이 없을 정도로 뛰어났다. 특히 장영실의 자동 물시계 옥루는 현대 로봇에 비유될 정도로 섬세하고 정교했던 것으로 전해지고 있다. 그런데 500년 만에 컴퓨터그래픽을 이용해 옥루의 모습을 재현해냈다. 실로 놀라웠다. 당대의 시계 기술과 디자인 기술의 결정판인 옥루는 중앙에 2미터 높이의 산 모형을 세우고 그 주위로 해가 하루에 한 번씩 돌도록 디자인되었다. 자동 시보 장치를 설치해 물이 차면 종이 울려 시각을 알리도록 했다. 옥루는 조선의 이상향을 시계로 재현한 역작이었다. 이처럼 세종 당시에 이루어진 과학기술의 눈부신 발전은 '조선은 중국과 다르다.'는 세종의 근본 철학에 연유하고 있었다. 만일 세종이 '조선과 중국은 같다.'라는 철학에 머물러 있었다면 조선은 결코 자신만의 과학이나 문화를 갖지 못했을 것이다.

세종은 명나라의 금기를 넘기로 했다. 금기는 그것이 아무리 신화적이며 민속적이고 무속적이라 하더라도 근본적으로 정치적이다. 금기를 넘어서는 순간 가혹한 형벌이 뒤따르는데, 아무리 신의 이름으로 그 형벌이 행해진다고 해도 사실상 그것은 철저하게 정치적인 행위에 속할 수밖에 없었다. 인류의 역사는 금기와 금기를 넘어서려는 노력의 역사였다. 만일 인류가 금기를 넘지 않았다면, 인류는 여전히 돌도끼를 사용하고 있는 원시에 머물러 있을 것이다.

역사상 존재하는 지상의 모든 왕조는 금기를 넘어선 새로운 왕조에 의해 망했다. 그래서 금기는 언제나 불법이었다. 인류 역사에 있어서 가장 위대한 금기는 '혁명'이다. 혁명이 없었다면 인류는 '털 없는 원숭이'로 지금껏 살아왔을 것이 분명하다. 과학혁명이 있었기에 인류의 물질생산은 끊임없이 진화를 거듭했고, 정치혁명이 있었기에 수없이 많은 왕조가 찬란한 문화를 남기며 흥망성쇠를 거듭했던 것이다. 고려의 금기를 깨지 않았다면 이성계의 조선은 존재할 수 없었다. 세종은 조선의 임금이면서 무엇보다도 조선의 금기를 넘어서고자 노력한 군주였다. 아버지 태종이 만든 금기, 중국에서는 지켜지지 않으나 조선에서는 여전히 지켜지고, 지키기 위해 애를 쓰는 하늘에 대한 금기, 성리학을 신봉하는 신하들이 만든 금기를 넘어서지 않으면 조선은 그저 그런 문화 종속국에서 벗어날 수 없다는 것을 세종은 직시했다. 언제까지나 변방의 오랑캐로 존재할 수 없다는 것, 그것이 바로 세종이 넘고자 하는 금기의 목적이었다.

　세종은 맨 먼저 하늘의 금기를 넘어가고자 했다. 명나라 천자에게만 허락된 하늘의 금기를 깨기 위해서는 제도와 관례를 넘어서야만 했다. 1421년 어느 날, 세종은 남양부사 윤사웅, 부평부사 최천구와 상의원의 말단인 장영실을 불렀다. 상의원은 임금의 의복과 대궐의 온갖 물건 등을 관리하고 공급하는 일을 맡은 관청이다. 윤사웅과 최천구는 당대 최고의 천문학자였다. 그러나 세종이 보기에 그들의 실력은 미미했다. 세종은 장영실을 중국으로 보내 공부를 시키고 싶었다. 그러나 장영실은 미천한 노비에 불과했기 때문에 그 혼자서는 어떤 경우라도 압록강을 건너 명나라로 들어갈 수 없었다. 고민 끝에 세종은 윤사웅과 최천구를 중국으로 보내면서 장영실을 그들의 노비로 함께 보내는 묘안을 짜냈다.

윤사웅이나 최천구도 마찬가지였겠지만 노비 장영실로서는 감히 털끝만큼도 상상할 수 없었던 중국 유학이었다. 유학이라고는 하지만, 특별히 북경에 무슨 학교가 있어서 입학하러 가는 것은 아니었다. 북경에 가서 스스로 알아서 공부해오는 것이 전부였다.《연려실기술》에 따르면 세종은 장영실의 중국 유학을 결정하는 자리에서 구체적으로 흠경각에 설치된 중국의 물시계와 천체관측 기구인 혼천의를 살펴서 그 도면을 그려 오라고 명했다고 한다.

명나라의 북경은 당시로 치자면 세계의 문물이 모이는 국제도시였다. 변방의 오랑캐 문물은 물론이고 실크로드를 따라 아라비아, 더 멀리는 유럽의 문물까지 모여들었다. 조선의 한양과는 애초부터 비교할 수 없는 거대한 도시였다. 장영실과 그 일행은 북경에 도착한 처음 며칠 동안 아무 일도 할 수 없었을 것이다. 그리고 향이 지독한 음식과 온돌이 아닌 잠자리 때문에 고생도 이만저만이 아니었을 것이다.

세종은 하늘의 비밀을 풀어갈 열쇠로 천체관측 기기의 설계도를 간절히 원했다. 설계도가 없다면 천체관측 기기를 만들 수가 없고, 나아가 천자의 금기를 넘어설 수도 없기 때문이다. 장영실 역시 그것을 너무나 잘 알고 있었다.

명나라의 국립 천문대인 관성대는 명나라 고위 관리라도 황제의 허락이 없으면 함부로 들어갈 수 없는 곳이었다. 그런 만큼 경비도 철저했다. 아니, 하늘의 비밀을 엿보는 곳이니만치 철저함을 넘어 살벌했다. 목숨을 걸어도 접근하기가 결코 녹록치 않았다. 그뿐 아니라 그곳에서 일하는 사람들도 만나기 어려웠다. 관성대나 흠천감에서 일하는 관리는 다른 직책에 종사할 수 없으며, 다른 사람과 천문학에 대해 토론하는 것도 금지되어 있었기 때문이다.

관성대나 흠천감에 들어갈 수 없었던 조선의 학자들은 유리창琉璃廠이라는 곳을 찾아갔다. 유리창은 원나라 시절부터 유리기와를 생산해내던 곳이었는데, 당시에 이미 국제적인 물산이 모이는 곳으로 변해 있었다. 이곳은 박지원을 비롯해 수많은 조선 선비들이 반드시 들렀던 '국제 쇼핑센터'였다. 장영실은 여기에서 물시계와 천체관측 기구에 관한 서적을 구입했을 것이다. 그리고 중국의 과학기술 서적은 물론이고 아라비아와 유럽에서 들여온 과학 서적을 연구했다. 글자를 모르니 주로 도면과 그림을 보고 이해했을 것이다. 일종의 몰래 유학을 한 것이었다.

세종의 할아버지 태조 이성계는 조선을 개국한 지 3년 뒤에 '천상열차분야지도'라는 독특한 명칭의 천문도를 제작했다. 고구려 때 만들어졌다가 사라진 천문도가 조선의 개국과 함께 이성계 앞에 나타나자 모두 조선의 개국은 하늘의 뜻이라고 하였다. 이것을 바탕으로 육안으로 볼 수 있는 별 1,467개를 대리석에 새겨 넣은 것이 천상열차분야지도였다.

세종은 조선의 실력이 부족하다고 생각하진 않았다. 명나라에 의해 독점된 것을 풀어내면 조선의 실력으로 충분히 극복할 수 있다고 믿었다. 세종은 학자들과 함께 자격루, 앙부일구, 측우기, 혼천의, 간의 등을 만들어내는 데 성공했다. 하지만 세종은 훈민정음을 발표하기 직전 경복궁에 있던 간의대를 이전했다. 중국의 비위를 상할까 두려워서였다. 중국과 다르다는 것을 인식하고 그에 따른 천문 연구 및 과학기술을 발전시켰지만, 여전히 사대는 중요한 문제였던 것이다.

14.
조선의 소리와
중국의 소리는 다르다

세상에는 온갖 소리가 있지만 똑같은 소리는 하나도 없다. 대나무의 굵기에 따라서 울리는 소리의 높낮이가 다르고, 비 내리는 소리도 저마다 다르다. 비가 어디에 떨어지냐에 따라 다르고 소나기와 이슬비도 소리를 달리하고 있다. 사람은 그 소리를 섬세하게 구분하고 들을 줄 알게 되었으며 기어이는 소리를 모방하기에 이르렀다. 심지어는 모방에 그치지 않고 자연에 없는 소리로 창조하기에 이르렀다. 그것이 음악이다.

문화예술의 장르 중에서 음악만큼 복제성이 높고 끊임없이 재생되고 반복되는 장르는 존재하지 않는다. 미술은 벽에 걸리거나 조각으로 설치되면 그 자체로 희소성을 가지며 몇몇에게만 독점되는 경향이 있다. 그 희소성과 미학적 가치 그리고 시대정신의 경향성을 종합적으로 판단하여 그림과 조각의 가격이 매겨지는데, 그 단위가 상상을 초월한다. 하지만 음악은 희소성을 갖는 순간 대중에게 전달되지 않는다. 오직 한 사람을 위한 음악은 없다.

인류에게 음악이 없었다면, 인류는 벌써 멸종하고 말았을지도 모른다. 일상생활은 물론이고 국가의 의례에 이르기까지 음악은 다양하게 재생되고 반복된다. 운동경기를 하는 중에도 끊임없이 응원가가 울려 퍼지고 드럼과 북 등의 타악기로 흥을 돋운다. 음악이 없는 거리는 죽은 거리다. 거리의 상점마다 주인의 취향에 따라 음악이 흐르고 있다. 까페며 레스토랑에도 음악이 흐른다. 사람들은 귀에 이어폰을 꽂고 음악을 들으며 걷는다. 음악은 공기처럼 우리 곁에 있다.

세종은 조선의 음악을 완성하고자 노력했던 왕이었다. 본인 스스로 절대음감을 소유한 음악 천재였지만 세종이 음악을 완성하고자 했던 근본적 이유는 다른 데 있었다.

문화는 한 국가의 수준을 결정한다. 그것은 문화가 창조적 상상력에 뿌리를 내리고 있기 때문이다. 문화의 수준이 높아지면, 백성의 생활수준도 높아지고 그에 따라 국가의 수준도 높아진다는 것을 세종은 알고 있었다. 자식이 어버이를 때려 죽이는 범죄가 발생하는 것도 문화의 수준이 낮기 때문이라고 세종은 판단하고 있었다.

세종은 조선이 문화, 즉 예악으로 다스려지는 국가이길 소망했다. 예禮가 질서라면, 악樂은 화합이다.《예기》의 〈악기편〉

에는 '악자위동樂者爲同 예자위이禮者爲異'라는 말이 있는데 '음악은 서로 같아지기 위한 것이고, 예의는 서로 다르기 위한 것이다.'라는 뜻이다. 사람은 서로 달라야 한다. 학생과 선생, 아내와 남편, 홍길동과 아무개, 이미자와 김미자, 영업사원 김 씨와 또 다른 영업사원 김 씨가 서로 같을 수는 없다. '너'가 있어야 '나'가 있고, '나'가 있어야 '너'가 있는 것이다. 사람과 사람 사이의 '예'란 이렇게 서로 구분하고 분별하기 위한 것이다. 그 구분과 분별을 통해서 마땅히 갖춰야 할 관계의 질서를 추구하는 것이다. 반면에, 그렇게 서로 분별되고 구분된 관계에서 질서만 엄격하게 추구하게 되면 사람과 사람은 서로 숨도 쉴 수 없는 상태에 놓이게 된다. 상대방을 공경하고 배려하는 것만으로 인간은 살 수가 없다. 사람과 사람 사이에 엄숙한 생활과 깊은 고독이 놓이게 되는 것이다. 이때 필요한 것이 악이다. 같이 노래 부르고 춤추면서 사람과 사람 사이에 존재했던 '저만치'의 거리가 사라지게 되는 것이다. 이제 사람들은 문화 안에서 서로 같아진다. 그래서 예란 천지지별天地之別이요 악이란 천지지화天地之和라고 했다. 이처럼 음악은 유교 정치의 이상향 상태인 대동大同을 상징하는 문화의 총체였던 것이다.

세종은 음악을 통해 조선이 문화국가이길 소망했다. 그러나 조선의 지식 엘리트 계층은 조선만의 문화를 추구하기보다는 중국에 예속된 문화를 추구했다. 그들의 정신적 조국은 조선이 아니라 중국이었고, 정신적 제왕은 조선의 임금이 아니라 명나라의 천자였으며, 정신적 스승은 조선의 학자가 아니라 중국의 주자와 공자였다. 그들은 조선의 역사서가 아닌 중국의 《춘추》와 《사기》에서 역사를 배웠다.

세종은 지식 엘리트 계층의 이와 같은 태도에 대해 드러내놓고 반박할 수는 없었다. 조선과 중국이 분명히 다른데도 불구하고 그들의 조국은 조선이 아니라 중국이요 명나라였기 때문이었다. 조선의 백성보다 명나라의 천자를 더 무서워하는 그들 지식 엘리트 계층의 문화의식은 완고했다. 세종은 중국문화를 그대로 보고 베끼는 표절 문화에 절망했고, 그것을 바꾸고 싶어 했다. 그렇다고 군왕이 나서서 조선은 중국과 다르니 무엇을 어찌어찌해야 한다고 닦달할 수도 없었다. 조선과 중국이 다르다고 말하는 순간, 그들은 벌떼처럼 상소를 올릴 것이 분명했기 때문이다.

조선의 신하들은 명나라에 사대하지 않는 왕을 그들의 왕으로 모시지 않았다. 조선을 지탱하는 사대부들은 고려를 무너뜨린 바로 그 신진사대부들이었다. 태조 이성계 혼자 조선을 창업한다는 것은 있을 수 없는 일이었다. 신진사대부들의 절대적인 지원과 협조가 없었다면 조선은 존재하지 않을지도 몰랐다. 비록 무장들이 말馬 위에서 칼과 활로 건국하였지만 국가의 시스템을 지탱하는 것은 문신들이었다. 그 문신들은 나중에 멸망해버린 명나라를 붙잡고 광해를 내쫓았으며 소현세자를 죽였다. 조선이 망하기 직전까지 반청복명의 어리석은 이데올로기에 사로잡혀 문명의 패러다임이 어떻게 변화하고 이동하는지 털끝만큼도 알지 못하고 우물 안 개구리로 살았다.

인간생활에 있어서 동同과 이異는 매우 중요하다. 오직 동의 문화만을 추구하면 전체주의가 되고, 그것을 폭력적으로 강압하면 파시즘 혹은 독재가 된다. 그래서 민주주의의 핵심어는 '동'이 아니라 '이'인 것이다. 이, 즉 모든 인간은 '서로 다르다.'는 문화의식이 바로 민주주의를 구성하고 작동하게 하는 동력이다. 그러나 이만 추구하게 되면 개인주의와 물신주의가 만연하게 되고, 결국에는 공동체가 해체되게 마련이다. 이것을 방지하기 위해 비로소 동, 즉 '악'이 필요한 것이다. 음악에 대해 《논어》 〈태백편〉에는 다음과 같은 말이 나온다.

子曰, 興於詩 立於禮 成於樂
공자께서 말씀하셨다. 시에서 (감동이) 일어나고, 예에서 (스스로) 서며, 음악에서 (인격을) 완성한다.*

공자가 '시에서 일어난다.'라 했던 것은 시를 읽어 정情을 순화하고 사람과의 관계를 순수하게 가져가라는 뜻이다. 여기에서 시란 말 그대로의 시에 학문과 정치행위 전반이 보태진 것이기도 하다. 시를 알아야 비로소 정치에도 품격이 생기는 것

---

* 이문주 편저, 《현대인을 위한 논어 상》, 〈태백편〉, 보고사, 493쪽

이다. '옛날에는 시를 채집하는 관리가 있었는데, 왕이 그것으로 풍속을 보고 득실을 알며 스스로 고정하였다.'*고 한다. 사람과 사람 사이에 시가 일어나면 자연스레 예가 서게 된다. 예를 단순히 예절로만 해석해서는 곤란하다. 예에는 인을 실천하고 덕을 밝히는 것이 포함되어 있다. '인은 개인적 차원의 인간관계의 원리이고 덕은 사회적 차원의 인간관계의 원리다.'** 즉 예란 인과 덕이 실현된 상태라는 것이다. 인과 덕이 실현되었다고 사람의 세상이 이상적인 것은 아니다. 예에 문화가 더해져야만 비로소 대동 세상이 되는 것이다. 옛사람들은 그 문화를 음악이라고 보았다. 음악은 소리의 조화를 통해 이룩되고 유교의 이상향인 대동 세상은 예악으로 이룩된다. 이것이 공자의 생각이었다. 한편 맹자는 왕도정치와 음악과의 관계를 다음과 같이 말했다.

장포가 맹자를 뵙고 말했다. "포가 왕에게 가서 뵈오니, 왕께서 저에게 음악을 좋아한다고 말씀하셨으나 저는 대답할 수가 없었습니다. 음악을 좋아하는 것이 어떠합니까?" 맹자께서 대답하셨다. "왕께서 음악을 좋아하는 정도가 심하면 제나라는 근사할 것이로다." 다른 날에 왕에게 가서 보고 말씀하셨다. "왕께서 일찍이 장자莊者

---

* 이기동 역해,《시경강설》, 성균관대학교출판부, 26쪽
** 신영복,《강의》, 돌베개, 213쪽

에게 음악을 좋아한다는 것을 말씀하셨다 하니 그러한 일이 있습니까?" 왕이 얼굴빛을 바꾸고서 말했다. "과인은 선왕의 음악을 좋아할 수 있는 것이 아니라, 다만 세속의 음악을 좋아할 뿐입니다." "왕께서 음악을 좋아하시는 정도가 심하시면 제나라는 근사할 것입니다. 지금의 음악이 옛날의 음악과 같습니다." (……)

"홀로 음악을 즐기는 것과 남과 함께 음악을 즐기는 것 중에서 어느 것이 더 즐겁습니까?" "남과 함께 하는 것만 같지 못합니다." "적은 사람들과 함께 음악을 즐기는 것과 많은 사람들과 함께 음악을 즐기는 것 중에서 어느 것이 더 즐겁습니까?" "많은 사람과 함께 하는 것만 같지 못합니다." (……) "지금 왕이 이곳에서 풍악을 잡히시면 백성들이 왕의 종소리, 북소리, 피리소리 등을 듣고는 모두 싱글벙글 기쁜 빛을 띠고서 서로 말하기를 '우리 임금이 거의 질병이 없으시구나! (그렇지 않으면) 어떻게 풍악을 잡힐 수 있는가?' 하며"*

맹자는 음악을 좋아하는 왕이어야만 왕도정치를 실현할 수 있는 왕이라고 했다. 맹자는 어떤 음악이어도 다 좋다고 했다. 세종은 왕도정치 실현이 꿈이었다. 세종 역시도 왕도정치의 상징으로 음악을 소중히 여겼다. 뿐만 아니라 세종은 절대음감의 왕이었다.

---

* 이기동 역해, 〈양혜왕장구하〉, 《맹자강설》, 성균관대학교출판부, 75~78쪽

"황종에 무슨 문제가 있었습니까?"

"조선의 소리와 중국의 소리는 다르다."

음악은 공동체의 화합을 위한 문화의 총체다. 앞에서 말했 듯이 예는 나누는 것이고 악은 합하는 것이다. 남녀노소 상하 귀천을 구별하고 나누는 질서가 예고, 남녀노소 상하귀천을 아우르고 화합시키는 것이 바로 악이다. 세종은 예를 바로잡 으면서 조선이 중국과 다르다는 점을 부각시키는 전략을 세웠 다. 노골적으로 드러내 문제를 일으키기보다는 조용히 스며들 어 물길의 흐름을 바꾸는 쪽으로 방향을 정한 것이다.

그래서 세종은 예가 인간의 행위규범이라면, 악은 인간의 정서를 화해와 평화로 이끄는 예술형식이라는 점에 관심을 기 울였다. 예를 통해서 사회의 질서가 잡히고, 악을 통해서 사람 사이의 화해가 유지되기 때문이다. 예만 있고 악이 없으면 사 회는 삭막해지고 인간과 인간, 인간과 사회가 무한의 자유와 방탕 속에서 타락하기 십상이다. 그러므로 예악은 서로 맞물 리면서 발전해야 한다. 세종은 신하들의 눈치를 살피면서 은 근하게 예악의 정리에 나섰다. 중국의 고전을 들먹이면서 정 책을 실행에 옮기니 신하들도 내놓고 반대하지 못했다.

음악에 대한 세종의 이러한 열정은 사실 플라톤적이었다. 플라톤은 음악을 '영혼을 위해 발견된 교육'이라고 했다. 세종 은 음악으로 조선을 새롭게 하고 싶었다. '음악에 의한 교육이 가장 권위를 갖는 것은 이 때문이다. 즉 리듬과 하모니는 고귀함을 지니고 영혼의 내부에 가장 깊게 파고들며, 영혼을 가장 강력하게 뒤흔드는 것이다. 품위 있는 음악은 사람을 올바르게 길러내지만 그렇지 않은 것은 정반대의 결과를 가져온다. 사람이 고귀하게 길러지면 결점이 있는 것, 아름답게 제작되지 않은 것, 아름답게 태어나지 않은 것을 예민하게 지각한다. 따라서 그러한 것들을 보면 정당하게 불쾌함을 느끼게 된다. 이에 반해 아름다운 것을 칭찬하며 그것을 기쁘게 영혼 속에 맞아들이고, 그 가치에 의해 길러져 훌륭하고 선한 사람이 되는 것이다.'*

세종은 조선의 기초 정립을 과학 분야에만 한정하지 않았다. 백성을 마음으로 감화시켜 도덕을 바로 세우고자 하였다. 소리를 알고 음을 알고 음악을 살피면 정치를 알게 된다. 백성의 소리에 제대로 귀를 기울이는 것. 그것이 바로 통치자의 할 일이었다. 그러나 당시의 음악은 고려 말부터 혼란에 처해 있었다. 고려의 개혁 군주였던 공민왕은 당연히 음악을 정비하기 위해 명나라의 아악을 수입하고자 노력했다. 하지만 명나라의 거부로 실패하고 말았다. 태종 때 명나라가 선심 쓰듯이 악기를 보내주었다. 그것만으로는 아악을 연주하기에 턱없이

---

* 플라톤, 왕학수 옮김, 《소크라테스의 변명/국가/향연》, 〈플라톤의 사상〉, 동서문화사, 807쪽

부족했다. 심지어 예조에서는 아악서의 음악인들에게 온갖 잡일을 시키고 있었다.

세종 즉위년 8월 19일

<u>아악서 악공들의 예조 사역을 일절 금단하도록 하다</u>

사헌부에서 "아악서의 악공들은 본시 제향을 위하여 설치한 것인데, 지금 예조에서는 온갖 천역에 그들을 시켜 부리지 않음이 없사오니, 일절 다 금단하도록 하시옵소서."라고 보고하여, 그대로 좇았다.

세종은 즉시 음악인들을 본래의 직업에 종사하도록 조치를 취했다. 사실 세종은 아악이 악기 부족과 이론 부족으로 인해 제대로 자리 잡지 못하고 있다는 것을 이미 알고 있었다. 그러나 마땅한 인재가 없었다. 그러던 차에 박연이라는 탁월한 음악인을 발견하게 되었다. 그 후로 박연은 음악 발전을 위해 무려 450건의 상소를 올렸다. 상소의 내용은 대부분 악서의 정리, 각종 행사에서 사용하는 음악을 아악 중심으로 바꾸기, 아악을 연주할 수 있는 원형 그대로의 악기 수입, 제작 및 개발에 관한 것이었다.

아악은 공자가 처음 사용하였는데 아정한 음악을 의미한다. '음탕했던 정나라의 음악이 바른 음악을 어지럽힌다.'라는 문장에서 아악이라는 말이 처음으로 사용되었다. 정나라는 음악만이 음탕한 게 아니라 시도 음탕했다. 《시경》의 〈정풍鄭風〉에는 다음과 같은 시가 나온다.

子惠思我 자혜사아　　　그대가 나를 사랑한다면

褰裳涉溱 건상섭진　　　치마 걷어 올리고 진수를 건너가리라

子不我思 자불아사　　　그대가 나를 사랑하지 않는다면

豈無他人 기무타인　　　남자는 세상에 얼마든지 있지

狂童之狂也且 광동지광야저　　바보 같은 사내 멍청이 같은 사내

《시경》의 〈국풍國風〉이 아악이라면 〈정풍〉은 음악淫樂이다. 속악俗樂이 음란한 음악은 아니다. 속악이라서 음란한 게 아니라 음란해서 음란한 것이다. 의전이나 행사, 제례에 사용하는 음악으로 속악을 쓸 수는 없었고 주로 아악이 사용되었다. 아악이 추구하는 세계, 절도와 조화와 균형이 서로 어울린 그 세계가 바로 공맹이 추구하는 이상향이었다.

아악은 조선이 건국되어서야 비로소 사용되기 시작하였다. 1406년태종 6 7월 내사 박린과 김희가 명나라 영락황제가 하사한 편종과 편경 등의 악기를 가지고 귀국하였다. 이 악기들은 종묘에서 제례를 올릴 때 사용하였다. 세종은 박연에게 명하여 《율려신서律呂新書》등을 통해 중국의 여러 음악론을 본받아 아악을 복원하게 하였다. 박연은 악기도 개발하고 제작하였다.

세종 9년 5월 15일

박연이 석경을 새로 만들어 올리다

악학별좌 봉상판관 박연이 1틀에 12개 달린 석경石磬을 새로 만들어 올렸다. 처음에 중국의 황종의 경쇠로써 만들었는데, 삼분三分으로 덜고 더하여 12율관을 만들고, 겸하여 옹진에서 생산되는 검은 기장으로 교정하고 남양에서 나는 돌을 가지고 만들어보니 소리와 가락이 잘 조화되는지라, 그것으로 종묘와 조회 때의 음악을 삼은 것이다.

여기에 그치지 않고 박연은 특히 아악의 기준음고인 황종을 만드는 데 심혈을 기울였다. 황종이 내는 소리는 모든 악기의 기준음고로 사용되었다. 세종은 박연이 만든 황종의 소리에 미세한 차이까지 찾아낼 정도로 절대음감을 가지고 있었다. 그러기에 세종 12년 9월 11일, 아악 연주의 타당성에 대해 의논했던 실록의 기사가 있는 것이다.

아악은 본래 우리나라의 성음이 아니고 실은 중국의 성음인데, 중국 사람들은 평소에 익숙하게 들었을 것이므로 제사에 연주하여도 마땅할 것이다. 우리나라 사람들은 살아서는 향악을 듣고, 죽은 뒤에는 아악을 듣는 게 과연 어떨까 생각한다. 하물며 아악은 중국에서도 그 제작법이 통일되지 않아 서로 다르고, 황종의 소리도 또한 높고 낮은 것이 있으니, 이것으로 보아 아악의 법도는 중국도 확정을 보지 못한 것임을 알 수 있다. 그러므로 내가 조회나 하례에 모두 아악을 연주하려고 하나, 그 제작의 적중을 얻지 못할 것 같고, 황종의 관으로는 절후의 풍기 역시 쉽게 낼 수 없을 것 같다.

이날 세종은 아악에 대해 말을 하다가 중국과 조선의 문물의 차이에 대해 그리고 기준음고의 차이와 황종 제작의 방법에 대해 이야기를 오래 했던 것 같다. 그러다가 문득 백성들의 살림살이에 대한 걱정으로 이야기의 주제가 바뀌었다. 세종 앞에는 맹사성이 앉아 있었다.

세종 : 금년 가을에 가뭄이 너무 심했는데 메밀의 결실은 어떤가?
맹사성 : 오랫동안 가물었기 때문에 모두 결실이 잘 되지 않았습니다.
세종 : 가뭄의 심한 것이 금년 같은 해가 없는데 다른 곡식들은 어떠한가?
맹사성 : 콩이나 팥도 모두 잘 안되었습니다.
세종 : 내 들으니, 밭곡식이 논에 비해 민간에서는 식용에 가장 긴요하다고 하는데, 이제 생각하니 논에서 나는 곡식이 더욱 절실한 것으로 믿어진다. 국가에서 사용하는 것과 민간에서 식량으로 쓰는 데 있어 어느 것이 중한가?

이렇듯 세종의 마음은 언제나 백성에게 가 있었다. 음악 이론서인《율려신서》를 강의하던 참에도 한 해의 작황에 대해 근심했던 것이다. 어쨌든 중국의 황종과 박연이 만든 황종은 엄청난 차이가 있었다. 그 차이는 기후, 계절, 천문, 방향 등이 중국과 다르기 때문에 발생한 것이었다. 아무리 존명사대를 하는 소국이지만 문물이며 문화까지 동일할 수는 없었다. 세종은 그런 의미에서 조선만의 문화를 강렬히 원했다. 조선만의 문화를 창조하기 위해서는 중장기 프로젝트를 기획하고 실행하는 것이 최선이었다.

세종 12년 12월 7일

음악에 대해 이야기하다

상참을 받고 윤대를 행하고, 경연에 나아갔다. 임금이 음악에 대하여 이야기하면서 이르기를 "박연이 조회의 음악을 바로잡으려 하는데, 바르게 한다는 것은 어려운 일이다.《율려신서》도 형식만 갖추어놓은 것뿐이다. 우리나라의 음악이 비록 다 잘되었다고 할 수는 없으나 반드시 중국에 부끄러워할 것은 없다. 중국의 음악인들 어찌 바르게 되었다 할 수 있겠는가." 하였다.

이 무렵에는《아악보》가 만들어지고 있을 때였다. 세종은《아악보》가 만들어지는 과정에서 신하들과 음악에 대한 토론을 자주 했다. 그러면서도 조선만의 음악이 성립되기를 소망했다.《율려신서》는 중국 송나라의 채원정이 지은 음악 이론서다. 조선은 변변한 음악 이론서 하나도 갖지 못한 나라였다. 개국 초기에 성리학을 집대성한 《성리대전》이 수입될 때 함께 들어온 후 세종이 경연에서 교재로 사용하기도 하였다. 음악을 잘 모르는 신하들은 《율려신서》를 공부하는 게 고역이었을 것이다.

실록에 따르면 세종은 《율려신서》를 즉위 후 3년 8월 18일에 경연장에 처음으로 내놓았다. 세종이 《율려신서》에 대해 물으니 아무도 아는 사람이 없었다. 그러다 신하들이 검교 의정부 찬성 조용이라면 알 수 있다고 답했다. 이에 세종은 집현전 교리 유상지 등에 명하여 조용에게 가서 배우도록 하였다. 이때에 이르러 조용의 집이 가난하였다는 것을 듣고, 세종은 전토 30결과 쌀 및 콩 20섬을 내려주었다. 조용은 학문이 정밀하고도 해박하며 또 덕행이 있어서 선비의 종장이 되었으나, 집이 가난하여 스스로 살아갈 수가 없었다. 또 그의 아들 조담도 취직을 시켜주었다.

세종 12년 윤 12월 1일

《아악보》가 완성되고 정인지가 서를 달다

《아악보》가 완성되었다. 정인지가 명령을 받들어 서문을 짓기를 '음악은 성인이 성정을 기르며, 신과 사람을 화하게 하며, 하늘과 땅을 자연스럽게 하며, 음양을 조화시키는 방법이다. 우리나라는 태평한 지 40년을 내려왔는데도 아직까지 아악이 갖추어지지 못하였다. (……) 이제 그 소리에 따라서 편종을 주조하고, 좋은 돌을 남양에서 얻어 편경을 만들어서, 악기가 모두 일신해졌다. (……) 궁·상·각·치·우의 다섯 가지 소리는 오행에 기본을 두고, 여기에다 임금·신하·백성·일·물건을 배합한 것이어서, 정치가 잘되고 못된다든가, 재난과 길상이 모두 그 종류에 따라서 응답되는 것이다. (……) 옛 음악은 이미 다시 볼 수 없으나, 이제 황종을 음성의 기본에서 찾아내어 28개의 음성을 마련하였고, 크고 작으며 높고 낮은 것이 제 차례를 문란시키지 아니한 점에 있어서는, 주자와 채 씨의 뜻이 천 년 이후에 이르러 조금이라도 펴게 되었으니, 이것은 반드시 우리 왕조를 기다리어 이루어졌다고 아니할 수 없다.'라고 하였다.

세종은 악장과 악보를 정리하고 중국 음악과 구별되는 조선 음악의 기틀을 바로잡았다. 그리하여 조선 고유의 자연과 정서가 담긴 조선의 소리가 세종에 의해 마침내 완성되었다. 세종이 이토록 음악 정비에 공을 들인 것은 음악을 통치의 근본으로 삼는 유교의 가르침 때문이기도 했지만 문화의 발전을 통해 조선이 나날이 새로워지기를 원했기 때문이었다. 세종 시대에 정립된 아악은 세종실록은 물론이고《악학궤범》에 모두 실려 있다.

15.
한글 창제와
장영실의 비극

　예나 지금이나 지도자가 인재를 적재적소에 쓰는 것은 참 어려운 일이다. 그래서 인사가 만사라는 말도 있다. 더구나 조선은 철저한 신분제의 사회였다. 문반과 무반의 양반들이 지배하는 체제에서 그 아래 계급이 관직에 진출하기란 말 그대로 하늘의 별 따기였다. 조선 중기에 임진왜란과 병자호란 등 굵직한 전쟁이 터졌을 때에는 사정이 조금 달랐다. 노비 등 천민 출신도 무과에 응시할 수 있었던 것이다.

　1637년 무과별시 급제자를 보면, 안끝남安末男, 주얼동朱於里同, 정끝동鄭末同, 옥글동玉文里同이라는 이름들이 등장한다. 이름을 보면 양반들이 쓰던 이름이 아니다. 주로 평민들의 이름으로 '마지막에 겨우 얻은 아들'이라고 해서 '끝동이', 글을 잘배워 훌륭한 사람이 되라는 뜻에서 '글동이'라고 이름 지었을 것이다. 그런데 과거를 보면서 이 이름을 한자로 적어서 제출해야 했다. '끝', '얼', '글'은 해당하는 한자가 없거나 표기하기가 힘들어 이두식으로 표기한 것이다. 물론 당시의 발음이 '끝남이, 글동이'였는지는 불확실하지만 이두 연구 결과를 바탕으로 추측할 수 있다.*

전쟁이라는 특수한 상황이 아니었다면 이들은 결코 무과 급제자가 되지 못했을 것이다. 심지어 숙종 연간에는 일만 명이 넘는 무과 합격자를 내기도 했다. 그만큼 병사가 필요했던 것이다. 프랑스 대혁명 이후 근대국가가 성립되자 계몽주의는 아동兒童을 발견하고 곧장 학교라는 시스템을 만들어 그 안에 편입시켰다. 근대 학교의 목표는 병사와 노동자의 양성에 있었다. 학교라는 틀 안에서 병사와 노동자를 양성하는 체제가 조선에는 아예 존재하지 않았다. 동학혁명 이후에나 간신히 서양의 근대식 학교를 모방했으나 그것마저도 식민지로 전락하면서 끝이었다.

백성을 잘 살게 만드는 학문이며 종교에 가까운 유학이 신분제에 있어서는 백성을 철저히 억압하고 소외시켰다. 결국 유학은 지배자들의 '지배를 위한 독점적 학문'으로 조선을 지배했다. 그들은 학문도 독점했지만 모든 관직도 독점했다. 그것이

---

* 양창진, 〈난세에 영웅이 탄생하듯 전란은 '출세의 기회'였다〉, 《세계일보》
 2017년 7월 16일

조선을 끝내 근대국가로 이행할 수 없게 만든 중요한 요인으로 작용했다. 조선 후기, 유럽과 아시아와 일본이 세계사적 문명의 패러다임 속에서 어떤 변화를 겪고 있는지에 대해 그들은 아예 관심조차 없었다. 실학자 몇몇이 있었지만, 그들도 문명의 패러다임이 어떻게 변하고 발전하는지에 대해서는 아예 관심이 없었다. 아주 작은 기술 몇 개에 관심을 가진 정도였다.

그렇다고 하여 천민 노비 출신이 신분제의 벽을 깨고 출세하지 못한 사례가 없는 것도 아니었다. 소헌왕후가 충녕에게 시집올 때 데려온 몸종은 나중에 신빈 김 씨가 되었다. 빈이라는 정식 첩지를 받았으니 몸종에서 왕비 다음으로 높은 내명부 직책을 받은 셈이었다. 평양의 관노 출신인 김인은 워낙 용맹무쌍하여 태종이 호군으로 임명하였다. 호군이라 함은 그 위로 지금의 중장급인 종2품 오위장, 소장급인 정3품 상호군, 준장급인 종3품 대호군, 그 아래로 대령급인 종4품 부호군의 직책을 이른다. 그 아래가 지금의 중령급인 정5품 사직이다. 관노 출신이 호군에 임명되었다면 정말 대단한 신분 상승이라고 하지 않을 수 없다.

조선의 최고 과학자는 단언하건대 장영실이다. 장영실은 세종이 아니었다면 그저 천민 노비로 일생을 살았을 것이다. 아무리 숨기려고 해도 빛이 나는 사람이 있다. 스스로 빛을 내려고 노력하지 않아도 저절로 빛이 나는 것이다. 장영실은 비록 노비로 생활하고 있었지만, 그 천재성은 이미 유명했다. 소문은 바람보다 빠르다. 그 소문을 타고 장영실이란 이름은 태종의 귀에까지 들어가게 된다. 태종도 장영실을 아꼈다.

"장영실을 어찌 버렸습니까?"
"입이 있으나 말을 못하겠다."

장영실의 아비는 원나라 출신의 외국 기술자였고 어미는 동래현의 관기였다. 어미가 관기여서 장영실의 신분도 자연스럽게 노비로 결정되었다. 고려 말부터 조정은 외국 기술자들을 우대하여 관기들과 결혼시켜 이 땅에 정착하도록 했다. 장영실의 아비도 그들의 후손 중 하나였다. 장영실은 아비의 유전자 속에 있던 손재주와 비상한 머리를 물려받았다. 그것만 하더라도 노비에게는 천운이었다. 그런 재주마저 없었다면 장영실은 마당쇠가 되어 마당이나 쓸며 평생을 비루하게 보냈을 것이다.

장영실이 궁에 들어오게 된 시점에 대해서는 실록에서 찾아내지 못했다. KBS의 〈한국사 전〉에서는 장영실이 '1412년 태종 12년에 궁중 기술자로 들어왔다.'라고 했지만 정확하진 않다. 장영실을 다룬 많은 문헌 중에서도 이 문제에 대한 정확한 문헌 기록은 없다.

장영실이 언제 궁에 들어왔냐는 그다지 중요한 문제가 아니다. 원래 그는 동래현의 노비로서 관할 지역을 떠날 수 없는 운명이었다. 하지만 누군가가 그의 재주를 바라보고 있었다.

바로 경상도 관찰사였다. 경상도 관찰사라는 높은 직위의 양반이 하찮은 노비의 재주를 눈여겨보기란 쉽지 않은 일이다. 하지만 장영실은 관찰사의 눈에 띄었고 유능한 인재를 중앙에 추천하는 도천법에 따라 궁에 들어가 상의원 소속 기술자가 되었다. 장영실은 상의원 소속으로 철을 만드는 제련, 성을 쌓는 것과 각종 농기구와 무기 등의 수리에 종사했던 것으로 전해지고 있다. 세종은 왕위에 오르기 전부터 장영실이란 사람의 재주가 뛰어나다는 소문을 듣고 있었다.

장영실과 관련된 많은 문헌에서 세종이 그를 북경에 유학을 보냈다는 기록이 있다. 불행히도 실록에서는 그와 관련된 기록을 찾아내지 못했다. 장영실이 워낙 미천한 출신이라 동래에서 서울의 궁궐로 들어오는 것 자체가 관심 사항이 아닐 수도 있겠다 싶었다.

세종은 다방면의 천재였다. 언어학, 음운학, 음악, 천문, 지리, 역법, 법률 등 어느 것 하나 신하들에 뒤지는 것이 없었다. 세종은 신하들보다 훨씬 더 많이 읽었고 사유했고 고민했다. 세종은 자신이 상상하는 과학 기구들을 누군가가 직접 만들어내기를 원했다. 그럴 수 있는 사람은 장영실 한 사람뿐이었다. 세종은 장영실에게 더 많이 공부할 수 있는 기회를 제공하기로 하였다. 실록에는 기록이 없지만《연려실기술》의 〈별집〉에는 이와 관련된 기사가 나온다.

— 세종 3년 신축에 남양 부사 윤사웅, 부평 부사 최천구, 동래 관노 장영실을 내감으로 불러서 선기옥형旋璣玉衡 제도를 토론하여 연구하게 하니 임금의 뜻에 합하지 않음이 없었다. 임금이 크게 기뻐하여 이르기를 "영실은 비록 지위가 천하나 재주가 민첩한 것은 따를 자가 없다. 너희들이 중국에 들어가서 각종 천문 기계의 모양을 모두 눈에 익혀 와서 빨리 모방하여 만들어라." 하고 또 이르기를 "이 무리를 중국에 들여보낼 때에 예부에 자문을 보내어 《조력학산造曆學算》과 각종 천문 서책을 무역하고 보루각·흠경각의 혼천의 도식을 견양見樣하여 가져오게 하라." 하며 은냥·물산을 많이 주었다.

— 세종 4년 임인에 사웅 등이 중국에서 돌아오면서 천문에 대한 여러 가지 서책을 사오고, 양각의 제도를 알아 왔으므로 곧 양각혼의성상도감을 설치하여 사웅 등에게 감조하게 하였다.

— 세종 7년 을사 10월에 양각을 준공하여 임금이 친히 내감에 가서 두루 보고 이르기를 "기이하다. 훌륭한 장영실이 중한 보배를 성취하였으니 그 공이 둘도 없다."라고 하였다. 곧 면천시키고 가자하며 실첨지를 제수하고 겸하여 보루의 일을 살피게 하여 서울을 떠나지 않게 하며, 감조관 윤사웅 등 세 사람에게 안마鞍馬를 하사하였다.*

---

* 한국고전종합DB, 고전번역서, 연려실기술 별집 제15권, 천문전고

《연려실기술》에 의하면 세종 3년까지도 장영실은 비록 상의원에 근무하고 있었다고는 하나 신분은 여전히 동래현 관노였던 것으로 보인다. 세종은 장영실 등과 함께 '선기옥형'에 대해 토론하였다. '선기옥형'은 공자가 편찬한 《서경》에 순임금이 사용했다는 기록으로 처음 등장한다. '재선기옥형 이제칠정'이란 기록은 '관측기구인 혼천의가 있어 해와 달과 다섯 별의 운행을 살피고'란 뜻이다. 일곱 별의 조화롭고 절도 있는 운행이 정치를 하는 것과 비슷하다고 하여 '칠정'이라 이름 붙였다.

밤하늘의 별을 보고 그것의 운행을 익히고, 그 운행하는 것에 대해 왕과 신하가 토론하는 모습을 상상해보면 참으로 아름다운 풍경이 아닐 수 없다. 세종은 오랫동안 꿈꾸어오던 일을 실행하기로 결심했다. 마음 같아서야 본인이 직접 북경에 다녀오고 싶지만, 군왕이 본궁을 비울 수는 없는 노릇이었다.

"북경에 가서 공부하고, 보루각·흠경각의 혼천의 도식을 견양하여 가져오라."

세종이 말하였다. 말인즉슨, 보루각과 흠경각은 물론이고 거기에 설치되어 있는 혼천의를 보고 설계도를 그려 오라는 말이었다. 윤사웅과 최천구의 등허리에서는 식은땀이 주르륵 흘렀을 터이지만 장영실은 가슴이 뛰었을 것이다. 천한 관노 주제에 임금과 별의 운행에 대해 말을 섞은 것만으로 죽어 여한이 없을 터인데, 대국의 수도인 북경에 유학이라니……. 가슴이 뛰었고, 혈관 속의 피가 들끓었을 것이다.

　아마도 장영실은 마부나 짐꾼이 되어 국경을 넘었을 것이다. 임금이 특별히 아끼는 사람이었지만 어쨌거나 그는 미천한 노비였다. 그리고 어떠한 경우에도 말을 탈 수 없는 존재였다. 한양에서 북경까지 멀고 먼 길을 걸어가면서 장영실은 어떤 생각을 했을까? 태어날 때부터 어미의 신분에 의해 결정된 자신의 노비 신세에 대해 속으로 피눈물을 흘렸을지도 모른다. 양반이라는 신분만 증명되면 아무리 무능하거나 무식해도 모두 받들어 모셔야 하는 현실에서 관노 출신의 천재는 고독할 뿐이었다.

　어쩌면 장영실은 이러한 현실에 아예 눈을 감아버렸는지도 모른다. 대륙의 엄청난 크기에 감동하면서 국경을 넘지 않았을까? 연암 박지원도 중화 대륙의 문물과 크기에 입을 다물지 못했던 그 길이었다. 조선이라는 변방의 작은 나라의, 그것도 노비에 불과한 미천한 존재였기에 그의 내면은 훨씬 더 복잡했을 것이다.

　중국에서 공부를 마친 장영실은 1422년에 귀국하여 물시계 제작에 매달렸다. 그동안은 사람의 힘을 빌려야 하는 경점지기라는 물시계를 사용했는데 경점지기는 사람의 힘이 일정하지 않아 자주 오류를 범했다. 그 때문에 서운관을 의금부에 가두는 일이 잦았다. 서운관이 시각을 잘못 알려주면 제사를 제시각에 지낼 수가 없는 등 자연스럽게 민생에 어려움이 발생했기 때문이다. 따라서 새로운 시계가 반드시 필요했다.

사람의 힘을 빌리지 않는 자동 물시계 개발은 세종의 꿈이었다. 세종의 꿈을 위해 장영실은 북경에서 가져온 서책들을 참조해 연구에 착수했다. 그리고 그렇게 10여 년을 보낸 뒤에야 마침내 자격루를 완성했다. 《세종실록》에는 자격루의 작동 원리가 세밀하게 기록되어 있는데, 무엇보다도 뛰어난 점은 항아리의 물을 지구의 자전 속도에 맞춰 흐르게 했다는 점이다.

《중국의 과학과 문명》을 쓴 과학사가 조지프 니덤은 《천상시계》라는 저서에 자격루에 대해 애정을 갖고 자세하게 기술했다. 그는 자격루를 '스트라이킹 클렙시드라Striking Clepsydras'라는 학명으로 명명했다. 그만큼 자격루는 위대한 자동 물시계였던 것이다. 그냥 시계가 아니라 지구의 자전 속도와 물의 흐름을 동일하게 맞춘 시계였다. 장영실이 아니었다면 이러한 물시계의 제작은 불가능했을 것이다.

세종은 자격루를 조선의 표준시계로 지정했다. 그리고 장영실에 대해 포상하기로 마음먹었다. 천자만이 누릴 수 있는 금기, 하늘의 문을 열게 해줬으니 장영실의 온몸을 감싸고 있는 금기도 풀어주고 싶었다. 세종은 장영실이 진정한 기술 관료가 되기 위해서는 직급이 낮은 미천한 신분에 머물러 있어서는 안 된다는 점을 알았다. 겨우 노비 신분을 면한 미천한 직위로는 일을 제대로 해낼 수가 없었다. 능력도 없으면서 양반의 꼬리표를 달았다는 이유만으로 많은 사람이 장영실을 여전히 노비, 즉 미천한 인간으로 취급했다. 세종은 마침내 이조판서인 허조와 조말생을 불렀다.

세종 : 장영실은 백 가지 천 가지로 내 뜻에 부합되지 않음이 없다. 상의원 별좌직을 내리고자 하노라.
허조 : 어찌 기생의 소생을 별좌직에 임용할 수 있단 말입니까? 당장 거두어주소서.
조말생 : 신의 의견은 이조판서와 다르옵니다. 장영실은 그 재주가 뛰어나니 마땅히 상을 받을 만합니다. 공조판서는 장영실이 없으면 상의원이 제대로 돌아가지 않는다고 말할 정도입니다. 그러니 전하의 뜻대로 하시옵소서.
허조 : 나라의 기강이 미처 세워지기도 전에 이런 편법을 쓰는 것은 천부당만부당하옵니다. 노비 출신을 자꾸 승급시켜 주오시면 신분제가 무너지옵니다.

이조판서 허조의 결사반대로 장영실을 상의원 별좌로 승진시키려던 세종의 계획은 일단 무산되었다. 그러나 포기한 것은 아니었다. 세종은 끈기를 가진 임금이었다. 한번 마음을 먹으면 아무리 시간이 오래 걸려도 반드시 성취하고야 마는 성품이었다. 시간이 흘러 1433년 9월 16일에 세종은 안숭선에게 명하여 영의정 황희와 좌의정 맹사성을 불렀다.

행사직 장영실은 그 아비가 본래 원나라의 소주 항주 사람이고 어미는 기생이었는데, 공교한 솜씨가 뛰어나므로 태종께서 보호하시었다. 나도 역시 이를 아낀다. 임인·계묘년 무렵에 상의원 별좌를 시키고자 하여 이조판서 허조와 조말생에 의논하였더니, 허조의 반대가 심해 굳이 하지 못하였다. 그러다가 다시 대신들에게 의논한즉, 유정현 등이 '상의원에 임명할 수 있다.'고 하기에 내가 그대로 따라서 별좌에 임명하였다. 영실의 사람됨이 비단 공교한 솜씨만 있는 것이 아니라 성질이 똑똑하기가 보통에 뛰어나서 매양 강무할 때는 나의 곁에 가까이 모시어서 내시를 대신하여 명령을 전하기도 하였다. 그러나 어찌 이것을 공이라고 하겠는가. 이제 자격루를 만들었는데 비록 나의 가르침을 받아서 하였지만은, 만약 이 사람이 아니었다면 암만해도 만들어내지 못했을 것이다. 내가 들으니 원나라 순제 때 저절로 치는 물시계가 있었다 하나, 만듦새의 정교함이 아마도 영실의 정밀함에는 미치지 못하였을 것이다. 만대에 이어 전할 기물을 능히 만들었으니 그 공이 작지 아니하므로 호군의 관직을 더해주고자 한다.

세종은 황희와 맹사성 앞에서 장영실에 대한 사랑과 신뢰를 아낌없이 드러냈다. 영의정과 좌의정을 불러 이런 말을 하는데, 허조나 고약해처럼 반대하고 나선다면 실로 충신이 아닐 터였다. 세종은 그들을 믿었다.

김인은 평양의 관노였사오나 날래고 용맹함이 뛰어나므로 태종께서 호군을 특별히 제수하시었고, 그것만이 특례가 아니오라, 이 같은 무리들로 호군 이상의 관직을 받는 자가 매우 많사온데, 유독 영실에게만 어찌 불가할 것이 있겠습니까.

  황희는 임금의 마음이 어디에 있는지를 알고 있는 정승이었다. 세종은 큰 어려움 없이 장영실을 호군에 임명할 수 있었다. 장영실은 나중에 대호군까지 승진했다. 대호군이라고 하면 비로소 장군의 지위를 갖는 종3품의 큰 벼슬이다. 하지만 거기까지였다.

  호군으로 승진하고 9년째인 세종이 온천행을 앞둔 1442년 3월 어느 봄날이었다. 장영실이 감독해 만든 임금의 가마가 시운전 중에 부서지는 사고가 나고 말았다. 만일 세종이 타고 있다가 사고가 났다면 엄청난 변고라 아니 할 수 없었다. 사고는 일파만파로 번졌다.

  장영실을 비롯해 가마를 제조했던 관리들이 모두 의금부로 끌려가 국문을 받았다. 결국 장영실은 불경에 관계된 죄를 짓게 되어 직첩을 회수당하고 곤장 80대를 맞고 역사의 무대에서 영원히 사라지게 되었다. 반면에 장영실과 똑같은 직책으로 가마 제작에 참여했던 대호군 조순생은 아무런 벌도 받지 않았다. 어찌 보면 사소한 사건인데, 세종은 유난히 장영실만 가혹하게 처벌했다.

왜 그랬을까? 왜 그토록 가혹했을까? 장영실은 자동 물시계 등을 만든 정밀 기술자였다. 빈틈이 없던 장영실이 가마가 견고하지 않다고 조순생에게 말하자 그는 부서지는 일은 없을 것이라고 했다. 그러나 시험 운전을 하던 중에 가마는 부서지고 말았다. 그러나 조순생은 어떤 처벌도 받지 않았다. 조순생에게 벌주지 않는 것에 대해 사헌부 지평이 상소문을 올렸지만 세종은 뚜렷한 이유를 밝히지 않은 채 벌주지 말 것을 명령했다. 평소의 세종이라면 상상하기도 어려운 일이다. 게다가 실질적인 가마 제작의 책임자는 장영실이 아니라 조순생이었다. 그는 오래지 않아 복직되지만 장영실은 다시는 돌아오지 못한다. 어쩌면 장영실은 파면된 것이 아니라 제거된 것인지도 모른다. 조순생은 장영실 제거의 조연이었기에 처벌도 면했고 오래지 않아 복직된 것일 수도 있다.

장영실이 제거된 이듬해 정월, 세종은 대궐에 있는 간의대를 철거하라고 명령했다. 신하들이 반대하자 세종은 중국 사신의 눈에 띄는 것은 불가하다며 맞섰다. 명나라를 섬기는 입장에서 조선의 천문 우주 사업은 철저히 비밀에 붙여야 했다. 명나라의 천자에게만 허락된 하늘의 사업을 조선의 왕이 하고 있다는 것이 알려지기라도 한다면 국교 관계의 단절은 불을 보듯 뻔한 일이었다. 나아가 형식상이긴 하지만 조선 왕을 봉하는 권리를 가진 천자가 그것을 거두기라도 한다면 종사의 정통성과 근간이 흔들리는 국가비상사태가 발생할지도 모르는 엄청난 파괴력을 가진 사안이었다.

그럴 수 있는 징후를 세종은 느끼고 있었던 것일까? 아마 그 럴지도 모른다. 그러기에 음모에 가까운 사건으로 장영실을 제거할 필요성이 있었는지도 모른다. 무엇보다도 장영실은 노 비 출신이라 그 누구도 변호해주지 않았다. 장영실을 파면했 던 사건은 훈민정음 반포 이전에 발생했다는 점도 놓치지 말 아야 한다. 훈민정음은 세종의 가장 중요한 비밀 프로젝트였 다. 새로운 금기를 넘어서야 하는 중요한 마당에 이미 넘어선 금기에 사로잡혀서는 곤란했을 수도 있다. 세종은 새로운 금 기에 도전하면서 장영실이란 존재가 부담스러웠을 것이다. 게 다가 세종이 새로운 프로젝트를 실행에 옮길 때마다 중국에 사대해야 한다는 세력의 저항도 만만치 않았다.

장영실의 손을 떠나자 오래지 않아 자격루가 고장 났다. 그 러나 자격루를 고칠 기술자가 없어 15년 동안이나 사용이 중 단되었다. 자격루는 세종의 관심 밖에 놓여 있었던 것이다. 세 종의 절대적인 관심은 두 번째 금기, 중국과 다른 문자를 만들 고 사용하는 것이었다. 세종은 장영실과 자격루를 버리고 민 족의 영원한 얼인 한글을 만들어냈다. 여기에 장영실의 비극 이 있다.

16.
성군의 다섯 가지 조건과
도서 출판

　조선에는 위대한 왕들이 있었다. 개인적으로 평가해보면 태종, 세종, 세조, 성종, 광해군, 정조가 조선을 제대로 이끌었던 임금들이라고 생각한다. 태종은 아버지 이성계를 도와 말 위에서 조선을 건국했던 왕이었다. 마키아벨리가《군주론》에서 말했던 사자 같은 왕이 태종이었다. 세조는 아버지 세종이 창제한 한글을 다양한 방식으로 유통시킨 왕이었다. 비록 조카인 단종을 참담하게 죽인 비윤리적인 임금이긴 했지만, 그 비극의 원인은 세종에게 있었다. 세종은 수양대군을 세자로 삼았어야 했다. 가장 뛰어난 왕자에게 왕위 계승권을 넘기지 않았기 때문에 태종이 형제들에게 휘두른 칼의 비극을 수양이 이어받아야만 했다. 세종의 정치 중에서 거의 유일하게 실패한 것이 있다면 수양대군에게 왕위를 넘기지 않은 것이었다.

왕재가 없는 사람에게 권력이 넘어가면 반드시 비극적인 역모가 발생하게 되어 있다. 세종은 그것을 아버지를 통해 철저하게 봤으면서도 수양대군을 믿었다. 그러나 권력에 대한 욕망은 형제의 피를 요구하게 되어 있었다. 수양대군은 안평대군을 죽였고, 결국 조카인 단종도 죽였다. 하지만 세종 이후 성종으로 이어지는 태평성대의 주춧돌을 놓은 사람이 세조였다. 성종은《경국대전》등 조선의 법률을 완성시킨 왕이었다. 성종은 세종보다도 경연에 더 많이 참석하였다. 그만큼 공부를 즐겼던 왕이다.

위대한 국왕과 성군은 그 덕목이 다르다. 광개토대왕은 위대한 왕이지만 성군이라고 하지는 않는다. 의자왕은 해동증자의 칭호를 받을 정도로 성군이었지만 끝내는 백제의 멸망을 막아내지 못했다. 성군은 거기에 알맞은 덕목들이 있어야 하고 그 덕목들이 일정한 수준에서 충족되어야 비로소 '성군'이라고 부를 수 있다고 본다.

세종이 조선 전기를 대표하는 성군이라면 정조는 조선 후기를 대표하는 성군이었다. 세종이 집현전을 만들었다면 정조는 규장각을 만들었다. 세종이 집현전을 중심으로 지식 정치를 펼쳤고 장영실 등을 중용하여 천문학 등의 과학을 비약적으로 발전시켰다면, 정조는 규장각을 중심으로 문화정치를 표방하여 수많은 서적들을 출간하였다. 게다가 정약용 등을 중용하여 실학이 융성할 수 있도록 도왔다. 정약용은 위대한 건축가였으며 진정한 목민관이었다. 정조의 위대함은 정약용을 알아본 것에 있고, 세종의 위대함은 장영실을 알아본 것에 있다.

얼마 전, 세종과 정조 중에서 누가 위대한가에 대해 열띤 토론이 붙었다. 팽팽한 토론이 이어졌지만 결론은 엇비슷했다. 하지만 한글 창제의 업적을 정조가 이겨낼 수는 없었다. 만일 정조가 세종보다 위대한 왕이라는 결론에 가닿기 위해서는 조선을 근대로 이끌고 갈 수 있는 바탕을 확실히 다졌거나 재위 기간에 근대로 이행했어야만 했다. 그러나 정조는 세계사적 문명의 변화를 정확히 읽지 못하고 여전히 주자학에 갇혀 있었다. 그런 점에서 정조는 세종에 못 미친다고 생각했다.

조선은 신권과 왕권이 대립하고 투쟁하던 성리학_{혹은 주자학} 중심의 국가였다. 무력을 기반으로 한 왕이 등장하면 왕권은 강력해졌고, 조금이라도 유약한 왕이 등장하면 신권이 강력해졌다. 조선 초기에 신권과 왕권이 대립했던 대표적인 사례는 태종 이방원과 정도전의 충돌이었다. 조선 후기로 가면 정조와 노론의 대충돌이 있다. 초기에는 태종이 승리했다. 정도전을 비롯한 신권파 신하들은 태종의 칼날 아래 바람처럼 사라져가야만 했다. 반면 정조와 노론의 대충돌은 비극적이게도 개혁적인 임금 정조의 패배로 끝나고 말았다. 그로 인해 조선 후기는 세도정치의 암흑 속으로 빠져들었고 끝내 근대국가의 기틀을 세우는 데 실패하고 말았다. 정조와 노론의 권력투쟁에서 개혁적인 왕권의 패배는 결국 우리나라가 향후 100년 동안 암흑기로 들어서게 되는 하나의 계기였던 것이다.

얼마 전, 300통에 가까운 정조의 친필 어찰이 발견되었다. 노론 벽파의 거두 심환지에게 보낸 편지인데, 정조 독살설을 뒤바꿀 수 있는 내용이 담겨 있었다. 그동안 정조와 노론 벽파 사이의 갈등과 충돌은 널리 알려져 있었다. 하지만 정조의 어찰은 갈등과 충돌의 이면에 얽힌 관계를 낱낱이 드러내고 있다는 점에서 확실히 새로운 발견임에는 틀림없어 보인다. 조선 후기의 역사를 새로 써야 한다는 주장들도 성급하게 등장하고 있다. 설사 조선 후기의 역사를 다시 쓴다고 해도, 이미 우리가 알고 있는 역사가 다시 바뀔 것 같지는 않다.

정조는 편지에서 막말까지 거침없이 사용했고, 어떤 정책이나 인사 문제에 대해서는 미리 정보를 알려주고 그에 맞는 행동을 요구하기도 했다. 실로 파격이 아닐 수 없다. 다산 정약용에 따르면 '정조는 높은 학문 수준, 뛰어난 문화의식, 정치적 개혁사상' 등을 두루 갖춘 제왕이었다. 그뿐 아니라 규장각이나 교서관 등에서 근무하면서 학문을 연구하고 도서를 출판하는 관리들에게 음식과 술을 자주 하사했던 자상한 면모를 가진 임금이었다.

정조는 정치에 대해서도 매우 감각적이었다. 반대파의 수장인 심환지에게 자신의 내면을 친밀하게 드러내면서 의도한 대로 인재를 등용했고, 반대파의 협력도 얻어내는 정치력을 발휘했다. 정조는 절대권력인 왕권을 갖고도 노론 일파에게 왜

패배했을까? 세종에 이어 조선의 2대 천재 군주라 불리는 정조는 분노 때문에 위기에 몰린 노론 일파를 끊임없이 막다른 골목으로 몰고 갔다. 정조의 내면에는 용암처럼 들끓는 분노가 있었다. 구석에 몰린 쥐는 고양이에게 달려들게 마련이다. 정조는 개혁적이었지만 통합과 화해보다는 투쟁과 갈등을 선택했다. 물론 편지를 통해 심환지와 끊임없이 협상도 했었다.

정조가 아버지 사도세자에게 바치는 화성 행차를 실행할 때마다 노론 일색이었던 조정의 신료들은 아마도 죽을 맛이었을 것이다. 더구나 화성에서 친위대인 장용영의 군사훈련은 명백하게 사도세자를 뒤주에 가둬 죽인 노론에 대한 정조의 무력시위였다. 장용영은 정조가 심혈을 기울여 만든 군대로 병사들 모두가 뛰어난 무술 소유자들이었다. 왕이 직접 거느리는 장용영의 위력 앞에서 노론의 신하들은 도망갈 구멍이 없는 막다른 골목에 내몰린 심정이었을 것이다.

또 사도세자의 능 앞에서 제를 지낼 때 잔디를 쥐어뜯으며 울부짖고 기어이 보복을 다짐하는 정조의 뒤에서 노론의 신하들은 섬뜩한 공포를 느끼지 않을 수 없었다. 노론은 스스로 살길을 찾지 않으면 안 되었다. 그것은 아주 절박한 운명의 문제였다. 그들이 살아남기 위해서는 정조가 홀연히 사라져줘야만 했다.

그리고 느닷없이, 참으로 비극적이게도 정조는 죽었다. 독살이든 아니든 그것은 중요하지 않다. 정조의 죽음은 명백한 패배였고, 이로 인해 조선은 근대국가로 이행하지 못하고 마침내 식민지로 전락하는 망국의 비극을 맞이하게 되었다. 위대할 수 있는 순간이 그렇게 허망하게 끝난 것이다. 조선 후기에 성군이 탄생하기에는 정조의 수명이 너무 짧았다.

"성군의 덕목은 무엇입니까?"
"성군의 덕목에는 다섯 가지가 있다."

대통령이든 왕이든 국가의 지도자로서 성군이 되기 위해서는 어떤 덕목이 필요한 것일까? 물론 지도자가 반드시 성군일 필요는 없다. 성군이 된다는 것은 어렵기 때문이다. 인류사를 통틀어도 성군은 손에 꼽을 정도다. 성군이 귀하다고 하여 지레 포기할 필요는 없다. 지도자를 평가하는 것은 역사의 몫이기 때문이다. 그럼에도 지도자가 가져야 할 덕목들을 생각하지 않을 수가 없다.

성군이 되는 첫 번째 덕목은 '슬픔'이다.

슬픔도 그냥 슬픔이 아니라, '슬픔을 끌어안는 것'을 말한다. 이때의 슬픔이란 백성의 슬픔을 말한다. 슬픔의 핵심은 '국민과 함께 사는 것'에 있다.

정조와 세종도 슬픔을 아는 임금이었다. 정조는 내면 속의 분노며 소망을 만천하에 드러냈지만, 세종은 내면을 쉽게 드러내지 않는 왕이었다. 세종은 상왕인 태종에게서 그것을 배왔다. 아무리 싫어도 그저 침묵하는 것, 인내하는 것도 정치라는 것을 말이다. 장인 심온을 죽이기로 태종이 결정했을 때, 세종은 침묵으로 그 결정을 수용했다. 만일 세종이 저항했다면, 태종은 주저 없이 아들의 머리에 물려줬던 왕관을 빼앗아버렸을지도 모른다.

사실 취임 초기의 세종은 왕권을 마음대로 행사할 수 없었다. 아버지 태종이 군권을 틀어쥐고 사실상 섭정을 실시했기 때문이다. 세자 수업을 받지 못했던 세종은 아버지 태종 밑에서 정치의 가혹함을 먼저 학습해야만 했다. 상왕 태종은 아들 세종에게 맨 먼저 제왕의 수업을 혹독하게 치르게 했다. 세종의 장인인 영의정 심온에게 칼끝을 겨눈 것이다. "군사 문제는 주상에게 아뢰어야 한다."는 심온의 한마디는 계산된 것이 아니었다. 그러나 태종은 이 한마디를 문제 삼았다. 심온이 세종의 즉위를 알리기 위해 북경에 가 있는 동안 비극은 시작되었다. 태종은 눈도 깜빡하지 않고 세종 즉위년 12월 4일에 아들의 장모와 그 딸들을 천한 노비로 삼았다. 왕비의 가문은 철저하게 파괴되었다.

'수습 왕' 세종은 아무 말도 하지 못했다. 소헌왕후는 밤새도록 속울음을 울고 또 울었을 것이다. 아내의 슬픔엔 동참하되 그 슬픔을 결코 입 밖으로 내보이지 않는 것, 가슴은 썩어 문드러져도 얼굴에는 표정을 짓지 않는 것, 속수무책의 지독한 외로움에도 잔잔하게 미소 짓는 것, 이것이 바로 정치였다.

태종은 세종한테 그것을 가르치고 있었다.

12월 23일, 태종은 세종의 장인에게 사약을 내렸다. 다음 날, 세종은 아버지 태종이 거처하고 있는 수강궁으로 문안을 갔다. 태종은 이미 신하들을 불러놓고 연회를 준비하고 있었다. 세종이 도착해 태종에게 무병장수를 비는 술을 올리자 연회가 시작되었다. 박은, 맹사성, 허조, 조말생, 변계량 등이 연회에 배석했다. 술이 오르자 신하들이 태평성대를 찬양하는 시를 지었다. 취하여 여러 사람이 한 귀씩 불러 한 편의 시를 지었다.

그 자리에서 태종은 "주상이 나를 성심으로써 위로하니, 내가 어찌 극히 즐기지 않겠느냐? 다만 주상의 몸이 편안하지 못한 것이 염려될 뿐이다."라고 말했다. 그러자 세종은 "신이 비록 술은 마시지 못하오나, 몸은 이미 편안합니다."라고 대답했다.

몸도 마음도 편안하지 않았지만 편안하다고 대답하는 것이 정치라는 것을 세종은 절감했고, 그에 따라 준비된 대답을 내놓았던 것이다. 세종의 대답에 흡족해진 태종은 일어나서 춤을 추고, 여러 신하들도 춤을 추었다. 세종도 아버지 앞에서 덩실덩실 춤을 추었다. 새벽 이경이 되어서야 연회가 끝났다. 세종은 서둘러 소헌왕후 곁으로 달려갔을 것이다. 함부로 눈물을 흘릴 수도 없는 왕비가 아니던가?

정조의 슬픔도 이에 못지않았다. 영조 38년 윤 5월 13일, 그 날의 비극을 실록은 다음과 같이 전하고 있다.

임금이 창덕궁에 나아가 세자를 폐하여 서인을 삼고, 안에다 엄히 가두었다. (……) 세자가 집영문 밖에서 맞이하고 이어서 어가를 따라 휘령전으로 나아갔다. 임금이 행례를 마치고, 세자가 뜰 가운데서 사배례를 마치자, 임금이 갑자기 손뼉을 치면서 하교하기를 "여러 신하들 역시 신神의 말을 들었는가? 정성왕후께서 정녕하게 나에게 이르기를 '변란이 호흡 사이에 달려 있다'라고 하였다."

이어서 협련군에게 명하여 대문을 4, 5겹으로 굳게 막도록 하고, 또 총관 등으로 하여금 배열하여 시위하게 하면서 궁의 담 쪽을 향하여 칼을 뽑아 들게 하였다. 궁성문을 막고 뿔나팔을 불어 군사를 모아 호위하고, 사람의 출입을 금하였다. 영의정 신만만 홀로 들어왔다. 임금이 세자에게 명하여 땅에 엎드려 관冠을 벗게 하고 맨발로 머리를 땅에 조아리게 하고 이어서 차마 들을 수 없는 전교를 내려 자결할 것을 재촉하니, 세자의 조아린 이마에서 피가 나왔다. 신만과 좌의정 홍봉한, 판부사 정휘량, 도승지 이이장, 승지 한광조 등이 들어왔으나 미처 진언하지 못하였다. 임금이 그들을 물렸다. 세손이 들어와 관과 포袍를 벗고 세자의 뒤에 엎드리니, 임금이 안아다가 시강원으로 보내고 다시는 들어오지 못하게 하라고 명하였다. 임금이 칼을 들고 연달아 차마 들을 수 없는 전교를 내려 동궁의 자결을 재촉하니, 세자가 자결하고자 하였는데 여러 신하들이 말렸다. 임금이 이어서 폐하여 서인을 삼는다는 명을 내렸다. 이때 신만, 홍봉한, 정휘량이 다시 들어왔으나 감히 간하지 못하였다. (……) 세자가 곡하면서 다시 들어가 땅에 엎드려 애걸하며 개과천선하기를 청하였다. (……) 드디어 세자를 뒤주에 깊이 가두라고 명하였는데, 세손이 황급히 들어왔다. 임금이 빈궁, 세손 및 여러 왕손을 좌의정 홍봉한의 집으로 보내라고 명하였다. 이때에 밤이 이미 반이 지났었다. 임금이 이에 전교를 내렸는데, 사관이 감히 쓰지 못하였다.

사도세자는 윤 5월 13일에 뒤주에 갇혔고 아흐레 만인 윤 5월 21일에 마침내 사망하였다. 세종은 장인이 사약을 받은 다음 날 태종 앞에 나가 춤을 추었다. 춤을 출 때의 그 슬픔이 얼마나 지극하였을까? 그저 참담할 뿐이다. 정조는 어린 나이에 아비가 뒤주에 갇혀 염천의 더위에 몸부림치는 것을 지켜봐야 했다. 사도세자가 뒤주 안에서 말라 죽고 석 달 후에 그의 아들은 아비의 뒤를 이어 동궁이 되었다. 그 슬픔 또한 하늘을 울릴 정도로 지극하였을 것이다.

세종은 그 슬픔을 겪고도 임금으로서 정치를 견결히 해냈다. 반면에 정조는 자주 울분을 터뜨렸다. 신하들은 정조의 울분에 대해 두려움을 느꼈다. 특히 화성에 행차할 때마다 죽음의 공포를 느꼈어야 했다.

두 번째 덕목은 '공부'다.

군왕은 끊임없이 공부를 해야 한다. 군왕의 공부는 지식량의 축적에 있지 아니하다. 더구나 세종은 실력이 충분한 왕이었다. 세종은 대군 시절부터 아버지인 태종이 근심할 정도로 심각한 책벌레였다. 주자학은 물론이고 천문, 지리, 음운학에 이르기까지 여러 전문 분야의 도서를 끊임없이 반복해서 읽었고 나아가 기억력마저 비상했다. 이것을 바탕으로 세종은 어떤 정책이나 문제 제기에 대해 집요하게 반대하거나 쉽사리 결정을 못 내리고 질질 끄는 신하들을 포기하지 않고 오래도록 설득했다. 이것이 바로 세종의 통치철학이었다.

세종 시대의 인물 중에서 세종보다 공부를 더 많이 한 신하는 단연코 없을 것이다. 집현전의 학자들도 각자의 전문 분야에서는 임금보다 뛰어났을지 몰라도 세종처럼 종합적으로 공부하진 않았을 터였다. 한글은 세종의 종합적인 공부에서 태어난 조선 최고의 작품이었다.

아직도 한창 비가 내리니 두루 적셔주기를 기대한다. 며칠 밤 사이 계속 잘 지냈는가? 나는 눈이 어두워져 마치 베를 씌운 것처럼 안화眼花가 생기는 바람에 책을 보는 것을 감히 엄두를 내지 못한다. 대개 주서는 100권 가까이 되는데, 밤낮으로 비점과 권점을 찍는 데다가 가뭄 걱정까지 겹치고 또 재계하는 중에 온갖 문서를 보느라 심혈이 모두 메마른 결과다. 고민스럽고 안타까운 일이다.*

정조 역시도 세종 못지않게 공부를 하고 또 했던 왕이다. 하

---

* 안대회,《정조의 비밀편지》, 문학동네, 96쪽

지만 《주서》라니? 《주서백선》은 정조가 송나라의 주희가 쓴 편지글을 친히 편집하여 간행한 책이다. 비록 정조가 공부를 많이 했지만 세계사의 흐름과는 무관한 송나라 시대의 글이나 읽고 있었던 것이다. 정조의 시대에 유럽에서는 이미 르네상스가 지나갔고, 산업혁명이 한창이었으며 프랑스대혁명이 진행되고 있었다. 그런 시대에 송나라 주희의 편지나 읽고 있다니, 그것은 왕이 할 공부가 아니다. 정조 시절에 이미 천주교 박해가 시작되었다. 그로 인해 조선은 식민지로 직행하는 길을 선택하고 말았다. 천주교라는 종교의 유입 문제가 아니라 조선의 운명을 바꿀 문명 흐름을 외면했기 때문이었다. 무작정 책을 읽는다고 모두 공부가 되는 게 아니다.

세종은 주자학만 공부하지 않았다. 스스로 천문역법, 음운론, 음악, 악기 사용 등에 관한 온갖 책들을 섭렵했다. 스스로 아이디어를 냈고 기획했으며 신하들을 독려하여 실행하도록 했다. 특히 구양수와 소동파 간의 편지 모음인 《구소수간歐蘇手簡》은 잠저 시절에만 30번을 정독할 정도로 좋아했다. 세종이 《구소수간》을 탐독한 것은 문장의 아름다움과 표현력이 뛰어났기 때문이다. 세종의 공부를 실록은 다음과 같이 전하고 있다.

세종 5년 12월 23일

임금이 《통감강목》의 강독에 대해 언급하다

임금이 잠저에 있을 때부터 학문을 좋아하고 게을리하지 않아서,

일찍이 경미한 병환이 있을 때에도 오히려 독서를 그치지 아니하므로, 태종께서 환관을 시켜서 그 서책을 다 가져다가 감추게 하고 다만 《구소수간》만을 곁에 두었다. 드디어 이 책을 다 보시었다. 즉위하심에 이르러서는 손에서 책을 놓지 않아 비록 수라를 들 때에도 반드시 책을 펼쳐 좌우에 놓았으며 혹은 밤중이 되도록 힘써 보시고 싫어하지 않으셨다. 일찍이 가까이에 있는 신하에게 말하기를 "내가 궁중에 있으면서 손을 거두고 한가롭게 앉아 있을 때는 없다." 하셨다. 그 때문에 경적에 널리 통하시었고 심지어는 본국 역대의 사대문적에 이르기까지 보시지 않은 것이 없었고, "내가 서적을 본 뒤에는 잊어버리는 것은 없었다."고 하였다. 그 총명하심과 학문을 좋아하시는 것은 천성이 그러하셨던 것이다. 또 주자소로 하여금 한어漢語를 번역한 여러 서적을 인쇄하게 하고, 총제 원민생과 판승문원사 조숭덕으로 하여금 읽어 올리도록 하여 한 번 들으시면 문득 기억하고는 이르기를 "내가 한어의 역서를 배우는 것은 다른 것이 아니다. 명나라의 사신과 서로 접할 때에 미리 그 말을 알면 그 대답할 말을 혹 빨리 생각하여 준비할 수 있기 때문이다."라고 하였다.

세종은 천재였다. 실록의 기록관은 세종의 천재성을 높이 평가했다. "임금이 특히 서적만을 한 번 보고 문득 기억하시는 것만이 아니라 무릇 수많은 신하의 성명, 내력, 세계世系 등 비록 미세한 것이라도 한 번 들으시면 잊지 않으셨으며, 한 번 그

얼굴을 보시면 비록 여러 해를 만나보시지 못했더라도 다시 보실 때에 반드시 아무라고 성명을 부르셨으며, 사물의 정밀하고, 소략하고, 아름답고, 추악한 것에 이르러서도 한 번 눈에 접하시면 반드시 그 미세한 차이를 정밀히 분변하셨고, 성음의 청탁과 고하도 한 번 귀에 들어가면 그 윤리倫理를 심찰하시었으니, 그 총명과 예지가 이와 같으시었다."세종 5년 12월 23일 사관은 세종의 천재성을 기록하지 않을 수가 없었던 모양이다. 세종은 공부를 경구 풀이에만 두지 않았다. 마음공부도 중시하였다.

세종 즉위년 10월 12일

이지강이 《대학연의》를 강의하고 난 뒤에 "임금의 학문은 마음을 바르게 하는 것이 근본이 되옵나니, 마음이 바른 연후에야 백관이 바르게 되고 백관이 바른 연후에야 만민이 바르게 되옵는데, 마음을 바르게 하는 요지는 오로지 이 책에 있사옵니다." 하였다. 임금이 "그러나 경서를 글귀로만 풀이하는 것은 학문에 도움이 없으니 반드시 마음의 공부가 있어야만 이에 유익할 것이다."라고 말하였다.

《대학연의》는 《대학》의 이해를 돕는 해설서이며 제왕학의 책이다. 현실 정치를 위한 43권 12책 분량의 교재인 것이다. 세종은 잠저에 있을 때도 아버지 태종의 허락으로 《대학연의》를 읽었고, 즉위한 직후부터 다음 해 7월까지 거의 일 년에 걸처 두 차례나 경연에서 《대학연의》를 공부하였다. 늘 옆에 두고 보았기 때문에 외울 정도였다.

세 번째 덕목은 싱크 탱크 중심의 '지식경영'이다.

세종의 싱크 탱크는 집현전이었고 정조의 싱크 탱크는 규장각이었다. 집현전과 규장각 모두 건물이 아니라 학자들이 모인 정책연구 기관이었다. 정책연구 기관에서 제대로 된 정책을 제안하면 내각이 실행하는 구조로 통치를 하고자 했다. 그 기관이 집현전과 규장각인 것이다.

세종은 그야말로 아주 외로운 처지에서 정치를 해야 했다. 신하들은 모두 아버지 태종의 사람들이었다. 따라서 태종과 함께 술을 마시고 춤을 추는 사람들을 함부로 부릴 수 없는 노릇이었다. 자기 왕정을 제대로 실현하려면 훌륭한 인재를 확보하는 것이 급선무였다. 세종은 설치는 되어 있으되 소속된 사람이 없는 집현전에 주목했다. 아버지의 눈치를 살피면서 은근히 좌의정 박은에게 집현전에 대해 자주 질문을 던졌다. 비록 박은이 세자 시절의 스승이긴 했지만 노골적으로 일을 추진했다가는 태종에게 오해를 살 수도 있는 일이었다. 세종은 살얼음판 위를 걷는 심정으로 은밀하고 조용하게 집현전을 살리기 위한 작업에 착수했다.

즉위한 지 여섯 달이 지나자 아버지의 신하인 좌의정 박은이 "문신을 선발하여 집현전에 모아 문풍을 진흥시키자."라고 나섰다. 세종은 즉시 이를 허락했다. 하지만 속도를 내진 않았다. 세종은 무엇보다도 자기 자신의 입으로 집현전 설치를 공공연하게 주장하기보다 아버지의 신하들이 나서게 했다.

마침내 세종 2년 3월, 집현전의 인원수를 정하고 관원을 임명했다. 즉위한 지 3년이 되는 봄날의 일이었다. 인재가 절실했던 세종은 이제 마음껏 젊은 학자들을 집현전으로 불러 모을 수 있는 공간을 마련한 것이었다. 집현전의 최고 책임자인 영전사에게 정1품을 하사하고, 아버지의 신하인 박은과 이원을 임명했다. 정2품 대제학에는 변계량과 유관을 임명했다. 태종의 신하들을 최고 책임자에 임명하여 아버지의 눈치를 보지 않아도 되었고, 신하들의 의심이나 불만도 비껴간 인사 발령이었다.

세종이 이룬 업적을 살펴보면 놀라운 사실을 발견하게 된다. 국가 경영에 있어서 싱크 탱크의 중요성에 대해서 철저히 인식하고 실제로 싱크 탱크 운영의 문화를 남겼다는 점은 아무리 강조해도 지나치지 않다. 헤리티지재단, 브루킹스연구소, 랜드코퍼레이션 등은 미국의 주요 정책에 강력한 영향력을 행사하고 있는 싱크 탱크들이다. 불행히도 우리나라는 그에 걸맞는 싱크 탱크를 갖고 있지 못하다. 기껏해야 삼성경제연구소나 국가 안보와 관련해 세종연구소, 과학기술 분야에 영향을 주는 카이스트 정도가 있을 뿐이다. 우리나라의 국가경쟁력이 세계적인 수준으로 올라서려면 국가든 기업이든 혹은 대학이든 가리지 않고 수준 높은 싱크 탱크를 만들고 운영해야만 한다.

단기 순이익만 바라보는 실용주의로는 싱크 탱크를 운영할수 없다. 그런데 우리 정부나 기업 혹은 대학은 당장 그럴듯한결과가 산출되는 성과주의에만 조급하게 매달려 있는 형국이다. 그러니 머나먼 미래를 보고 인재 양성에 투자하지 못하게되는 것이다. 단기 성과주의 문화가 주요한 가치로 자리매김하고 있는 이상 천민자본주의에서 벗어나지 못할 것이다. 아울러국민의 내면에 자리 잡고 있는 물신숭배의 문화도 치유하지 못한 채 가치 몰락의 참담한 상황을 지켜봐야만 할 것이다.

세종은 이 문제에 관심을 가지고 집현전을 운영하고자 했다. 무엇보다도 중요하게 내세운 의무 사항 중 하나는 집현전학자들이 함부로 정치권에 들어가지 못하게 하는 것이었다. 출사, 즉 조정에 나가게 되면 필연적으로 정쟁에 휘말리게 되고, 고위직으로 올라가고 싶은 승진 욕망에 시달리게 될 것은불을 보듯 뻔한 일이었다. 세종은 집현전 학자들에게 오로지전문가가 될 것을 요구했다. 그래서 처음부터 그들을 권력에서 배제시켰다. 한 번 집현전에 들어가면 최소 십 년 이상 연구에만 몰두해야 했고, 연구를 마치기 전에는 인사 발령도 하지 않았다. 집현전 학자들은 철저히 세종의 개혁정책을 담당하는 전문가로 육성됐다.

집현전에서는 조선시대 최초로 재택근무도 실시했다. 누구나 재택근무를 할 수 있는 것은 아니었고 세종이 특별히 선별

한 사람만 가능했다. 선발된 학자들은 1년 정도 출근하지 않고 독서에만 전념해야 했다. 아무리 학자라도 집현전에 출근하게 되면 대궐에 떠도는 소문에 귀를 기울이게 되고, 찾아오는 사람들을 만나야 하고, 회의에다 주어진 과제를 처리해야 하고, 퇴근 후에는 술도 한잔 기울이게 마련이었다. 학자들이 어느 전문 분야에 대한 깊은 독서를 해야만, 즉 연구에 전념할 수 있어야만 제대로 된 싱크 탱크 역할을 할 수 있다고 생각한 세종은 변계량의 청을 받아들여 재택근무인 '사가독서賜暇讀書'를 시행했다.

엄밀히 말해서 사가독서는 현대의 재택근무와는 형식이나 내용에서 큰 차이가 난다. 세종은 사가독서를 위해 특별히 건물도 마련했다. 사가독서의 어명을 받은 학자들은 조정에 마련한 독서당인 '호당湖堂'에서 연구와 독서에 전념했다. 현재 옥수동 근처의 한강 주변을 '동호'그래서 동호대교라는 이름의 한강다리가 있는 것이다라고 불렀고, 용산 근처를 '남호', 마포 근처는 '서호'라고 칭했다. 동호에 있었던 독서당이 동호당이고, 남호에 있던 독서당이 남호당 혹은 용호당이었다.

신숙주, 박팽년, 성삼문, 최항, 김수온, 서거정, 강희맹, 노사신, 성현, 최부, 김일손, 조광조, 이황, 정철, 이이, 유성룡, 이항복, 이덕형 등을 비롯한 조선의 쟁쟁한 인재들이 모두 사가독서를 받아 호당에서 독서하며 학문을 깊이 닦았다. 이율곡은 동호당에서 공부하면서 매달 제출해야 하는 월과로 제출했던 글을 엮어 《동호문답》이라는 저술을 남기기도 했다.

명문가에서는 사가독서를 하는 인재가 집안에 있다는 것을 명예롭게 여겼다. 그들은 〈호당록〉이라는 문건을 소중하게 보관했는데, 집안사람의 이름이 〈호당록〉에 들어가 있는 것은 커다란 긍지이자 자랑이었다. 세종은 즉위 6년이 되는 1424년에 이 제도를 시행했다. 이는 그만큼 세종이 국가를 경영할 인재에 대한 갈증을 느끼고 있다는 반증이기도 하다. 세종은 인재 등용과 운용의 문화를 새롭게 세웠다.

세종 당시 명나라는 조선과 마찬가지로 신생국이었다. 게다가 몽골의 원나라를 무너뜨리고 건국에 성공했기 때문에 국가의 기틀을 바로잡고 새로운 문화를 창조해야만 했다. 세종은 사실 명나라에서 배우지 않았고 오히려 당나라 이전의 고전에서 해답을 구했다. 하지만 언제나 고전이 명답을 내놓는 것은 아니었다. 그렇다 하더라도 고전을 샅샅이 뒤져 조선만의 문화를 창조해내야만 했다. 사가독서 문화는 그런 의미에서 대표적으로 중국과 다른 조선만의 학문 연구 문화였던 것이다.

조선의 문화는 중국의 문화와 다르다. 근본적으로 하늘과 땅과 사람이 다르고, 생산되는 식물이 다르고, 산과 강에서 살아가는 동물이 달랐다. 그 다름에서 각국의 문화는 결정되는 법이다. 식물이 다르면 그것을 요리해서 먹는 식생활 문화가 다를 수밖에 없다. 세종은 중국과 다른 조선만의 문화를 더욱 발전시키기 위해 노력했다. 그것이 세종이 조선의 다른 군주들과 결정적으로 '다른' 점이었다.

정조의 싱크 탱크는 규장각이었다. 정조는 즉위 6개월 뒤인 9월 25일에 규장각을 창덕궁 금원禁苑의 북쪽에 세우고 제학, 직제학, 직각, 대교 등 관원을 두었다. 규장각을 최초로 설치한 왕은 세조였다. 역시 도서관의 역할이었다. 정조는 규장각을 도서관의 기능에만 머물러 있게 두지 않고 싱크 탱크로 변화시켰다. 정조의 싱크 탱크인 규장각은 학문 연구기관이었으며 개혁정책을 밀고 나가는 핵심 기관이 되었다. 정약용을 비롯한 걸출한 학자들이 규장각 출신이었다. 한편 박제가, 유득공, 이덕무, 서이수와 같은 서얼들도 적극적으로 등용하였다.

그러나 정조의 한계는 법고창신法古創新에 있었다. 이미 시대는 청나라 말기로 흐르고 있는데 송나라의 제도나 문장을 본받으려고 했던 것이다. 정조는 화성 행차 등으로 백성들과 직접 만나고 소통하였지만 거기까지였다. 시대정신을 받아들이지 못하고 조선을 우물 안 개구리로 갇히게 했다. 북경에서 오는 잡다한 잡물에는 감탄하면서도 그것들이 어떻게 만들어지고 유통되고 어떤 패러다임으로 세계를 바꾸는지에 대해서는 큰 관심을 기울이지 않았다.

네 번째 덕목은 '인재'다.

세종에게는 황희가 있었고 정조에게는 채제공이 있었다. 채제공은 정조가 세손 시절부터 모시던 스승이었다. 채제공은 정조가 승하할 때까지 거의 모든 국책사업을 진두에서 이끌었던 명재상이었다.

채제공은 영조 19년에 문과에 급제하였다. 그로부터 56년 간을 관직에 있었다. 채제공은 조선 후기의 정치·경제·사회에 많은 영향을 끼친 관료였다. 유럽의 18세기는 산업혁명과 프랑스대혁명을 성공리에 마무리하면서 근대국가 체제로 넘어가는 시기였지만 조선의 18세기는 여전히 큰 가뭄과 홍수, 전염병과 가혹한 세금에 짓눌려 신음하던 전근대의 시기였다. 한양을 비롯한 주요 도시에서는 도매상들이 뇌물과 정치자금을 제공하고 상업적 특권을 취해 독과점을 일삼는 바람에 영세상인과 서민들은 몰락 직전이었다. 채제공은 영조 시절 평안도 관찰사로 일할 때에도 재정을 철저하게 관리하여 평안도 감영의 재정적자를 크게 줄이고 도민의 부채까지 탕감해주는 뛰어난 업적을 남겼다. 채제공은 노론의 견제와 압력으로 관직에서 물러나 있기도 했다. 정조의 정적 심환지가 날카롭게 채제공을 감시했기 때문에 자그마한 청탁도 거절해야만 했다. 채제공은 정조의 든든한 국정 파트너였다. 채제공의 경제정책 중에서 최고의 백미는 '신해통공辛亥通共'이었다.

정조 15년 2월 12일

좌의정 채제공이 점포의 폐단을 개혁하는 일로 아뢰다

차대를 거행하였다. 좌의정 채제공이 상에게 아뢰기를 "점포의 폐단을 바로잡아 개혁하는 일은 평시서의 장부를 상고해 보건대, 30년

이래로 생겨난 명목은 단지 두세 가지의 점포에 지나지 않으니 햇수가 오래되고 오래되지 않은 것으로 한정할 수 없습니다. 그 가운데 육의전 이외에 백성의 일상생활과 가장 관계가 깊은 채소와 어물 등의 점포 같은 것은 마땅히 고려해보아야 할 것들인데 혹 원래의 점포를 혁파하거나 혹은 점포의 이름만 남겨두고 난전은 철저히 금지한 뒤에야 백성들이 살아나갈 수가 있습니다. 또 들으니 신이 경연에서 아뢴 뒤로 어물 등의 물가가 갑자기 전보다 싸졌다고 하니 개혁을 하고 난 뒤에 실효가 있을 것은 이로써 미루어 알 수 있습니다."라고 하였다.

평시서 제조 김문순이 아뢰기를 "여러 가지 점포들 가운데는 설치한 지 수백 년에 가까워 뿌리가 이미 단단해졌고 위로 국가의 수요에 응하는 것도 있는데 지금 만약 난전을 엄하게 금하여 제각기 매매를 하게 한다면, 여러 점포가 쇠잔하고 없어져서 혁파하는 것과 다를 것이 없을 것이니, 이것이 실로 금지하기 어려운 까닭입니다." 하니 전교하기를 "대신이 아뢴 것도 여러 가지 점포와 난전을 모두 철저히 금지하자는 것은 아니고 그중에서 일상생활에 가장 긴요한 물품을 취급하는 점포에 대해서 말한 것일 뿐이다. 다시 더 헤아려서 속히 이 폐단을 바로잡으라. 난전을 금지한다 하더라도 사적으로 도거리 장사를 하는 것은 반드시 있을 수 있는 일이니, 다시 적절한 방법을 강구해서 조정할 수 있는 길을 찾으라."고 하였다.

신해통공은 숙종 때부터 소유하고 있던 시전 상인들의 금난

전권의 폐지를 의미한다. 이를 통해 아무라도 시장에 들어와 장사할 수 있는 길을 열어주었다. 채제공은 신해통공을 통해 독점적이고 폐쇄적인 유통구조를 개방적인 구조로 개혁하였다. 이는 조선 후기 경제발전의 획기적인 전기가 된 사건이었다.

정조는 채제공에게 많은 것을 의존하였다. 그것은 왕세손 시절부터 지속된 일이기도 하였다. 채제공은 정조의 방패막이 노릇을 하였기에 항상 노론의 반격을 받아야만 했다. 정조는 노론의 반격에서 채제공을 지켜주기도 하면서 조선 후기의 개혁을 주도하고자 하였으나 결론적으로는 실패했다고 할 수 있다.

국가를 경영하기 위해서는 관료제가 제대로 정착되고 유지되어야 한다는 것을 세종은 알고 있었다. 그러기에 사소한 문제라도 대충 넘어가지 않고 꼬장꼬장 짚어가는 늙고 고루한 재상들이 필요했다. 허조는 여러 번에 걸쳐서 젊은 임금의 정책에 반대하고 나섰지만 세종은 그래도 그를 꾸준히 기용했다. 허조가 갖고 있는 역량을 최대한 다 끌어냈던 것이다. 세종은 비록 반대하는 사람이라고 해도 그가 충분한 능력을 가지고 있으면 그 능력을 최대한 활용하려 했다. 이것이야 말로 진정한 지도력인 것이다. 세종은 지도력의 문화를 남겨 후세의 모범이 되었는데, 그와 관련된 대표적인 인물이 황희다.

황희는 애초부터 세종의 반대파였다. 황희가 이조판서로 있던 태종 18년1418에 충녕대군이 세자로 책봉되자 이에 반대하다가 결국 폐서인되어 지금의 파주인 교하 지방으로 유배되었다. 태종이 양위하고 충녕이 등극하자 교하가 한양과 너무 가깝다는 이유로 전라도 남원으로 유배지가 바뀌었다.

태종은 그로부터 5년이 지난 뒤 황희를 남원에서 불러올렸다. 직첩을 돌려주고 의정부 참찬에 등용했는데, 당시 황희의 나이는 60세였다. 어떤 학자들은 세종이 황희를 부른 것으로 기술하고 있지만, 세종이 당시 상왕이었던 태종의 뜻을 그대로 따랐다는 점을 감안하면 황희를 중앙정치로 복귀시킨 것은 역시 태종이라고 추정할 수 있다. 그런 황희를 세종은 19년간 영의정으로 중용했다.

세종은 자주 "마지막으로 그대의 생각은 어떻소?"라며 황희에게 묻곤 했다. 그럴 때마다 황희는 "전하, 아뢰옵기 황송하오나 아직은 시기가 이른 줄 아뢰옵니다. 무릇 만물에는 때가 있는 법. 조금만 더 무르익기를 기다리심이 옳은 줄 아뢰옵니다."와 같이 사안에 적절한 대답을 하곤 했다. 세종이 황희를 주목하게 된 중요한 계기는 그의 탁월한 균형 감각과 상황 파악 능력 때문이었다. 그러나 황희는 명재상이라는 찬양 뒤에 숨어 온갖 못된 행동을 서슴지 않은 인물이었다. 〈세종실록〉에는 그의 인물됨이 다음과 같이 기록되어 있다.

세종 10년 6월 25일

황희가 박용 등의 문제로 사직을 청하다

또 난신 박포의 아내가 죽산현에 살면서 자기의 종과 간통하는 것을 우두머리 종이 알게 되니, 박포의 아내가 그 우두머리 종을 죽여 연못 속에 집어넣었는데 여러 날 만에 시체가 나오니 누구인지 알 수가 없었다. 현관縣官이 시체를 검안하고 이를 추문하니, 박포의 아내는 정상이 드러날 것을 두려워하여 도망하여 서울에 들어와, 황희의 집 마당 북쪽 토굴 속에 숨어 여러 해 동안 살았다. 황희가 이때 간통하였으며, 포의 아내가 일이 무사히 된 것을 알고 돌아갔다. 황희가 장인 양진에게서 노비를 물려받은 것이 단지 세 명뿐이었고, 아버지에게 물려받은 것도 많지 않았는데 집안에서 부리는 자와 농막에 흩어져 사는 자가 많았다. 정권을 잡은 여러 해 동안에 매관매직하고 형옥을 팔아 뇌물을 받았으나 그가 사람들과 더불어 일을 의논하거나 혹은 고문顧問에 대답하는 등과 같을 때에는 언사가 온화하고 단아하며 의논하는 것이 다 사리에 맞아서 조금도 틀리거나 잘못됨이 없으므로, 임금에게 무겁게 보인 것이었다. 그러나 그의 심술은 바르지 아니하니, 혹시 자기에게 거슬리는 자가 있으면 몰래 중상하였다. 박용의 아내가 말을 뇌물로 주고 잔치를 베풀었다는 일은 본래 허언이 아니다. 임금이 대신을 중히 여기는 까닭에 의금부가 임금의 뜻을 받들어 추국한 것이고 대원들이 거짓 복죄한 것이다.

황희는 사실 청백리가 아니었다. 파주 일대에 막대한 땅을 가진 대지주였다. 그는 처남과 아들의 끊이지 않는 비리로 숱한 구설수에 오르기도 했다. 또 지극히 개인적인 이익을 추구했고, 심지어는 청탁과 뇌물도 자주 받았던 인물이었다. 그러나 세종은 황희를 좋은 재상으로 점차 바꾸어나갔다. 청백리가 아니었던 황희도 세종의 변함없는 지지와 애정 앞에 스스로 변할 수밖에 없었다. 그랬기 때문에 황희는 지금까지 조선의 명재상으로 존경받고 있는 것이다.

황희가 세종이라는 임금을 만나지 못했다면 간신의 목록에서 빠지지 않는 인물이 되었을 것이다. 세종은 어떤 신하라도 언제나 긍정적인 측면과 전문적인 능력을 먼저 평가하려고 노력했다. 그런 태도가 없었다면 아마도 집현전은 유지되지 못했을 것이다. 그런 점에서 세종은 단기 순이익을 추구하는 인물이 결코 아니었다. 모든 일을 장기적인 안목으로 설계하고, 기획하고, 집행하는 인문학자이자 과학자면서 국가 경영자였던 것이다.

다섯 번째 덕목은 '업적'이다.

정조가 아무리 조선 후기의 개혁을 이루었다고 하더라도 세종만큼 성군이지도 않았고, 세종만큼 위대하지도 않았다. 세종은 무엇보다도 한글을 창제했다. 이것만으로도 세종은 만대에 칭송받을 업적을 내놓았다. 한글 창제뿐만 아니라 과학기술과 음악의 발전도 매우 놀라운 업적에 속한다. 물론 정조도 업적이 없는 것은 아니지만 한글 창제의 업적에 비할 수가 없다. 무엇보다도 세종은 출판을 중시했다. 인쇄술이 발전하지 않았던 시대라는 점을 감안하더라도 세종은 국가정책으로 책을 출간했다. 책의 종류도 참으로 다양했다.

《삼강행실도》, 그림으로 보여주는 윤리 교과서.

《세종실록악보》, 우리 민족의 가장 오래된 실존 악보.

《농사직설》, 조선의 풍토에 맞는 농사법.

《향약집성방》, 우리 땅의 약초로만 만들어낸 종합 의학서.

《역대병요》, 동아시아 전쟁사.

《칠정산내편》, 천문학 이론서.

《칠정산외편》, 아라비아의 회회력법 해설서.

《제가역상집》, 조선 천문학의 참고서.

《훈민정음해례본》, 한글 창제의 원리를 밝힌 언어학.

이외에도 무수한 책들이 있지만 생략한다. 세종의 업적은 문자를 창제한 언어학에서 우주의 원리를 밝힌 천문학에 이르기까지 그 범위가 넓고 다양했다. 무엇보다도 세종은 중국의 문화와 우리의 문화가 다르고, 우주를 바라보는 기준점이 다르고, 사물마다 생김새와 쓰임새가 다르고, 비록 같은 사물이라고 하더라도 그 사물이 생산되는 지역에 따라 미세한 차이가 있다는 것을 알고 있었다. 그런 점에서 세종은 문화 독립국을 건설한 최초의 왕이기도 하다.

성군이 된다는 것은 참으로 어려운 일이다. 무엇보다도 백성의 삶을 행복하게 만들어야 하는 게 최우선이다. 백성의 삶을 행복하게 만들기 위하여 임금은 다섯 가지 성군의 덕목을 충실하게 구현해야 마땅하다. 성군은 그냥 만들어지는 게 아니라 끊임없는 노력으로 성취되는 것이다. 세종은 그 어떤 왕보다도 노력했던 왕이었다.

5부
방역과 안보는 국가의 품격

17.
전염병의 창궐과
사회적 거리두기

2020년 가을, 인류는 새로운 세상의 입구에 옹기종기 모여 있다. 산업혁명 이후, 한 번도 경험하지 못했던 어떤 추상 때문이다. 이 추상은 눈에 보이지는 않지만 엄연히 존재하는 물질이다. 손으로 잡을 수도 없는 RNA 바이러스로 인류한테 왔다. 이제 인류의 시간은 코로나19 이전과 이후로 나뉠 것이다. 코로나19 이전을 BCBefore COVID-19, 이후를 ACAfter COVID-19로 분류하기도 한다.

인류는 유럽의 산업혁명 이후 근대화와 인간중심주의에 최우선을 두고 살아왔다. 최대치의 욕망, 최대치의 성장, 최대치의 개발을 통하여 인간은 자연을 차근차근 정복해가며 오늘에 이르렀다. 그러나 코로나19가 인간세계를 근본에서부터 바꾸고 있는 것이다. 코로나19가 불러일으킬 변화는 문명의 대전

환이며 삶의 패러다임을 바꾸는 대변혁이 될 것이다. 이 변혁
은 인류가 원하든 원하지 않든 이미 시작되었다.

　전염병의 역사는 인류의 역사와 함께한다. 전염병은 개인적
으로는 '내 몸이 죽느냐, 사느냐, 존재하느냐, 사라지느냐에
달려 있는 것'《논어》〈술이편〉, 공자이지만 사회적으로도 그 영향력
이 심대하고 당대 사회의 모습을 특징적으로 드러내곤 했다.
인류의 역사에 기록된 페스트는 삼십여 차례 발생했는데 1억
명에 가까운 사망자를 냈다. 페스트를 가장 실감 나게 묘사한
작가는 누가 뭐래도 알베르 까뮈다.

　페스트 때문에 새들이 모두 사라져버린 아테네, 말 못하고 죽어가
는 사람들로 가득했던 중국의 도시들, 썩은 물이 뚝뚝 떨어지는 시
체들로 구덩이를 채우던 마르세유의 도형수들, 페스트의 광풍을 막
기 위해 프로방스에 세워진 거대한 성벽, 야파시와 그곳의 끔찍한
거지들, 콘스탄티노플의 맨땅에 아무렇게나 가져다 놓은 썩은 침대
들, 환자들을 갈고리로 찍어 내리는 모습, 페스트 절정기에 벌어지던
마스크 쓴 의사들의 행진, 산 사람들이 밀라노의 공동묘지에서 벌
이던 성교, 공포에 질린 런던의 시체 운반 수레들……*

상상만 해도 끔찍한 풍경들이다. 지난 4월 뉴욕시는 코로나

─────────
* 알베르 까뮈,《페스트》, 문학동네, 53~54쪽

19로 숨진 시민들을 '하트섬'에다 매장했다. 그 사진을 보고 세계는 충격에 빠졌다. 여하튼 페스트로 인한 사망자들은 과학에 무지한 정치로 인해 죽었다고 보는 게 타당하다. 시민들을 교회에 몰아넣고 한꺼번에 페스트에 걸리게 한 것은 정치의 결정이었다. 물론 전염병을 과학이나 방역의 영역에서 보지 못하고 신앙의 영역에서 본 것이지만 어쨌든 교회와 신앙은 전염병에 걸린 환자를 구원하지 못한 것도 사실이다.

20세기가 대규모 전쟁의 시대였다면 21세기 초반은 국지적 전쟁과 전염병의 시대라고 해도 크게 틀린 말이 아니다. 2001년을 맞이하는 첫날, 새로운 밀레니엄이 시작되자 많은 사람들이 20세기 근대주의의 가혹한 상처와 폐해에서 벗어나 새로운 세계로 가리라는 패러다임의 변화를 간절히 소망했었다. 그러나 그 소망은 아홉 달 뒤 처절하게 배신을 당하고 말았다. 9·11 테러가 발생한 것이다. 9·11 테러는 알카에다가 2001년 9월 11일에 미국의 여러 곳에서 자행한 항공기 납치, 동시다발 자살 테러였다. 이 테러로 약 2,996명의 사람이 사망하고 최소 6천 명 이상의 부상자가 발생하였다. 세계는 경악했다. 그리고 21세기 초반은 기독교 국가와 이슬람 국가의 전쟁으로 얼룩지게 되었다. 국가를 참칭한 테러 집단 IS의 잔악한 학살에 어마어마한 숫자의 난민이 지중해를 건너 유럽으로 몰려들었다. 테러와 국지전이 계속되는 동안에 지구의 온난화는 급속도로 진행되었고 인종 간 혐오가 극단으로 치닫고 있는 사이에 전염병이 나타나기 시작했다.

맨 먼저 사스SARS가 전염병으로 등장했다. 서울대학교 병원의 의학 정보를 보면 사스에 관해 간략히 잘 정리되어 있다. 사스의 우리말 명칭은 중증 급성 호흡기 증후군인데, 이는 사스-코로나 바이러스SARS-CoV가 인간의 호흡기를 침범하여 발생하는 질병이다. 2002년 11월에서 2003년 7월까지 유행하였다.

사스의 원인 바이러스인 사스-코로나 바이러스는 한 가닥의 RNA를 유전물질로 가지고 있는 바이러스다. 인간에게 감염을 일으키는 코로나 바이러스의 형태는 제1혈청형과 제2혈청형이 있다고 알려져 있는데, 사스의 원인이 되었던 코로나 바이러스는 이 두 가지 혈청형과 다른 변종인 것으로 나타났다. 원인 바이러스가 전파되는 경로는 아직 완전히 밝혀지지 않았지만 대기 중에 떠다니는 고체나 액체의 미세한 입자에 의해 전파되는 것으로 추측하고 있다.

사스-코로나 바이러스에 노출된 후 2~7일 정도의 잠복기가 지나면 발열, 무력감, 두통, 근육통 등 신체 전반에 걸친 증상이 나타난다. 이후 기침과 호흡 곤란 증상이 발생하고 25%의 환자에게서 설사가 동반된다. 심한 경우에는 이러한 증상이 2주 이상 지속되며 호흡 기능이 크게 나빠지고 급성 호흡곤란 증후군 및 다기관 부전증으로 진행된다.

사스는 2002년 11월에 중화인민공화국 광둥성 포산시에서 첫 환자가 발생한 이후 홍콩, 싱가포르, 베트남 등을 거쳐 세계적으로 확산된 바이러스성 전염병이다. 중증 급성 호흡기 증후군 코로나 바이러스에 의해 발병한다. 보통 잠복기는 2~7일이며, 10일이 걸릴 수도 있다. 이 바이러스는 박쥐에서 사향 고양이로 옮겨갔고, 요리사에게 옮겨가 많은 과정을 거쳐 전 세계적으로 퍼졌다

2003년 2월 21일, 중국 광둥성 광저우의 한 의사가 친척 결혼식에 참석하고자 홍콩을 방문했다. 며칠 전부터 독감 비슷한 증상이 있던 그 의사의 상태는 홍콩의 호텔에서 급격히 나빠졌다. 아내와 함께 묵던 호텔 9층 911호뿐만 아니라 복도나 엘리베이터에서 심한 기침을 해댔을 것이다.

그로부터 닷새가 지난 2월 26일, 베트남 하노이에서 한 사업가가 괴질로 쓰러졌다. 곧이어 3월 1일에는 싱가포르에서 한 항공기 승무원이 사망했고, 사흘 뒤에는 캐나다 토론토의 78세 할머니가 사망했다. 그 의사와 같은 호텔 9층에 묵었던 투숙객 9명이 이렇게 세계 곳곳에서 영문도 모른 채 쓰러졌다. 21세기에 들어서자마자 전 세계에 유행한 사스의 비극은 이렇게 시작했다. 약 9개월간의 대유행 동안 8,273명이 감염되었고, 775명이 바이러스 때문에 사망했다.*

---

* 강양구, 〈신종코로나바이러스, 끝이 아닌 이유〉 창비주간논평

강양구는 사스가 어떻게 전염되는지를 잘 설명하고 있다. 2003년의 그 뜨거운 여름, 동남아시아 지역은 사스로 몸살을 앓았다. 반면에 한국에서는 총 3명의 환자와 사망자가 발생했다. 중국, 홍콩, 대만 등의 중국인 거주 국가에서 사스 환자들이 많이 발생하자 인접한 나라의 국민들은 공포에 사로잡혔다. 대중교통 이용 회피나 외출 등 이동을 자제하고 사람들과 접촉을 피했다. 손 세정제와 마스크 등 개인 위생용품이 많이 팔렸다. 미국과 유럽 등의 나라에서는 사스에 관한 루머가 대규모로 퍼졌다. 이로 인해 중국과 중국인에 대한 혐오가 유행처럼 번졌다.

두 번째로 메르스가 전염병으로 발생했다. 메르스는 중동 호흡기 증후군인데, 메르스 코로나바이러스Middle East Respiratory Syndrome Coronavirus : MERS-CoV에 의한 호흡기 감염증이라고 한다. 중동 지역에 사는 낙타와의 접촉을 통해 감염되었다고 하며 사람 사이에는 밀접 접촉에 의한 전염으로 유행되었다.

우리나라에서는 2015년 5월 20일 바레인에서 입국한 아무개 씨가 메르스 확진을 받으면서 국내 첫 메르스 환자로 판명되었다. 질병관리본부에 따르면 아무개 씨는 2015년 4월 18일부터 바레인에서 농작물 재배 사업을 하다가 5월 3일 카타르를 경유해 귀국했다. 아무개 씨는 입국 당시에는 무증상이었으나 일주일 정도 지난 5월 11일에 발열과 기침 등의 증상이 나타나 병원 진료를 받았다. 감기 증상으로 처방을 받았으나 낫지를 않자 세 차례나 병원을 옮겨 진료를 받았다. 아무개 씨는 결국 5월 19일에서야 확진 판정을 받았다.

당시 보건 당국은 메르스에 대해 안이한 대처로 일관했다. 감염률이 높지 않다고 발표했으나 첫 확진자가 나온 지 미처 한 달도 안 돼서 감염자가 100명을 넘어섰다. 메르스 사망자가 연이어 발생하고 n차 감염까지 속출했다. 심지어는 십 대 청소년과 임신부 감염자까지 발생했는데도 박근혜 정부는 환자는 물론 의사 감염자까지 발생한 대형 병원의 이름을 은폐하기에 이르렀다. 그러나 병원명 공개를 촉구하는 여론이 점점 높아지고 서울시를 비롯한 일부 지자체가 행동에 나서자 마지못해 메르스에 감염된 24개 병원의 명단을 공개했다. 세계보건기구who 합동평가단은 박근혜 정부가 정보를 은폐한 탓에 초기 방역에 실패했다고 평가하기도 했다.

보건 당국은 2015년 12월 23일 자정을 기해 메르스 종식을 공식적으로 선언했다. 첫 환자가 발생한 지 217일 만이었다. 우리나라에서는 총 186명이 감염됐으며 38명이 사망하면서 사우디아라비아 다음으로 메르스 유행국이라는 오명을 썼다. 유럽질병통제센터ECDC 자료2015년 5월 29일 기준에 따르면 전 세계 25개 국가에서 1,167명의 감염자가 발생했고, 이 가운데 479명이 사망했다. 그중에서 사우디아라비아에서만 1,010명이 감염되었고 442명 사망했다. 우리나라는 두 번째로 수치가 높았다.

코로나19의 습격

알카에다의 오사마 빈라덴이 제거되자 IS의 아부 바크르 알바그다디가 나타난 것처럼 사스와 메르스가 종식되자 더 강력한 코로나19가 발생했다. 코로나19의 정식 명칭은 코로나 바이러스감염증-19COVID-19인데 신종 코로나 바이러스SARS-CoV-2에 의한 호흡기 감염 질환이다.

중국 우한에서 2019년 12월에 발생한 뒤 중국과 전 세계로 확산되어 대유행이 되었다. 코로나19는 주로 호흡기를 타고 전염되는데 감염자의 침방울비말에 의한 것으로, 감염력이 아주 강력하다. 감염되면 대략 14일 정도의 잠복기가 있고 기침을 비롯한 호흡기 증상과 폐렴이 주요 증상으로 나타나며 발열과 근육통 및 설사를 동반한다. 무증상 감염 사례도 보고되고 있다. 고령의 기저질환이 있는 경우에는 치사율이 아주 높은 것이 특징이다.

코로나19가 얼마나 강력한지 세계 최고의 선진국이라는 미국의 사례를 살펴보면 할 말을 잃을 정도다. 2020년 8월 30일 오전 존스홉킨스대학의 발표에 따르면, 미국의 코로나19 확진자는 600만 명을 넘어섰고 사망자는 18만 명이라고 했다. 이는 베트남 전쟁에서 전사한 미군 5만 8,220명을 세 배나 뛰어넘는 어마어마한 수이다.

2020년 1월 20일에 첫 확진자가 발생한 이래 불과 7개월 만에 600만 명을 넘겼다니 그저 놀라울 뿐이다. 세계의 현황을 보면 확진자가 2천 5백 4십만여 명이며 사망자는 8십 5만여 명이다. 우리나라의 경우에는 확진자가 2만여 명이며 사망자는 324명이다.

코로나19 감염 초기에 한국은 세계의 조롱거리가 되었다. 중국에 이어 감염자가 가장 많이 발생했기 때문이었다. 세계 각국은 재빠르게 한국인의 입국을 금지시켰다. 한국에 있던 이주노동자들과 프로 스포츠 선수들도 서둘러 한국을 떠났다. 유럽에서는 동양인에 대한 혐오가 또다시 나타났다. 그러나 오래지 않아 한국은 봉쇄 없이 코로나19를 안정적으로 관리하였고 관련 분야에서 세계 최고의 모범 국가로 부상했다. 유럽의 주요 선진국을 비롯한 국가들이 시민들의 이동을 아예 금지시키는 봉쇄정책을 펼쳤음에도 방역에 실패했지만 한국은 관리에 성공했다. 물론 관리 자체가 방역의 성공을 의미하는 것은 아니다. 코로나19는 그 어떤 전염병보다도 감염력이 최상위급이기 때문이다.

코로나19는 모든 것을 바꿔놓고 있다. 이동이 절제되고, 경제는 침체되며 일상은 어긋났다. 사람들은 모두 마스크를 쓰고 다니고 있으며 '사회적 거리두기'라는 말이 생겨났다. 사람과 사람은 거리를 두는 게 아니라 밀접하게 접촉하며 사는 게 미덕이라 여겨졌지만, 지금은 물리적 거리를 유지하는 것이

미덕이 되었다. 한국의 코로나19에는 묘하게도 이념적 투쟁과 정치가 매우 심각할 정도로 투영되어 있기 때문이다. 개인의 이익이 공공의 이익보다 우선한다는 자아_{의사들의 욕망적 자아}들의 투쟁이 이 글을 쓰는 지금도 격화되어 있으며, 숱한 거짓말로 방역을 방해하는 것을 문재인 정부에 대한 투쟁으로 미화하고 있다. 일부 욕망적 자아들은 인간으로서의 품격을 잃었고, 정치도 품격을 잃었다. 다시는 코로나19 이전으로 회귀하지 않을 텐데도 그 회귀를 희망으로 삼고 살아가게 만드는 위선의 말들이 횡행하고 있다. 그 어느 때보다 품격을 찾아야 할 때가 왔다. 이런 광란의 시대에 문득 세종대왕이 떠올랐다. 세종의 시대에는 전염병이 없었을까? 이런 사소한 질문에 《조선왕조실록》을 열어보았다.

실록에 '전염병'을 검색하면 국역으로 총 702회가 나오는데 그중에서 세종대에만 19회가 등장한다. '역질'로 검색하면 총 255회 중에서 세종대에 34회, '역병'으로는 총 27회 중에서 세종대에 2회, '질역'으로는 총 24회 중에서 세종대에 11회가 등장한다. 그만큼 전염병이 많았다는 증거다. 세종은 즉위년부터 전염병과 마주했다.

세종 1년 5월 1일
각도에 역질이 도니 수령들에게 구료 처방을 주다
임금이 말하기를 '이제 들으니, 각도에 역질이 성행한다 하니 수령에게 가르치고 타일러, 구료에 힘쓰지 아니하면 젊은 나이에 죽게 될 것이니 내가 심히 민망히 여겨서 향소산·십신탕·승마갈근탕·소시호탕 등의 약을 여러 도의 감사에게 하사하여, 약방문에 의하여 치료하라' 하였다.

세종 3년 12월

서울에 역질이 유행하다

서울에 역질이 유행하였다.

세종 4년 3월 29일

역질이 있어 많은 사람이 죽다

이달에 서울과 지방에서 큰 역질이 있어, 죽은 사람이 매우 많았다.

《간이벽온방》에는 당시의 전염병에 대한 정리가 실려 있다. '이 병은 시기 또는 온열 등의 병과 같아 그 병의 모습이 모두 한가지다. 모두가 일 년 중에 절기가 조화롭지 못한 데 기인한다. 추위와 더위가 어긋나거나 폭풍과 사나운 비와 안개와 이슬이 흩어지지 않으면 사람들이 많이 앓게 된다. 역병은 어른, 아이의 구별 없이 모두를 휩쓰니 그 모습이 흡사 귀신의 기운과 같아 이를 일러 역려병이라 한다. 병기는 서로 전염이 쉬워 이윽고는 멸문에 이르고 다른 사람에게 옮기니 마땅히 미리 약을 먹고 법술을 행하여 막으라. 역병이 일어남은 혹은 하수도를 치우지 않아 그 나쁜 증기가 올라와 된 것, 혹은 땅에 죽음의 기운이 많아 울발하여 된 것, 혹은 관리가 원통하게 핍박해 원한이 맺혀 된 것 등이 있다.'고 했다.

물론 세종 당시에는 《간이벽온방》과 같은 의학책은 없었다. 《간이벽온방》에 의하면 역병의 원인을 기후 부조화, 비위생적인 생활환경, 가뭄과 홍수 그리고 시체를 묻지 않고 방치하는 것땅에 드리운 죽음의 기운, 공무원의 탐욕과 핍박으로 꼽았다. 이런 연유로 역병이 창궐하니, 어린 세종은 고민이 많았을 것이다. 역질을 비롯한 전염병과 기후변화에 따른 가뭄과 홍수는 모두 지도자의 책임이었다. 지도자는 최선을 다해 재난과 맞서야 하는 것이다. 군자는 무릇 질병이나 재난을 마주했을 때 덕행과 지혜와 기술과 담대함을 갖고 대처할 수 있어야 한다.

"어떻게 역병에 맞섰습니까?"
"치료와 구휼을 최우선으로 했다."

중세의 전염병은 잡히는 듯 잡히지 않는 특징을 갖고 있다. 그것은 비위생적인 생활환경과 영양의 빈약 그리고 과도한 노역 때문이었다. 전염병이 나타날 때마다 세종은 국가 차원의 의료가 실행되기를 바랐다. 그러나 조선 초기의 의료 체계란 참으로 허술하기 짝이 없었다. 무엇보다도 의사와 약이 절대적으로 부족했다. 서울의 관청에는 당약唐藥이라고 하여 중국에서 수입한 약재가 있었지만 그것으로는 전염병을 치료할 방법이 없었다. 그렇다고 손을 놓고 있을 수는 없었다.

의료체계의 정비

세종은 조선의 의료 체계가 매우 허술하다는 것을 알고 있었다. 조선의 의서들은 대부분 고려 시대에 중국에서 수입한 것들이었다. 조선의 풍토와 관련된 처방도 없었고, 국내에서 생산되는 약재의 처방도 주먹구구식에 불과했다. 부족한 의사를 충원해야 했고, 의학생도를 가르쳐 지방으로 내려보내기도 해야 했다. 하지만 워낙 시스템이 갖춰져 있지 않았기에 당장 눈앞의 전염병과 맞서기에는 언제나 역부족이었다. 세종은 전염병이 발생하자 지방의 수령들에게 치료의 방법을 내려보냈다.

세종 2년 3월 28일

전염병을 성의껏 치료하여 죽는 자가 없도록 명하다

"이제 들으니, 서울과 지방에 전염병이 성하게 유행한다 하니, 소재지의 관리로 하여금 성의를 다하여 치료하여 죽는 자가 나지 않도록 하라."

그러나 잘 시행되지 않았다. 어떤 관리들은 전염병으로 사망한 사람들의 숫자를 줄여서 보고하기도 하였다. 지방의 수령들은 주로 사대부들이라 맹자 왈 공자 왈에는 아주 능했지만 전염병에 대처하는 의학적 지식과 방법 등에는 무지한 편이었다. 그렇기 때문에 방역이나 치료에 소홀할 수밖에 없었다. 세종은 6년 차와 14년 차에도 거듭 관련된 교지를 내렸다. 수령들의 의료적 소양 부족은 아주 심각했다. 스스로 방역을 하거나 길거리의 시체들을 매장하지 않고 방치해두기 일쑤였다. 관련된 상소와 보고가 자주 올라와 세종은 마음이 편치 않았다. 임금의 명령이 말단 수령에 이르기까지 정확하게 전달되고 시행되는 게 아니라는 이 엄연한 사실 앞에 세종은 분노하기에 앞서 처방전을 먼저 고민했다.

세종 6년 2월 30일

지방 각도에 발생한 역질의 치료와 처방에 관해 예조에 전지하다

예조에 전지하기를 "내가 들으니 지방 각도에 역질이 퍼져 있다 하나, 그 고을 수령들이 마음을 써서 살리려고 하지 아니 한다고 하니, 그들에게 향소산·십신탕·승마갈근탕·소시호탕 등을 약재로 제작하게 하고, 의학생도들을 시켜서 병이 나는 대로 바로 진찰하여 치료하도록 하고, 또 각기 그 근처에 있는 무녀들을 시켜 무시로 출입하며 죽을 쑤어 공급하게 하고, 항상 고찰하여 비명에 죽는 일이 없도록 하라."

세종 14년 4월 21일

각도의 감사에게 전염병 구제 조항에 의거 구료하라 전지하다

각도의 감사에게 전지하기를 "민간에 전염병이 발생하거든 구제하여 치료해주라는 조항을 여러 번 법으로 세웠는데, 각 고을의 수령들이 하교의 취지를 살피지 않아서, 금년은 전염병이 더욱 심하건만 구료하기를 좋아하지 않으니, 일찍이 내린 각년의 조항을 상고하여 구료해 살리도록 마음을 쓰라."

향소산은 감기에 주로 사용하는 처방이고, 십신탕은 기후 부조화로 생긴 두통과 오한과 고열을 치료하는 처방이고, 승마갈근탕은 유행성 감기로 오한과 두통과 고열이 나고 머리가 무겁고 허리와 관절이 아프며 코가 막히면서 콧물이 나고 기침을 하는 감기와 편도선염의 처방이고, 소시호탕은 여러 가지 급만성 질환으로 발열과 오한과 흉협고만_{가슴과 옆구리가 그득하고 괴로운 증상}, 구고_{신물이나 쓴물을 토하는 증상}와 심번_{고열로 가슴이 답답한 증상} 및 구토증을 치료하는 처방이다. 네 가지 처방약 모두의 특징은 고열을 치료 한다는 데 있다. 세종 당시의 역질은 기본적으로 고열을 수반하는 돌림병이었다. 전염병의 치료에는 고열을 잡는 것이 최우선이었다. 그러나 약재도 부족했지만 의사가 부족한 것이 가장 큰 문제였다. 세종은 의사의 부족을 극복할 방법을 찾아야 했다.

세종 3년 12월 18일

도성수축도감에서 올린 상해 군사의 치료 의원 증수 건의

도성수축도감에서 보고를 올리기를 "지금 혜민국과 제생원으로 하여금 성 쌓는 군사의 질역을 치료하게 하였으나, 군사의 수효는 많은데도 두 관사의 의원은 적으니, 쉽사리 구료할 수 없습니다. 청컨대, 한 차사원이 맡은 세 고을 군사에게 각기 의학생도 2, 3인을 거느리고 약재까지 준비해 오게 해서, 서울 의원의 지시를 받아 치료하도록 할 것입니다."

이조에서 보고를 올리기를 '의학을 공부하는 자들이 다만 방문 책만 읽고 시험을 치러서 진급하는 데만 힘을 쓰고, 병을 고치는 데에는 마음을 쓰지 아니하니, 지금부터는 치료의 다소를 함께 참작하여 채용하게 하소서'* 할 정도로 의사의 자질도 부족했다. 세종의 시대를 지나고 지나 2020년 10월인 지금도 코로나19가 엄중한데 전공의들이 파업을 하고 있다. 공공의 문제와 공정의 문제를 욕망의 자아로 뒤덮고 있는 것이다. 자아의 이익을 추구하면서 아닌 척하는 것은 커다란 위선이고 독단이다. 그것은 세종의 시대나 지금이나 마찬가지이다.

아버지 태종은 여의사가 필요하다는 점을 알고 각 기관에 배속된 어린 여자 노비를 선택해서 의술을 가르치게 하였다.

---

* 세종 3년 3월 18일 기사

그것으로는 부족해서 세종은 그 숫자를 늘리라고 하였다. 여의사의 숫자가 늘어나자 서울의 여자들은 혜택을 보았으나 지방에 사는 여자들은 여전히 치료를 제때 제대로 받지 못하는 상태였다. 그런 중에 적시에 필요한 상소문이 올라왔다.

'전하께옵서 또 그 인원수를 증가하시고 무겁게 그 교훈을 가하시니, 이로 말미암아 서울에 있는 병자는 한갓 존귀한 집만이 아니라, 사서인의 집 여자까지도 모두 이에 치료를 힘입었던 것입니다. 그러나 외방의 부녀자들만이 홀로 그 어지신 은택을 입지 못하고 있으니, 어찌 정치 교화상의 한 흠사가 아니겠습니까. 원컨대 외방 각도의 계수관_{도청소재지}의 관비 중에 영리한 계집아이를 택하여 서울로 보내어 침구술과 약품 조제하는 법을 가르쳐서, 그 술법을 익숙히 익힌 자는 도로 그 관으로 보내면, 그 지역 안의 부녀자의 병은 가히 고칠 수 있을 것입니다.'라는 상소였다.

이 상소를 올린 의정부참찬은 예전에도 비슷한 상소를 올린 적이 있었다. 세종은 예조에 즉시 검토하라는 명령을 내렸다. 전염병이 유행할 때는 물론이고 평상시에도 의사는 반드시 필요했다. 특히 여의사에 대한 요구는 빗발쳤다. 남자 의사한테 제 몸을 내보이며 진료를 받느니 젊은 나이에 사망하기를 선택한 부녀자들이 많은 것도 사실이었다.

세종은 의사의 부족도 문제려니와 약재의 처방과 부족에 대해서도 근심이 많았다. 세종은 틈틈이 의서를 읽었던 것으로

추정된다. 전염병이 돌자 고려 현종 시절에 송나라에서 수입
한 《태평성혜방》*을 주의 깊게 읽고 처방에 대해 숙고했다.

세종 16년 6월 5일

외방의 유행·전염병을 치료하는 방법을 방문으로 써서 주지시키도
록 하다

예조에 전지하기를 '외방지방의 질역을 구료하는 법은 《육전》에 실
려 있으나, 수령이 구료에 마음을 쓰지 않을 뿐 아니라 구료하는
방법을 아직 다 알지 못하여, 전염병에 걸려 죽는 사람이 많이 있
으니 진실로 가엾다 할 것이다. 널리 처방을 만들어 내려 보내 경중
서울 시내과 외방의 집집마다 주지시키도록 하여, 정성을 다하여 구
료하면 사망에 이르지는 아니할 것이니, 나의 긍휼하는 뜻에 맞도
록 하라' 하였다.

이어 '성혜방은 시기유행성 전염병와 열독을 서로 감염하지 못하게 하
는 것이다. 방문으로는 두시콩을 삶아 쪄서 소금과 생강 따위를 넣고 방 안 온
도에서 3일 동안 발효시켜 만든 약 1되, 복룡간아궁이 바닥에서 오랫동안 불기운
을 받아 빛깔이 누렇게 된 흙 가늘게 빻은 것 3냥, 동자소변어린이 오줌 3종
잔을 서로 섞어서 달이고, 1종잔 반을 취하여 찌꺼기를 버리고 세
번에 나누어서 먹되, 아침마다 한 번씩 복용토록 하여 사람으로 하
여금 장역독기로 인하여 생기는 열병에 걸리지 않게 한다. 또 시기와 장

―――――――
* 왕희은 편찬

역의 탕약 처방은 복숭아나무 지엽 10냥, 백지구릿대 뿌리를 말려 만든 생약, 감기로 인한 두통이나 요통, 콧물이 많이 나는 병 따위에 쓰며 종기에 외과약으로도 쓴다 3냥, 백엽측백나무 잎 5냥을 골고루 찧고 체로 쳐내어 가루약을 만들고, 매번 3냥을 가져다가 탕을 끓여 목욕을 하면 극히 좋다. 또 시기와 장역의 처방은 복숭아나무 속에 있는 벌레똥을 가루로 곱게 갈아 한 돈쭝을 물에 타서 먹는다. 또 방문으로는 초시볶은 두시 1되, 화술_{和朮} 1근을 술에 담가두고 항상 마신다. 천금방치온병불상염방은 새로운 베로 만든 자루에 붉은 팥 1되를 담아 우물 안에 넣었다가 3일만에 꺼내어 온 식구가 27알씩 복용한다. 또 솔잎가루를 술에 타서 방촌시_중 숟가락로 하루 세 번씩 복용한다. 다른 처방으로는 새로운 베로 만든 자루에 콩 1되를 담아 우물 속에 넣어 한 잠을 재우고 꺼내어서 7알씩 복용한다. 또 다른 처방으로는 한때 돌아가는 여역에는 항상 매달 보름날 동쪽으로 뻗은 복숭아나무 가지를 잘게 썰어 넣고 물을 끓여 목욕한다. 경험양방민간에서 널리 쓰이는 처방으로 상한역려급성 전염병에 한 자리에 거처하여도 서로 감염되지 않는 처방은 매일 이른 아침에 세수하고 참기름을 코 안에 바르고, 누울 때에도 바른다. 창졸간이라 약이 없으면 곧 종이 심지를 말아서 콧구멍에 넣어 재채기를 하는 것이 좋다.'고 하였다.

세종은 그 누구보다도 전염병의 처방에 대해 깊게 고민하고 예조에 지시를 내렸다. 그럼에도 역질은 끊임없이 발생했다.

이동의 금지

특히 황해도에서 자주 발생했는데 이는 기근과도 깊은 연관이 있었고, 무엇보다도 서울에서 중국으로 가는 행로의 중간에 위치했기에 사람들의 이동도 많았다. 어떤 전염병은 숙주가 되는 동물이 옮기기도 하지만 대부분은 사람이 옮겼다. 세종은 사람이 많이 모이는 집합을 중단하는 문제와 약재의 생산에도 관심을 기울였다. 먼저 집합을 중단시켜 사람들이 모이지 않게 조치했다. '이처럼 날씨가 따뜻한 때를 당하여 한곳에 모여 있기 때문에, 역기가 서로 전염되어 많이 사망하는 것이다.'라는 한성부의 보고가 있기 전에 세종은 그것을 이미 알고 있었다.

세종 14년 4월 22일

전염병이 크게 유행하여 서울 안의 긴급하지 않은 영선공사의 정지를 명하다

임금이 말하기를 "(……) 서울 안에 전염병이 크게 유행하는 것을 알 수 있으니 오부로 하여금 구료에 힘쓰게 하라. 또 성중의 영선修리, 保수하는 공사가 한두 가지가 아니어서 경기의 선군들도 또한 와서 작업장에 나가고 있으니, 이 무리들이 아마 집을 떠난 채 전염병에 걸린다면 반드시 죽음을 면하지 못할 것이다. 그중 다음 달의 작업장에 나가기 위하여 올라오는 도중에 있는 선군은 통첩을 내어 돌아가게 하는 것이 어떠한가?"

이에 종서 등이 아뢰기를 "전염병은 여러 사람들이 모인 가운데서 잘 퍼지는 것입니다. 신 등의 생각이 이에 미치지 못하였는데 주상의 말씀은 옳습니다."

임금이 말하기를 "작업장에 나가는 선군은 내 생각으로는 그들이 반드시 충분한 식량을 갖고 오지 않았을 것이다. 만약 그들을 선소 船所로 가게 한다면 그것은 그들을 굶주리게 하는 것이니, 그들을 죄다 풀어주어 집으로 돌아가게 하는 것이 어떠한가?"

종서 등이 아뢰기를 "당번 선군들을 물러가 제집에서 쉬게 한다면 이 또한 착하신 은전이겠습니다."

이에 즉시 병조에 명하여 돌아가게 하고 이어 서울 안의 긴급하지 아니한 영선공사를 정지하라고 명하였다.

세종 16년 1월 19일

두진·역질에 걸린 남녀들은 병이 쾌차하기 전까지 사역하지 못하도록 하다

형조에 전지하기를 "공사간에 사용되는 남녀들이 두진 혹은 역질에 걸려 있는데, 병세가 비록 대단치 않다 하더라도 확실히 쾌차하지 않은 자를 사역시켜 병이 다시 도져 목숨을 잃게 하는 것은 절대 안 될 일이니, 이 뒤로는 병세가 아직 쾌차하지 않은 자는 사역하지 못하게 하라."

예나 지금이나 전염병 예방에는 이동과 집합의 금지가 주효

했던 것 같다. 최고의 방법은 봉쇄지만 일단 확진자가 발생하면 격리에 힘을 써야 하는 것이다. 소설《페스트》의 주인공 리외는 의사인데, 치료보다는 확진자의 격리를 결정하는 것이 의사의 책임이라고 말했다. 그는 진료 가방을 들고 의심자가 발생한 가정을 방문하여 확진 결정과 함께 격리를 결정했다. 페스트로 인한 격리는 곧 죽음이었다. 그래도 격리를 선택할 수밖에 없었다.

세종은 전염병의 감염경로를 이해했고, 매우 초보적이긴 하지만 집합 금지와 해산의 명령을 내렸던 것이다. 집합 금지와 해산은 전염병 방역의 영역이기도 했지만 근본적으로는 정치의 영역이었다. 죽음이 이르는 질병, 흑사병에 대해 간략하게 서술한 쟈크 아탈리의 글이 전염병이 얼마나 정치적이어야 하는지를 잘 보여준다.

"인간은 아주 오래전부터 여행자들 사이를 옮겨 다니는 질병들에 대해 알고 있었다. 적어도 고대 그리스 시대 때부터 인간은 역병이 사납게 퍼지는 것에 대해 주의하고 있었다. '역병'은 그리스어로 '지나가던 이방 신들이 요구하는 희생'을 가리켰다. (……) 이유도 없이 생겼다가 이유도 없이 사라져버리며 수수께끼같이 떠돌아다니는 이 질병. (……) 하지만 질병을 막을 방법은 몰랐다. 기껏해야 가난한 사람들이 돌아다니지 못하게 일자리를 제공하고 여행자들을 감시하거나 병자들을 가두는 정도였다. 그리고 특히 수상한 여행자들은 항구와 정박지에 접근하지 못하도록 했다.

유럽 역사상 가장 심각하게 전염병이 퍼진 까닭은 프랑스 항구가 바로 이런 예방 조치를 취하지 않았기 때문이다. 이것은 정착민들에게 피해를 주고 여행자들에 대한 두려움을 정당화시키는 전형적인 경우라 할 수 있다.

1345년, 폐렴 형태의즉, 전염성이고 치명적인 흑사병이 중국에서 생겨나 수백만 명이 사망했다. 그런 뒤 흑사병은 대상 행렬과 함께 중앙아시아 스텝 초원을 횡단하여 자니베크라는 타타르족 칸의 부대까지 퍼졌다.

(……) 하지만 돌림병에 대한 소문이 이미 유럽의 주요 항구에 퍼져 있었다. 콘스탄티노플, 리보르노, 제노바가 돌림병 지역에서 온 배들의 입항을 거부했다. 메시나 항구는 잠시 동안 정박지를 열었다가 닫았다. 그런데 마르세유는 이 기회에 유리한 상거래를 할 수 있을 거라고 보고 1347년 11월 1일에 그 배들에게 정박지를 열어주었다. 흑사병이 배 안에서 떠돈다는 사실을 마르세유 당국이 알았을 때는 이미 너무 늦어버렸다. 쥐들이 왔다 갔다 하면서 흑사병이 육지까지 번져나갔다. 주변인들과 제적인들이 의사, 공증인, 사제, 무덤 파는 인부들과 더불어 제일 먼저 병에 걸렸다.

아비뇽은 1348년 3월에 전염병이 돌기 시작해 클레멘스 6세를 위협했다. 돌림병은 그해 4월 말에는 리옹, 8월에는 파리, 그리고 1349년 가을에는 독일, 중부유럽, 프러시아로 퍼져갔다. 보르도와 플랜태저넷 왕가의 땅인 칼레, 그리고 잉글랜드는 그해 12월에 전염되었다. 1350년에는 발트해 주변과 스웨덴이 전염되었다. 피레네 계곡처럼 기후가 더 추운 지역과 적절히 폐쇄 조치를 취한 이탈리아와 플랑드르의 몇몇 항구들만 끝까지 전염되지 않았다. (……) 의사들은 마스크, 소독, 사혈, 양의 간과 뱀 껍질로 만든 해독제 등을 처방해 주었다. 이들은 공공위생을 강화하고, 전염된 도시들에서 온 병자들이나 여행자들을 추방시키고 불필요한 여행을 보류하라고 권했다. (……) 이들은 장갑을 끼고 병자들을 격리시키라고 충고했다. (……) 유럽에서는 이제 움직임이라곤 없었다. 상인, 예술가, 순례자, 설교가, 수도사, 음유시인 그 누구도 여행하지 않았다. (……) 길에는 여행자들이 아주 드물었다. 주로 상인과 직인들이었던 여행자들은 의심쩍은 곳에서 오지 않았다는 것을 증명하는 '건강증명서'를 보여야만 도시에 들어갈 수 있었다."*

결국 전염병을 막기 위해서는 소위 사회적 거리두기의 방식이 최선이라는 것을 이 글을 통해 알 수 있다. 집합 금지, 여행을 비롯한 이동 금지, 항구의 봉쇄 등을 결정하는 것은 의료가 아니라 정치다. 그런 점에서 전염병의 시대에 정치의 역할은 참으로 막중한 것이다. 이 점에 대해 세종은 잘 알고 있었던 것 같다.

---

* 쟈크 아탈리, 이효숙 옮김, 《호모 노마드, 유목하는 인간》, 웅진지식하우스, 256~260쪽 발췌 인용

18.
전염병을 이겨내는
정치의 품격

정치가 존재하는 이유는 무엇일까? 일상이 무너지고, 삶이 무너지고, 가족이 해체되고, 유리걸식하는 사람들이 많아지도록 방치하는 것은 정치의 일이 아니다. 그런 면에서 정치의 품격이란 권력을 다투는 상대방 집단을 향해 점잖은 말투로 협상하고 서로의 이익을 위해 다투지 않고 합의문을 내라는 뜻이 아니다. 국민의 안전을 위하여 최선을 다하는 것, 여기에 정치의 품격이 있는 것이다.

정치가 붕당의 다툼에만 골몰해 있을 때, 상대방의 정책이나 의견에 대해 반대를 위한 반대만 하고 있을 때, 권력에 대한 욕망으로 객관적 사실마저 왜곡할 때 민생은 피폐해진다. 정치가 길을 잃고 헤맬 때 들이닥친 전염병이나 재난은 몇 배로 증폭되어 민생을 강타한다. 전염병이 시작되면 방역과 치료를 통해 잡을 수 있도록 노력하고, 태풍 등의 재난도 마찬가지로 특별재난구역 등을 지정하고 예산을 투입하여 피해의 정도를 줄일 수 있도록 노력하는 게 '좋은 정치의 일'이다. 그러나 재난의 책임을 상대방 붕당에만 뒤집어씌우고 재난 지역을 복구하고 민생을 살피기 위한 예산 투입에 말로만 찬성하고 실행은 방해하는 게 '나쁜 정치의 일'이다.

재난은 예고 없이 들이닥친다. 17세기 조선의 재난이 그러했다. 현종 11년과 12년, 그러니까 1670년과 1671년 두 해에 걸쳐 조선을 강타한 재난은 백성의 삶을 송두리째 뒤흔들었다. 급격한 기후변화로 인해 지독한 가뭄과 홍수, 태풍의 피해, 전염병, 대흉년의 종합적 재난이 닥쳐온 것이었다. 재난은 기근과 전염병을 가져왔고 수많은 백성이 희생되었다. 1671년에 보고된 재난에 의한 사망자 수가 무려 8만 8천여 명이었고 실제 사망한 수는 백만을 넘었다고 한다. 현종 12년 3월의 실록 중에서 눈길을 끄는 특이한 기사가 있는데, 3월 18일의 '사람들로 하여금 버려진 아이를 거두어 기르게 하다.'와 3월 21일의 '여비가 자식들을 먹은 일로 치계하니 답하다.'가 그것이다. 굶주림의 정황을 짐작조차 할 수 없어 기사를 열어보았다.

현종 12년 3월 18일

사람들로 하여금 버려진 아이를 거두어 기르게 하다

사람들로 하여금 버려진 아이를 거두어 기르게 하였다. 이때 굶주린 백성이 쪼들린 나머지 그들의 골육을 보전하지 못하고 길에 버리거나 도랑에 던진 일이 빈번하였다. 어느 날 임금 앞에서 이 일을 말한 자가 있었는데, 상이 듣고 한참 동안 슬퍼하다가 드디어 이 영을 내렸는데 한성부에 소장을 내어 공문을 받아서 거두어 기르되 아들을 삼든지 종을 삼든지 그들이 하는 대로 하게 하였다.

현종 12년 3월 21일

충청감사 이홍연이 연산의 여비가 자식들을 먹은 일로 치계하니 답하다

충청감사 이홍연이 보고서를 올리기를 "연산에 사는 사가의 여비 순례가 깊은 골짜기 속에서 살면서 그의 다섯 살 딸과 세 살 아들을 죽여서 먹었는데, 같은 마을 사람이 전하는 말을 듣고 가서 사실 여부를 물었더니 '아들과 딸이 병 때문에 죽었는데 큰 병을 앓고 굶주리던 중에 과연 삶아 먹었다. 그러나 죽여서 먹은 것은 아니다.'고 하였다 합니다. (……) 이는 실로 예전에 없었던 일이고 범한 것이 매우 흉악하므로 잠시 엄히 가두어 놓았습니다. 해조담당관청를 시켜 품처하게 하소서."

이에 정원이 아뢰기를 "(……) 실로 진휼의 정사가 허술해서 그런 것입니다. 도신각 도의 경찰권·사법권·징세권 따위의 행정상 절대적인 권한을 가진 종이품 벼슬은 먼저 수령의 죄를 거론해야 할 것인데 면의 책임자들만 다스리고 말았으니 놀라운 일입니다. 감사와 수령을 모두 무겁게 추고하소서. 이어서 생각하건대, 국가에서 구황정책에 대한

강구를 여러모로 극진히 하고 있으나 관청의 창고는 다 비고 관리는 지쳐서, 굶주려 낯빛이 누런 백성이 마치 물고기가 위로 향하여 입을 벌리듯이 갈망하다가 장차 다 죽게 되었습니다. (……) 서울 안 진휼청을 설치한 곳에 다시 더 주의시키고 각도의 감사에게 글을 만들어 하유하여 진휼의 정사가 미진한 걱정이 없게 해야 하겠습니다.”

참담한 비극이었다. 어미가 병들어 죽은 자식을 삶아 먹었다니, 어찌 필설로 형언할 수 있단 말인가. 현종은 매우 슬퍼하며 진휼 정책에 대해 더 많은 연구와 실행이 있어야겠다고 대답하였지만, 대답뿐이었을 것이다. 현종의 시대에 조선 정치의 품격은 최하위급에 머물러 있었다. 백성을 위한 정치를 한 것이 아니라 붕당을 위한 정치에 몰두해 있었기 때문이다. 비극을 만들어내는 것은 언제나 정치에 있다.

세계 문명의 패러다임이 변화하고 있다는 것을 몸소 겪었고, 북경으로 몰려드는 세계 문물에 대해 고민했던 소현세자를 죽이고 이미 사라져버린 명나라를 재건국하겠다는 봉림대군을 왕으로 세운 사대부들이니 정치의 품격이 천박하지 않을 수 없었다. 반청복명, ‘청나라에 반역하고 명나라를 복원시키자’는 조선의 북벌 정책은 우물 안 개구리들의 아우성에 불과했다.

17세기 중후반에 들어서자 유럽에서는 근대국가의 틀이 잡히고 산업혁명에 들어서기 위한 준비가 진행되던 시점이었다. 식민지 쟁탈과 활발한 교역으로 유럽은 세계의 중심으로 진입하고 있었다. 철학적으로 반봉건적인 사회구조를 변혁시키고 이성 중심의 계몽주의가 출현하였다. 계몽주의는 18세기의 산업혁명과 프랑스대혁명에 앞서 신앙보다는 과학, 신학보다는 철학의 시대로 들어가는 사상변혁의 입구였다.

그러한 시대에 현종과 붕당의 사대부들은 국가의 중심을 바로 세우기 위하여 주자학을 열심히 공부하여 '예절'을 중시하는 정치의 풍토를 만들려고 했다. 효종이 서거하자 계모인 자의대비가 상복을 몇 년 입어야 하느냐로 예송논쟁이 시작되었다. 소현세자가 맏이였고 효종은 둘째였다. 장남이 죽었을 때 어미는 3년 동안 상복을 입어야 하고 둘째가 죽었을 때 어미는 1년 동안 상복을 입어야 하는 예에 따라, 3년 상복을 주장했던 남인이 패배하고 1년 상복을 주장했던 서인이 승리하여 집권하게 되었다.

한심하기 짝이 없는 논쟁을 통해 붕당이 편을 가르고 싸웠으니 조선의 미래는 암울하기만 했다. 계몽주의가 등장할 때 케케묵은 성리학과 주자학을 붙들고 공자 왈 맹자 왈로 조선의 중심을 세우고자 했으니, 그 정치야말로 '사람을 죽이는 정치'였다. 정치의 품격은 '사람을 살리는 데'에 있다. 사람을 살리지 못한 정치의 품격은 최하급이고, 사람을 살리는 정치는 최상급이다. 그런 점에서 보면 현종 시대의 정치는 최하급이었다. 상황이 그러하니, 재난과 역병에 맞설 도리가 없었던 것이다. 여기에서 나는 세종에게 묻는다.

"정치의 품격은 어디에 있습니까?"
"환과고독을 살피는 데에 있도다."

조선의 왕도정치는 환과고독鰥寡孤獨을 보살피는 것을 첫 번째 덕목으로 삼았다. 환과고독이란 늙은 홀아비와 과부, 고아와 독거노인을 일컫는다. 태조 이성계의 즉위 교서에는 '환과고독은 왕정으로서 먼저 할 바이니 마땅히 불쌍히 여겨 구휼해야 될 것이다. 소재지의 관청에서는 그 굶주리고 곤궁한 사람을 진휼하고 그 부역을 면제해줄 것이다.'라고 구체적으로 명시하고 있을 정도였다. 이성계는 즉위한 다음 해에는 환과고독에게 부역을 시키는 경우가 발생하므로 다시 한번 면제를 명하였고, 관원들에게 규찰하라고 교지를 내렸다.

세종은 인애仁愛의 은혜를 베푸는 것이 왕도의 길이며 정치의 길이라고 확신하는 임금이었다. 그래서 세종 즉위년 11월 3일에 중앙과 지방의 고위 공무원들에게 '정치가 마땅히 해야 할 좋은 일'을 조목별로 제시하였다. 그 첫 번째가 산업으로서의 농업의 중시로 정부 정책 외에 사사로이 농민을 노역에 동원하는 것의 중단, 두 번째가 학교의 건립과 교육과정의 확립으로 서울에는 성균관과 오부 학당을 설치하고 지방에는 향교

를 설치하는 것, 세 번째가 지방 수령의 선임에 있어서 인사고
과를 세밀하게 실시할 것, 네 번째가 환과고독을 비롯한 병자
에 대한 세심한 보살핌이었다.

또한, 즉위한 다음 해에는 서울과 그 근방에서 환과고독과
굶주리는 사람의 숫자를 파악해서 보고하라고 지시했다. 그만
큼 세종은 환과고독의 구휼에 대해 특별한 애정을 갖고 있었
다. 그 애정은 다음의 실록 기사에도 잘 나타나 있다.

세종 1년 2월 12일

연이은 흉년을 걱정하며 굶어 죽는 백성이 없도록 잘 살피라는 왕
지를 내리다

"백성이란 것은 나라의 근본이요, 백성은 먹는 것을 하늘과 같이
우러러보는 것이다. 요즈음 홍수·가뭄·폭풍·우박의 재앙으로 인
하여, 해마다 흉년이 들어 환과고독과 궁핍한 자가 먼저 그 고통을
받으며, 떳떳한 산업을 지닌 백성까지도 역시 굶주림을 면치 못하
니, 너무도 가련하고 민망하였다. 호조에 명령하여 창고를 열어 구
제하게 하고, 연달아 지인조선시대에 지방 수령의 잔심부름을 하는 구실아치
을 보내어 나누어 다니면서 고찰하게 한 바 수령으로서 백성의 쓰
라림을 돌아보지 않는 자도 간혹 있으므로, 이미 유사로 하여금
죄를 다스리게 하였다. 슬프다, 백성들의 굶어 죽게 된 형상은 부
덕한 나로서 두루 다 알 수 없으니, 감사나 수령 등 백성과 가까이
있는 관원은 나의 지극한 뜻을 본받아 밤낮으로 게을리하지 말고

그 경내의 백성으로 하여금 굶주려 처소를 잃어버리지 않게 유의할 것이며, 궁벽한 촌락에까지도 친히 다니며 두루 살피어 힘껏 구제하도록 하라. 나는 장차 다시 조정의 관원을 파견하여, 그에 대한 행정 상황을 조사할 것이며, 만약 한 백성이라도 굶어 죽은 자가 있다면, 감사나 수령이 모두 교서를 위반한 것으로써 죄를 논할 것이라."

세종은 사회안전망의 구축을 정치의 최우선적 과제로 삼았다. 환과고독에 대한 염려 자체가 곧 왕도정치의 근본이었기 때문이다. 2018년에 보건복지부가 사회보장에 대한 대국민 인식조사를 발표했다. 국민은 취약계층에 사회보장을 확대할 경우 중점을 두어야 할 대상으로 노인, 한부모, 조손가정, 저소득층을 꼽았다고 한다. 이들이 바로 현대의 환과고독이다. 여기에 부당해고자들도 포함시켜야 한다. 세종이라면 당연히 그리했을 것이다. 전염병 시대가 되면 가장 취약한 계층이 바로 환과고독이었고 세종도 여기에 집중적으로 관심을 쏟았다. 또한 약재의 안정적 보급을 위한 정책도 시행하였다.

전염병 치료와 향약의 개발

조선 초기만 하더라도 전염병의 원인을 귀신의 작용이라고 생각했다. 그중에서도 자손이 없어 제사를 지내줄 사람이 없는 무사귀신이 전염병을 만든다고 여겼다.

> "고혼이 의지할 곳도 없고 제사도 받아먹지 못하여, 달밤에 슬피 소리내어 울고, 비바람이 몰아칠 때면 원통하여 통곡한다. 이러한 음혼들이 흩어지지 않고 맺혀서 요망한 것이 되었다."*

이러한 무사귀신을 위로하고 전염병을 방비하기 위하여 국가 차원의 여제厲祭를 거행하기도 했다. 여제에 배열하는 신위의 목록을 이욱은 그의 저서에서 '불행 목록'이라고 칭했다. '칼에 맞아 죽은 자, 큰물과 큰불 혹은 도적을 만나 죽은 자, 재물을 빼앗기고 핍박당해 죽은 자, 처첩을 강탈당하고 죽은 자, 억울한 형벌로 죽은 자, 천재나 역질로 죽은 자, 맹수와 독충에 해를 당하고 죽은 자, 얼고 굶주려서 죽은 자, 전투에서 죽은 자, 위급하여 스스로 목메어 죽은 자, 담이 무너져 압사한 자, 난산으로 죽은 자, 벼락 맞아 죽은 자, 추락하여 죽은 자, 죽은 후 자식이 없는 자'들이 바로 전염병을 옮기는 여귀였다.

의학과 과학이 발달하지 않은 시대였기에 이런 생각을 갖

---

* 《국조오례서례》, 〈무사귀신에게 올리는 교서〉, 《조선시대의 재난과 국가의 례》, 313쪽에서 재인용

는 것 자체가 비난받을 일은 아니다. 하지만 제사를 지내는 것
은 백성의 마음을 위로하는 정도에 불과했을 뿐 전염병 자체
를 치료하는 방안은 될 수 없었다. 세종은 전염병이 돌기 전부
터 조선에는 약재가 부족하다는 점이 늘 마음에 걸렸다. 게다
가 의원들이 게으른 것도 문제였다.

세종 3년 4월 8일

의원에게 궁중에서 의서를 읽게 하다

임금은 의원이 공부를 힘쓰지 않는 것을 염려하여, 전 직장直長 이
효지 등 두어 사람에게 명하여 처음으로 궁중에서 의서를 읽게 하
였다.

오죽했으면 이런 명령까지 내렸는가 싶다. 약재를 모으고
분류하고 처방하는 것은 의원들이 해야 할 일이었다. 그런 세
밀한 부분까지 세종은 신경을 쓰지 않을 수 없었다. 반면에 연
구하고 노력하는 의료진에게는 상을 내렸다. 제생원 의녀들
이 날마다 출근하여 의서를 읽고 익히며 병을 보고 침구를 하
는데, 맑고 비 오는 날을 가리지 아니하였다. 임무의 괴로움이
갑절이나 무거운 것을 알고 1년에 두 번씩 쌀을 하사하여 사
기를 높여주었다. 나아가 제생원의 의녀 중에서 나이 젊고 총
명한 서너 사람을 뽑아서 교육과 훈련을 더욱더 시켜 문리를

통하게 하라고 명하였다.* 의녀의 교육을 강화한 것은 약재가 있어도 글을 모르니 의서를 보고 처방을 할 수 없는 경우가 있었기 때문이다. 세종은 거기다가 약재를 직접 보고자 하였다.

세종 9년 7월 7일

각도에서 나는 약재를 채집해 보내라고 지시하다

각도에 전지하기를 "각 고을에서 생산되는 약재를 교유_{오늘날의 교수}로 하여금 꽃과 잎사귀, 줄거리 및 뿌리를 상하지 않게 캐어 보내게 하라."

세종은 중국의 풍토와 조선의 풍토가 다르다는 점에 늘 마음을 썼다. 당약이 아무리 좋다고 하나 너무 비싸서 서민들은 엄두도 내지 못했다. 또한 당약은 서울에서만 유통될 뿐이어서 지방의 환자들은 구하려고 해도 구할 방도가 없었다. 세종은 조선의 산천과 바다에 있는 동식물에서 약재를 구하는 것이 중요하다고 여겼다. 민생을 기르고 병을 치료하기 위해서는 조선의 풍토에서 만들어낸 향약이 반드시 필요했다.

또한 세종은 북경에 사신을 보낼 때마다 의관을 붙여 중국의 의서를 널리 구해 오도록 하였다. 조선에서 유통되고 있는 그릇된 약명을 바로잡기 위해 대의원大醫院에 가서 약재를 연

---

* 세종 5년 3월 17일

구할 수 있도록 명의 황제에게 요청하였다. 그리고 세종 14년 가을에 집현전 직제학 유효통과 전의典醫 노중례 등에게 명하여 여러 의서에서 약재와 처방을 빠짐없이 찾아내고 분류하고 종합하여《향약집성방》을 편찬하도록 지시하였다. 다음 해 여름에《향약집성방》이 완성되었다.

"(……) 임금의 도는 인보다 더 큰 것이 없고, 인도는 지극히 크며, 또한 여러 가지 있는 것이다. 이제 우리 주상 전하께서 거룩한 덕으로 지극히 훌륭한 정치를 일으켜 위기준이나 표준의 등급를 지키고 정령정책과 명령을 내는데 오로지 이 도의 큰 것에 따르고 있거니와, 의약으로 백성을 구제하는 일에까지 이와 같이 힘을 쓰니, 인정의 본말과 크고 작은 것을 남김없이 다한 것이라 하겠다. 또 옛 임금이 혹은 몸소 약을 조제하고, 혹은 수염을 잘라 약에 타서 은혜가 한 사람에게 미친 것도 후세에서 오히려 칭찬하는데, 한 번 의서를 편찬하여 널리 치료하는 방법을 보이고 억조창생에게 은혜를 주고 만세에 덕택을 베푸는 것과 어찌 같으리오. 그 규모와 시설은 실로 천태만상이다. 지금부터 이 장서로 인하여 약을 먹어 효력을 얻고, 앓는 사람이 일어나고 일찍 죽는 것이 변하여 수명을 얻고 무궁토록 화기를 얻게 하는 것이 어찌 성조의 어진 마음과 어진 정치에서 나온 바를 알지 못하리오."

권채가 지은《향약집성방》서문의 일부다. 권채는 서문에서

세종의 업적을 높이 칭송하고 있으며 그것이 왕도이며 정치라
고 말하고 있다. 《향약집성방》을 간행했다고 해서 임금이 직접
챙기지 아니하면 아무 소용이 없다. 오늘날에도 대통령의 국
정 과제나 정책 혹은 지시가 고위 공무원을 통해 말단에 이르
는 동안에 있는 그대로 전달되는 경우가 그다지 많지 않다. 그
렇기 때문에 각 부처 장관이나 차관이 끊임없이 이를 점검해야
하는 것이다. 정책 실행의 점검을 통해 그 정책이 국민의 삶에
작용하도록 해야 하는데 그것이 참 어려운 일이다. 《향약집성
방》을 간행한 지 나흘이 지난 뒤, 세종은 직접 지시를 내렸다.

세종 15년 6월 15일

임금이 한성부·동서활인원·전의감 등으로 약재를 준비하여 치료
할 것을 말하다

임금이 말하기를 "금년 전염병의 기세가 지난해보다 갑절이나 더하
니, 한성부·동서활인원·전의감·혜민국·제생원 등으로 하여금 여러
가지 치료하는 방법을 상고하고 널리 약재를 준비하여 치료하게 하
며, 또 사헌부로 하여금 엄하게 규찰을 가하게 하라."

이는 대통령이 서울시와 국립의료원, 국립대학부속병원, 보
건소 등에 직접 명령을 내린 것과 같다. 임금이 직접 명령을 내
려야 할 정도니 각급 의료기관의 전염병 치료가 얼마나 부실한
지 충분히 추정할 수 있다. 세종은 전염병 등의 재난이 닥치면,

반찬을 줄이고 의복을 검소하게 입었으며 큰 행사가 아니면 음악이 울리지 않게 하였다. 여기에 대해 좌사간 신포시가 '비록 우임금이 험한 의복과 거친 음식을 썼다 하더라도 이에서 지나지는 않았을 것이고, 악관이 비록 갖추어 있으나 큰 조회가 아니면 음률을 귀에 듣지 않았으니, 반드시 반찬을 줄일 것이 아니며 풍악을 반드시 걷어치울 것이 아니다. 다만 신하들과 마음을 통하여 실질적인 효과를 구하며, 안으로 덕을 닦고 위로 하늘의 뜻을 잘 받들면 천지의 기운이 화하여 합하고 나쁜 재앙이 그칠 것이다.'*라고 상소를 올렸다. 신포시의 상소에서 세종의 이러한 노력들이 실질적인 효과로 나타나지 않는다고 비판한 것이다. 이러한 비판을 접하고 세종은 마음이 아팠을 것이다. 세종은 다시 임금의 도리를 다하고자 노력했다.

세종 15년 10월 12일

<u>향약의 채취를 통한 백성들의 구료 문제로 평안도·함길도 감사에게 전지를 내리다</u>

평안도·함길도의 감사에게 전지하기를 "평안도의 강계·여연·자성과 함길도의 경원·경성·갑산 등지에 사는 백성들이 만약 질병에 걸리게 되면, 약을 얻지 못하여서 목숨을 잃는 경우에 이르게 되니, 진실로 가엾고 민망하다. 그러므로 내가 널리 향약을 준비하여 그

---

* 세종 12년 5월 15일

들의 목숨을 건져주고자 한다. 그러나 경성 안에서도 전적으로 관아를 설치하여 구료하여도 오히려 고루 혜택이 미치지 못하는 형편이니, 하물며 멀고 궁벽한 곳의 많은 백성들을 어찌 한 사람 한 사람 구제할 수 있겠는가. 그러나 그곳에 배치된 군사들은 멀리 고향을 떠나서 추위와 바람을 무릅쓰고 있어서 병에 걸리기 쉬울 것이니 구제하지 않을 수 없다. 그 도의 의학교유의학교수에게 시켜서 향약을 채취하게 하여 치료하게 할 수 있는지 없는지 자세히 살펴보아서 아뢰라."

이러한 지시가 얼마나 잘 실행에 옮겨졌는지에 대한 실록의 기록은 없다. 그러나 미루어보건데 지시를 내린 당시에는 실행이 되었지만 조금만 시간이 지나면 흐지부지되는 수가 많았던 것 같다. 세종은 감찰 기관에 의료 기관의 점검을 명령하기도 했다.

세종 21년 4월 29일
사헌부로 하여금 제생원을 점검하게 하다

의정부에서 아뢰기를 "조종께서 제생원을 설치하여 장획노비, 장은 노, 획은 비을 붙여준 것은 오로지 병인을 구료하기 위함인데, 근년에는 그 본의를 돌아보지 아니하고 약재를 심어서 가꾸고 채취하는 등의 일은 여사餘事, 그다지 중요하지 않은 일로 보고 그 노자奴子, 종살이하는 남자를 관리의 근수根隨, 뒤따르는 종로 정하옵니다. 병인 구료에는 게으르고 마음을 두지 아니하여, 드디어 우리 조종께서의 좋은 법과 아름다운 뜻을 한갓 허식이 되게 하였사오니 진실로 미편하옵니다. 원컨대 이제부터 근수를 각처에 정해 보내지 못하게 하고, 여러 가지 향약을 모두 다 심어서 키우고, 산과 들에 저절로 나는 약재를 절기에 따라 채취하며, 무릇 병인에게 그 구하는 바에 따라 모두 베풀어주게 하며, 그 약재를 심어 가꾸고 채취한 것이 많고 적음과 약을 쓰는 일에 부지런하고 게으른 것을, 헌사로 하여금 매양 계월季月을 당하여 점검하게 하소서."

감찰의 결과는 좋지 않았다. 의사들이 환자 치료에는 게으르고 약재를 심고 가꾸고 채취하는 일을 중요시하지 않으며, 그 일을 맡은 노비를 수행비서로 쓰고 있다는 보고를 읽는 세종의 마음은 어떠했을까? 제생원은 서민 의료기관으로 빈민, 행려자의 치료와 미아의 보호를 맡아보았다. 서민을 치료하는 기관의 성격 때문에 배치된 의사들이 업무를 제대로 보지 않고 수행비서를 대동하고 고위직 관리를 찾아다니는 등의 병폐를 저질렀을 가능성이 매우 농후하다. 제생원은 결국 세조 시절에 구조조정을 당하여 혜민국으로 통합되었다. 이러한 부작용은 전염병에 맞서고자 하는 세종의 의지를 자주 약화시켰다. 예조에서도 이러한 부작용을 조사하여 보고하였다.

황해와 평안도에 여러 가지 악질이 유행하여 서로 전염되므로, 혹은 한 집안이나 한 마을이 전부 죽는 자가 있어 그 번지는 것이 두려워 구호하여 치료할 방법에 진력하지 않을 수 없다. 이제 혜민국과 제생원에 약재가 희귀한 까닭에 단지 쉽게 얻을 수 있는 약만을 써서 수나 채워 지어 보내나, 이로 인하여 그 효력을 보지 못하는 것이고, 그곳에 보낸 의원도 부지런한지 게으른지, 실력이 있는지 실력이 없는지를 고찰하여 권하고 징계하게 하는 법이 역시 소활 꼼꼼하지 못하고 어설픔하기 때문에, 공름관청의 창고만을 허비하고, 하는 일 없이 날만 보내어 백성으로 하여금 실속 있는 혜택을 보지 못하게 되니 심히 마땅하지 못하다.*

전염병이 도는 시기에 지방에 보낸 의사가 하는 일 없이 날만 보낸다니, 세종이 보기에 참으로 답답한 노릇일 것이다. 이러한 행태가 황해와 평안도에만 집중된 것은 아닐 터이다. 전염병이 자주 도는 함길도는 서울에서 아주 먼 곳이니 더욱더 문제가 많았을 것이다. 심지어 함길도의 수령들은 전염병으로 사망한 사람의 숫자를 부풀리기도 하고 줄이기도 하여 중앙정부에 보고하기도 하였다. 물론 모든 의사가 그렇게 하는 것은 아니었다. 다수의 의사들은 맡은 바 직분을 다하였다.

함길도의 회령·종성 등지에는 지난 을묘년의 기근이 있은 뒤에 역질을 얻어 죽은 사람이 매우 많았다. 세종은 도순무사

* 세종 26년 1월 14일

심도원으로 하여금 죽은 사람의 수효를 조사하여 보고하게 하였더니 9백여 인이나 되었다. 그런데 후에 지금 찬성사 하경복이 그 지역에 가서 세종에게 보고하기를 '역질로서 죽은 사람이 반이 넘습니다.' 하였다. 세종이 생각하기를 회령과 종성의 백성이 본디 8만여 명인데, 만약 반이 넘게 죽었다면 4만여 명이나 죽었다는 엄청난 일이 발생한 것이었다. 하경복의 보고가 비록 정확하지 않다 하더라도 또한 온통 부정확한 것은 아닐 것이라고 세종은 생각했다. 지난번 함길도의 도절제사 김종서와 도관찰사 정흠지가 보고하기를 '역질을 앓아 죽은 사람의 수효가 그다지 많은 데에 이르지는 않습니다.' 하였다. 여기에 대해 세종은 강력한 의심을 품었다. 세종은 직접 다른 사람을 보내어 조사하도록 하여 역질로 죽은 사람의 수효를 정확히 알고자 했다.

진제의 확대

세종이 전염병으로 인한 사망자의 숫자를 정확히 알고자 한 까닭은 구휼을 효과적으로 실시하고자 진제를 확대하기 위함이라고 추정된다. 조선 전기에는 지방 수령을 통제하고 왕권을 강화하는 방안으로 다양한 지역에 행대감찰을 보냈다. 행대는 왕의 명령을 받고 지방에 파견되어 지방 수령의 업무가 합법적인지 불법적인지를 규찰하는 사헌부의 관리인데, 행대감찰이라고도 불렀다. 세종은 재난이 닥쳤을 때를 대비하여 지방마다 진제미를 구비하도록 하였다. 풍년일 때는 진제미를 넉넉하게 두었고, 흉년일 때는 이를 사용하여 굶주린 자들과 환과고독을 구휼하였다.

즉위하자마자 세종은 진제에 마음을 쏟고 있었고, 행대감찰을 보내 진제 상황을 규찰하였다. 세종 1년 5월에 충청도에 나갔던 행대감찰 김종서가 보고서를 올렸다. 충청도 각 관청에 기민이 모두 12만 2백 49명인데, 진제한 미곡이 1만 1천 3백 11석이고, 장醬, 간장, 고추장, 된장의 총칭이 9백 49석이라고 하였다. 같은 달 말경에는 경기우도의 기민의 총계는 1만 1천 1백 24명이고 진제하는 쌀과 콩과 잡곡은 총 9백 36석, 장이 2백 15석이라고 보고하였다. 이처럼 세종은 중앙정부에서 직접 감사관을 파견하여 매우 세밀하게 조사하도록 하였다.

지난 4월에는 제주목사가 제주목의 민가는 2천 3백 16호, 정의현이 6백 45호, 대정현이 6백 20호인데 진제할 방법이 없다며 충청도 연해의 각군과 전라도 각군의 잡곡을 옮겨다가 집집마다 콩 · 보리 · 팥 종자 각각 한 말씩을 주어 농사를 독려하고 민생을 살리게 해달라고 장계를 올려 그대로 시행하게 하였다. 그 시행이 가능했던 것은 제주도의 농업 생산량이 부족하다는 것을 세종이 알고 있었기 때문이 아닌가 싶다. 뿐만 아니라 홍수와 가뭄 등의 재난으로 흉년이 들자 농사를 그르친 고을에 명하여 모두 진제소를 설치하게 하였다.

이처럼 세종이 진제에 큰 관심을 기울이며 행대감찰로 하여금 세밀한 조사를 하도록 하고, 재난이 닥치면 진제소를 열었던 것은 조선 왕도정치의 첫째 덕목이 사회안전망 구축환과고독의 구휼에 있었기 때문이었다. 문제는 전염병이 돌 때의 진제였다. 세종은 진제의 제도가 확고히 틀을 잡고 실행되기를 원했다. 그를 위해 행대감찰 외에도 경차관을 자주 내려보냈다. 경차관은 정랑정오품, 중앙정부의 과장급들에게 맡겼다. 중앙정부의 과장급이라면 국정의 실무를 책임지는 중견 간부들이다. 세종은 경차관을 보낼 때마다 어전에서 그 직분을 맡은 관리들을 면접하고 업무 계획을 보고받았다. 세종 5년 1월에 경차관으로 임명된 이조정랑, 병조정랑, 호군대령 혹은 준장급의 장군, 봉상판관국가 제례를 담당하던 종오품 관직을 어전에서 만났다. 아마도 이조정랑이 진제 경차관이 해야 할 사목事目, 공적인 일을 시행하기 위한 규정과 규칙을 발표했을 것이다.

1. 굶주린 백성을 진제하는 조항은 각 년年의 교지를 상고하여 시행하여야 할 것이며,

1. 경차관이 각 고을에 이르러 먼저 수령들의 감결甘結, 상급기관에서 하급기관으로 보내는 공문을 갖고 쌀과 콩, 소금과 장류를 가지고 바로 사면四面, 전후좌우 모든 방면으로 가서 그 굶주림이 심한 사람에게는 즉시 진제할 것이며,

1. 수령들이 만약 경내의 굶주린 백성을 숨기고 위에 알리지 않는 사람과, 각 면面에서 감고監考, 하급관리하는 정책임자가 인정의 좋고 나쁨에 끌려서 실제로 굶주린 사람을 보고하지 않고 굶주리지도 않는 사람을 도리어 보고하여, 마음을 다하여 백성을 구제하지 않아서 부종까지 나게 한 자는 모두 형률에 의하여 죄를 과하되 수령과 감고 3품 이상은 위에 아뢰어 죄를 논단하고, 4품 이하는 바로 죄를 결단하게 하며, 그중에 정상이 더욱 심한 자는 속전을 징수하지 말고 곤장을 치기로 결정할 것이오며,

1. 감사가 순행하는 먼 곳은 경차관이 직접 창고를 열어 진제할 것이오며,

1. 수령이 죄를 범한 자는 공공연히 추핵하도록 할 것이오며,

1. 감사는 수령관이 능히 백성들을 구휼하지 못하면 수령관을 즉시 취조하여 사목과 같이 할 것을 명하고, 다만 수령과 감고가 정상이 더욱 심한 자는 모두 아뢰어 올리되, 그중에 조금 경한 자는 혹은 곤장 70대를 치기도 하고, 곤장 60대를 치기도 하고, 태형 50대를 치고, 속전을 받아 죄를 결정하는데 차등이 있는 일은 없앨 것입니다.

세종은 경차관들과 허물없이 대화를 나눴을 것이다. 경차관 중에는 총애하는 김종서봉상판관도 있었다. 그날로 경차관들은 지방으로 떠났다. 며칠 뒤 세종은 호조와 논의하여 개인별 진제량을 결정하여 시행하도록 하였다. 건장한 남녀 1명에 1일

진제량은 쌀 4홉, 콩 3홉, 장 1홉으로 정하고, 11세부터 15세까지의 남녀는 쌀 2홉, 콩 2홉, 장 반 홉으로 정하고, 10세부터 5세까지의 남녀는 쌀 2홉, 장 반 홉으로 정했다. 물론 5세 이하의 아이들도 진제하도록 했다. 경차관들이 지방으로 떠난 지 다섯 달 후에 의금부_{지금의 검찰청 격의 기관, 포도청은 지방경찰청 격의 기관}에서 하루가 멀다 하고 진제 실패에 대한 보고를 올렸다.

세종 5년 6월 6일

백성을 굶어 죽게 한 금성 현령 이훈을 처벌하다

의금부에서 '금성 현령 이훈·감고 김거상·윤생사 등이 진제를 잘하지 못하여 백성을 굶어 죽게 만들었으므로, 제서유위율에 해당되니 곤장 1백 대에 처하소서'라고 보고했다.

이 보고를 받고 세종은 이훈에게는 속전을 받지 말고 곤장 90대에 처하고, 나머지는 법대로 처단하라고 명하였다. 이틀후 홍천 현감 장계로에게 곤장 1백 대를 쳐야 한다는 보고가 올라왔고, 일주일 후 정주목사 진원귀·수천군사 김보중·정녕 현령 김치 등이 진제에 실패했으니 죄주기를 청하는 보고가 올라왔다. 세종은 등급에 따라 곤장형에 처했다. 진제에 실패한 수령들이 곤장을 맞거나 '서울로 올라오지 못하는 형벌'인 외방 부처를 당하게 되자 다른 고을의 수령들이 바짝 정신을 차려 진제에 힘을 썼다. 그래도 여전히 진제에 소홀한 수령들이 나와서 지속적으로 파직 등의 중벌을 내렸다.

세종은 전염병이 돌면 긴급 진제장을 설치하였다. 코로나19의 시대에도 정부는 긴급재난지원금을 편성하여 전국민에게 지급하였다. 경제의 규모가 작고 농업 중심의 산업 형태, 금융이 없던 조선 초기에는 현금이 아닌 곡물로 구휼하였다. 흉년 등의 평상시 진제는 각급 관청에서 실행했지만 전염병 등 역질이 돌 때에는 긴급히 진제장을 설치하여 운영하였던 것이다.

세종 18년 8월 5일

활인원의 백성들을 진제장을 세워 돌보게 하다

한성부에 전지하기를 "서울 성 안과 성 밑에 사는 굶주리는 백성들을 모두 활인원에 보내어 진제하게 하였더니, 염병을 두려워하여 도망한 사람이 있고, 그저 떠돌아다니는 사람도 매우 많으므로, 가옥이 장차 용납할 수 없게 되리니, 보제원·이태원에 별도로 진제장을 세우고 한성부에서 5부의 관리와 함께 검찰하게 하라."

세종은 서울시에 직접 명령하여 의료기관에 설치했던 진제장은 감염 등의 부작용이 있으므로 성 밖에다 진제장을 설치하고 운용하라고 한 것이다. 세종은 평상시의 진제보다 전염병이 돌 때의 긴급한 진제에 대해 더욱 마음을 쏟았다. 더구나 여러 해 동안 흉작이어서 백성이 먹고살기가 심히 어려운 게 마음에 걸렸다. 흉작이니 국고의 저축도 적었다. 국고가 넉넉하지 못하면 진휼이 어려운 것 또한 사실이었다. 기근이 오면 백성들이 도의 경계를 넘어 이리저리 돌아다니다가 굶어 죽을까 두려웠다. 또 전염병이 유행할까 심히 염려했다. 세종은 구황하는 방책이나 병을 치료하는 술법을 빠짐없이 시행하여 각 고을 수령에게 알아듣도록 알리고 구휼에 전력하여 죽거나 상하지 않도록 하였다. 나아가 세종은 각 도의 구휼하는 상황과 굶주리는 자의 있고 없는 것을 감찰하기 위하여 경차관이나 행대감찰을 내려보냈다.

세종 19년 3월 8일

진제장의 병자에 의해 전염되는 일이 없도록 각도에 명하다

경기·충청·전라·경상도 감사에게 "도내에 진제장을 설치한 때부터 나와서 먹은 기민의 수와 죽은 자의 수효를 자세히 아뢰고, 또 진제장에 도착하지 못하고 도중에 죽은 사람은 몇이며, 이미 도착하여 죽은 자는 몇이며, 병들어 죽은 자는 무슨 증세로 죽었는지 조사하도록 해라. 당시에 병에 걸린 자, 본향으로 돌아간 자, 현재 있는 자, 도로에서 떠돌다가 죽은 자의 수효와, 역질이 있는지 없는지 모두 빨리 아뢰라. 서울 안의 진제장에서 기민이 죽은 것을 처음에 생각하기는 주리고 피곤한 사람이 너무 배불리 먹어서 상한 것인가 하였더니, 한성부에서 보고하기를 '이처럼 날씨가 따뜻한 때를 당하여 한곳에 모여 있기 때문에, 역기가 서로 전염되어 많이 사망하는 것이라' 하였다. 내가 병자를 활인원에 옮기도록 명령하였다. 병

이 없는 자는 본가와 친족이 있으면 보내도록 하고, 친족이 없으면 무당의 집에 적당히 보내되 아울러 모두 경비를 지급하도록 하고, 한성부와 오부의 관원이 순행하며 고찰하도록 하라. 나머지 기민은 편의에 따라 각 진제장의 옆에 흩어 있게 하여, 비록 역질이 있는 자가 있더라도 서로 전염하지 않도록 하고, 도내에 만일 역기가 있게 되면 이 예에 의하여 조치하라."고 지시하였다.

세종 26년 3월 16일

굶주린 백성들의 전염병을 막기 위해 동·서 활인원과 각 진제장에 나누어 진휼하게 하고 의료를 행할 것을 한성부에 전지하다

한성부에 "정사년에 주린 백성으로 서울 도성에 몰려들어 사는 자를 한곳에 모아서 구제하였더니, 주린 자들이 대부분 배불리 먹어 거의 살아났으나, 여름이 되매 병에 걸리고 곧 서로 전염되어 마침내 사망한 자가 자못 많았다. 이제 만약 주린 백성을 한곳에 모두 모이게 한다면 폐단이 도로 전과 같을까 참으로 염려되니, 마땅히 동·서 활인원이나 각 진제장에 나누어 거처하게 하여 곡진하게 진휼을 더하고, 질병을 얻은 자는 다른 사람과 섞여 살게 하지 말고, (……) 의료하는 방책을 소홀하게 하지 말도록 하라. 만일 한 사람이라도 죽게 되면 죄주고 용서하지 않겠다."라고 지시하였다.

세종은 사람이 많이 모이는 진제장에서 전염병에 감염되고 확산되는 것에 대해 심히 우려하였다. 그렇다고 감염의 우려

때문에 환자의 굶주림을 외면할 수도 없었다. 세종은 의료하는 방책을 세우고 구휼도 제대로 하기를 원했다. 구료, 즉 구휼과 치료에 소홀하여 사망자가 발생하면 수령들에게 책임을 묻겠다는 것이었다.

조선 전기에는 가난한 사람이나 종이 죽으면 매장하지 않고 숲속이나 길 옆의 풀숲에 버리는 경우가 많았다. 이것은 조선만의 문제가 아니라 중세 이전의 국가에서 흔히 있는 일이었다. 매장하지 않고 시체를 풀숲에 버리면 부패가 시작되어 악취를 풍기는 시체와 짐승이 뜯어 먹어 해골만 드러나는 경우가 자주 있었다. 조선은 이 문제를 해결하기 위하여 매골승埋骨僧을 제도적으로 운영하였는데, 그 숫자가 아주 적었다. 크게 보면 매골승의 운영도 진제 업무 중의 하나였다.

매골승은 동·서 활인원에 각 5명씩 10명이 있었는데, 주로 서울 안이나 근교에서 버려진 시체를 매장하는 직분을 수행했다. 그 숫자로는 버려진 시체를 모두 치울 수가 없어 세종 9년에는 6명을 더 추가하였다. 그들은 월급 이외에 소금과 장을 주고, 봄과 가을 두 차례로 하여 각기 면포 1필씩을 주었다. 한 해를 결산하여 매장량이 가장 많은 사람에게 관직을 주었다. 서울에는 매골승이 있었지만 지방에는 그러한 제도를 운용하지 않았다. 문제는 전염병이 돌았을 때였다. 전염병이 돌아 사망자가 속출하면 방치하는 경우가 많았다. 이와 관련된 상소가 심심찮게 올라왔다.

세종 5년 12월 20일

전 지순안현사 박전의 상소

"사람이 역질에 걸려 죽으면, 혹은 산간에 갖다 놓고 풀로 덮어 장사하고, 대충 싸서 나뭇가지에 매달아 두었다가, 어느 마을 어느 사람 할 것 없이 모두 향도마을마다 있는 자원봉사조직들과 결탁하여 매장하게 하는데, 자손이 있고 부유한 집에서 역질 사망자가 생기면 다투어 모여들어 묻어주고 있으나, 자손도 없고 가난한 집에서 사망자가 발생하면 내버려 두고 돌아보지 않아서, 산불에 사체가 타기도 하고 여우와 승냥이가 뜯어 먹기도 하여, 조화로운 기운을 손상하게 하오니, 원컨대 이제부터는 곤궁한 사람의 장사도 전부 향도에게 붙여 이를 감독하여 매장하도록 할 것이며 (……) 방치되어 있는 삭아버린 뼈와 썩고 있는 시체 등이 있으면 한결같이 경중서울의 예에 의하여, 착한 마음이 있는 중으로 하여금 수습 매장하게 하여 마르고 삭은 남은 뼈로 하여금 땅 위에 그냥 버려둠을 면하도록 할 것이며……"

상소문은 참담한 비극을 그대로 드러내고 있었다. 물론 예조에서는 자주 가뭄과 홍수를 당하거나 농사를 시작하기 전에 보고를 올렸다. 세종은 즉위년부터 이 문제에 관심을 갖고 있었기 때문에 예조에서 늘 챙겼던 것이다. '지금 농사를 지을 시기이오나 비 오는 시기가 어긋나 앞으로 염려되오니, 옛 제도에 의하여 구학도랑을 보수하고 천맥냇가 둑을 정결하게 하며,

원옥감옥을 잘 살펴 다스리고, 가난한 자를 구휼하시며, 사람이나 금수의 해골이나 시체가 드러나서 뒹구는 것을 매장하옵소서.'라는 보고가 자주 올라왔다. 거의 매년 예조에서는 같은 내용의 보고를 올렸다고 보면 된다.

세종 29년 11월 13일

창진으로 죽은 자를 거리에 버리지 말고 매장하도록 하다

임금이 예조판서 허후에게 이르기를 "지금 들으니 창진瘡疹으로 죽은 자는 세속에서 사설요망스러운 소문에 고혹되어 항상 매장하지 않고 들판에 내버려져 있어서 여우와 삵괭이의 먹이가 된다 하니 내가 심히 민망하게 여긴다. 어떻게 하면 백성으로 하여금 시체를 버리지 않고 매장할 수 있게 하겠는가." 하였다.

예조판서가 "경도서울와 성 밑 10리 안에는 한성부의 오부·활인원 관리로 하여금 매일 순행하며 깨닫고 알 수 있도록 가르쳐 매장할 수 있도록 하겠나이다."라고 대답하였다.

세종 30년 11월 18일

시체를 들판에 버리지 말고 매장하도록 함길도와 평안도 감사에게 유시하다

함길도와 평안도 감사에게 유시하기를 "내가 들으니 도내의 연변국경, 강, 도로 따위를 끼고 따라가는 언저리 일대에 사는 백성들이 사람이 죽어도 장사하지 아니하고 들판에 그대로 버려 두는 자가 있다고 하니, 내가 심히 슬퍼한다. 이제부터는 죽은 자가 있거든 그 마을 감고와 정책임자가 항상 검핵을 가하여 매장하게 하되, 전과 같이 장사하지 아니하는 자가 있으면, 자손과 친족 및 감고와 책임자 등을 아울러 죄를 주며, 그 수령도 법률에 의하여 논죄하라."

세종이 이토록 버려진 시체들의 매장에 힘을 썼던 까닭은 방역과 민심의 위로와 진제의 실행에 있었다. 세종은 이처럼 환과고독과 버려진 시체나 뼈가 드러난 해골에도 관심을 기울이며 왕도정치를 펼치고자 노력했다. 물론 힘이 부치는 경우도 많았을 것이다. 그러나 세종은 포기하지 않고 백성을 위한 삶을 살았다.

19.
국가 안보,
세 번의 정벌로 지켜내다

국가는 왕이나 대통령혹은 수장, 首長에 의해서가 아니라 '권력
기관의 영속이나 보존'*에 의해 유지된다. 조선 초기에는 고려
말에 이어 외적의 자잘구레한 침탈이 일상적으로 일어나고 있
었다. 남쪽의 바다를 통해서는 왜구, 북쪽의 강을 건너서는 만
주의 여진족들이 작은 무리를 지어 경계를 넘어와 노략질을
해댔다. 노략질만 한 것이 아니라 사람도 죽이기를 서슴지 않
았다. 변경의 삶은 언제나 위태로웠다.

전쟁은 새로운 권력을 생산하기도 한다. 이성계는 함경도를
기반으로 한 여진족 천호장 출신이었다. 여진족 천호千戶를 다
스리는 장長이라는 뜻이다. 원나라의 관직명인데, 지금으로 치

---

* 질 들뢰즈·펠릭스 가타리, 김재인 옮김, 《천개의 고원》, 새물결, 683쪽

면 인구 4천여 명 정도를 다스리는 면장 정도이다. 이성계는 일종의 전쟁기계였다. 국가의 외부에 존재하고 있다가 고려 말에 왜구의 침탈이 극심할 때 국가의 내부로 들어왔다. 그는 크고 작은 전투를 통해 권력을 생산해냈고, 권력의지가 집중되어 결국 조선이라는 새로운 국가를 창출해냈다.

신진사대부라는 성리학자들이 주도하는 권력기관으로 유지되는 새로운 국가였지만 변경의 상태는 양호하지 않았다. 바다 유목민인 왜구들과 만주 대륙의 유목민인 여진족의 야만성을 극복하지 않으면 국가 안보를 유지하기가 매우 어려웠다.

"그러므로 어느 한쪽은, 적대 행위를 해오는 상대방의 잘못을 시정해주는 의미에서 싸우는 것이라고 할 수도 있지 않은가? 결코 그들을 망쳐버리겠다든가 또는 노예로 삼기 위해 싸우는 것이 아니란 말일세. 어디까지나 잘못을 고쳐주는 사람이지 적이 아니라는 이야기네."
"옳은 말씀입니다."
"(……) 또 어떤 국가이든 상대방 국가의 남녀노소 모두가 자기의 적이라고 인정하지는 않겠지. 다만 적대 행위를 해온 몇몇 책임자만은 적으로 인정할지언정, 그 밖의 다른 시민들은 모두 친구로서 대해주어야 하네. 따라서 그들의 땅을 짓밟거나 집을 불살라서는 안 되네. 바꾸어 말하면 적대 행위를 해온 소수의 책임자들에게만 책임을 물어야지, 아무런 책임도 없으면서 고통을 짊어진 사람에게 그 죄를 묻는다는 건 지나치다고 생각하네."*

국가의 기능 중의 하나는 주권의 지배가 미치고 있는 공간을 안전하게 지키는 것에 있다. 주권의 지배가 불안정하고 허약한 공간에 대해서는 군사행동을 취해 주권의 불안정성과 허약을 제거해야 한다. 이것을 일러 '안보'라고 한다. 안보는 외부의 침입자나 적을 퇴치하여 내부를 편안하게 하는 데 목적이 있다. 그것을 통해 국가체제 외부에 존재하는 이방인들의 이주를 통제하고, 내국인들을 이주시켜 불안정한 지역에 대해 국법이 작용하고 지배하는 지대가 되도록 해야 하는 것이다.

최근 들어서는 안보의 개념이 확장되었다. 안보는 이제 군사 혹은 국방 안보만을 의미하지 않는다. 코로나19의 시대에는 방역 또한 안보의 영역에 포함되었다. 바이러스의 이동과 감염을 중단시키고자 하는 방역이 안보의 영역 안에서 매우 중요한 위치를 차지하게 되었다. 복지 또한 안보의 영역에 포함되어야 한다. 나는 복지를 인간 안보로 해석한다. 비교적 사회안전망이 잘 구축된 우리나라 같은 경우도 극단적 빈곤으로 자살하는 사람들이 자주 발생하고 있다. 뿐만 아니라 양극화에 의한 희생자들도 점점 늘어나고 있는 실정이다. 복지는 그들의 삶을 안전하게 보호하는 역할을 해야 한다.

세종의 시절에는 군사 안보, 방역 안보, 인간 안보가 모두 취

---

* 플라톤, 왕학수 옮김, 《국가》, 동서문화사, 279쪽

약하였다. 세종은 전염병에 맞서 의료체계를 구축하고 약재를 개발하며 진제와 구휼을 통해 방역 안보와 인간 안보를 위해 최선의 노력을 다했다. 그럼에도 변경 지방의 국방, 즉 군사 안보는 여전히 취약한 상태였다. 태조와 태종과 달리 세종은 무장 출신의 왕은 아니었지만 국가의 수장이었다. 취약한 군사 안보를 극복해야만 했다.

"어찌하여 파저강 정벌에 나섰습니까?"
"백성의 삶을 안전하게 하기 위함이었다."

태조 이성계가 대마도 정벌을 떠나는 우정승 김사형 등에게 내린 교지에서 '예로부터 임금 된 자는 항상 중외中外, 나라 안밖를 어루만져 편안하게 하는 데에 힘써야 한다'*고 말했다. 세종도 태조와 태종의 뜻을 이어받아 영토와 백성을 편안하게 하려고 힘썼다. 국방이란 곧 국가 안보를 일컫는다. 국방을 통해 영토 내부를 안정시키기 위한 노력은 조선 초기의 태조와 태종, 세종 시대에 집중적으로 나타났다. 영토 내부를 안정시키기 위한 최선의 정책은 강무와 정벌이었다. 강무는 군사훈련이며 정벌은 전쟁이었다.

---

* 태조실록 10권, 태조 5년 12월 3일

〈태조실록〉 10권, 태조 5년 11월 30일

의흥삼군부에서 역대 강무 제도를 참고하여 강무를 시행할 것을
상소하다

'삼가 역대의 강무제도_{군사훈련제도}를 상고하옵건대, 주나라 시대에는
봄과 여름에는 군막에서 군병을 훈련하고, 가을과 겨울에는 군사
를 크게 사열했다 하오니, 사철 언제나 교련하므로 그 익히는 것이
자세하였고 안팎으로 다 가르치므로 그 쓰기가 이로웠으니, 이것이
주나라의 나라 지키는 도리입니다. (……) 가르치지도 않고 싸움을
시키는 것은 백성을 버리는 것입니다. (……) 중외에 강무의 일을
명령하시어 편안할 때에도 위태함을 잊지 않으시는 계책을 보이시
어, 그 강무의 제도와 드물게 하고 자주 하는 절목은 시대와 사세
가 다르오니, 옛날 제도에다가 더하기도 하고 덜기도 하소서.'라는
상소에 대해 태조는 시행을 명령하였다.

실록에서 '강무'를 검색하면 총 1,009건이 나타난다. 그중에
서 세종 시절이 316회로 압도적으로 많다. 다음으로 성종 시
절에 194회, 태종 시절에 163회가 검색된다. 세종과 태종 시
절을 합치면 479회로 조선시대 전체의 절반에 해당한다. 그만
큼 조선 초기에는 군사훈련이 많았다는 증거이다. 세종은 대
체로 문과 체질의 왕으로 인식되고 있으나 그것은 오해에 가
깝다. 사실은 완벽한 이과 체질의 왕이었다. 군사훈련은 무과
에 속하는 일이지만 세종은 이를 게을리 하지 않았다.

강무를 제대로 시행하면 왕자들은 물론이고 의정부의 정승
들과 병조의 모든 벼슬아치가 참가하였다. 말이 만여 필이나
동원되었으니 규모가 참으로 어마어마하였다. 그만한 규모의
인원이 참여하기 위해서는 그에 걸맞는 강무장이 필요하였다.
세종은 경기도의 광주와 양근 등지, 철원과 안협 등지, 강원도
의 평강과 이천 등지, 횡성과 진보 등지를 강무장으로 결정하
였다. 그리고 그 지역에 예전부터 거주하던 사람과 이미 땅을
개간하여 농사를 짓는 사람 이외에는 이주 및 개간과 벌목과
사냥을 일절 금하였다.

그러나 흉년이 들어 백성의 삶이 피폐해진 때에는 강무를
중단하기도 하였는데, 가끔은 중단을 명하였다가 이를 취소
하고 다시 시행하기도 하였다. 세종은 강무로 인한 민생의 폐
해가 약간 발생한다고 해도 취소하지 않고 그 시행을 지속하
였다. 이는 군사제도를 완비하고 군사훈련을 지속하여 국방을
튼튼히 해야만 백성의 삶을 편안하게 돌볼 수 있다는 세종의
뜻에 의한 것이었다. 무릇 성군의 덕목에 군사 안보가 빠질 수
없는 것은 이 때문이다.

대마도 정벌과 파저강 정벌

조선의 역사에서 국경을 넘어 군사를 보내는 정벌은 오직

대마도 정벌 2회와 파저강 정벌 2회가 유일하다. 그중에서 대마도 정벌 1회와 파저강 정벌 2회는 세종 시절에 이루어졌다. 세종 이후로 조선은 침략을 당하기만 했지 어떠한 형태로든 외부 정벌을 떠난 적이 없다. 광해군 시절에 명의 원군 요청으로 출병한 적은 있지만 그것은 정벌이 아니었다.

첫 번째 대마도 정벌은 1396년 태조 5년 12월 3일에 시작되었다. 대마도의 왜구들이 남해로 들어와 벌써 서너 차례 노략질을 했다. 남해의 변방에서 방비하게 하였으나 실효성이 거의 없다시피 했다. 태조 이성계는 왜구를 소탕하면서 그 명성을 드높인 무장 출신의 왕이었기에 아마도 참을 수가 없었을 터였다.

'이제 하찮은 섬 오랑캐가 감히 날뛰어 우리 변방을 침노한 지가 서너 차례에 이르러서, 이미 장수들을 보내어 나가서 방비하게 하고 있으나, 크게 군사를 일으켜서 수륙으로 함께 공격하여 일거에 섬멸하지 않고는 변경이 편안할 때가 없을 것이다.'*라며 한강까지 나가 군사들을 전송하였다. 그로부터 엿새 후 경상도 영해부의 축산도에 왜구의 배 60척이 항복을 요청해왔다.

'우리들이 항복하고자 하오니, 만일 귀국에서 변방 한 곳을 허락하고 내려주고 식량을 주면 우리들이 감히 딴생각을 갖지

---

* 〈태조실록〉 10권, 5년 12월 3일

않을 것이며 또 다른 도적들도 금하겠습니다.'*라고 하였다. 태조는 작은 벼슬까지 내려주며 이들을 조선에 살게 하였다. 결과적으로 보면 태조의 1차 대마도 정벌은 큰 성과를 거두지 못하고 막을 내렸다. 그 후로도 왜구들은 자주 항복을 해왔고, 모두 조선에 살게 하였다. 하지만 왜구들의 노략질은 날로 심했다. 이에 태종은 2차 대마도 정벌을 계획했다. 당시 태종은 상왕이었고 주상은 세종이었다. 세종은 상왕이 주도하는 대로 보좌만 했다.

세종에게 왕위를 넘겨주면서도 태종은 병권만큼은 직할로 두고 있었다. 스물한 살의 나이에 불과한 충녕에게 양위하면서 태종은 병권을 갖고 군대를 통솔했다. 고려 말부터 왜구는 조선의 해안을 빈번하게 침탈하여 노략질을 해갔다. 노략질이 그치지 않자 상왕은 왜구의 본거지를 소탕하는 게 필요하다고 느꼈다.

대마도를 정벌하는 것은 쉽지도 않았지만 어렵지도 않은 문제였다. 당시 일본은 무로마치 시대1336~1573로 대마도까지 직접 통치하는 정도는 아니었다. 조선의 군대가 대마도를 정벌한다고 해서 일본 본토에서 지원군이 올 상황은 아니었다. 더구나 상왕은 사병을 혁파하고 군대를 재정비하여 정부에 예속시킨 상태였다. 군대가 권력 있는 개인의 속하지 않고 정부에

---

* 〈태조실록〉 10권, 5년 12월 9일

속해 있으니 국가 차원의 총력 동원체제가 가능했다. 상왕이 명나라와의 관계 때문에 머뭇거리고 있을 때 병조판서 조말생이 대마도 정벌에 찬성하고 나섰다. 상왕은 조정 관료들을 설득하면서 명나라의 간섭을 피할 논리를 만들었다.

세종 1년 6월 9일

상왕이 대마도를 정벌할 것에 대해 중외에 교유하다

상왕이 '병력을 기울여서 무력을 행하는 것은 과연 성현이 경계한 것이요, 죄 있는 이를 다스리고 군사를 일으키는 것은 제왕으로서 부득이한 일이다. (……) 대마도는 본래 우리나라 땅인데, 궁벽하게 막혀 있고 또 좁고 누추하여 왜놈이 거류하게 두었더니, 개같이 도적질하고 쥐같이 훔치는 버릇을 가지고 있다. 경인년으로부터 변경에 뛰놀기 시작하여 마음대로 군민을 살해하고 부형을 잡아가고, 그 집에 불을 질러서 고아와 과부가 바다를 바라보고 우는 일이 해마다 없는 때가 없다. (……) 그(왜구들의) 배고픈 것도 구제하였고 통상을 허락하기도 하였으며 온갖 구함과 찾는 것을 응하여 주지 아니한 것이 없고, 다 같이 살기를 기약했다. (……) 하지만 황해에 떠서 평안도까지 이르러 우리 백성들을 소란하게 하며 장차 명나라 지경까지 범하니 그 은혜를 잊고 의리를 배반하며, 하늘의 떳떳한 도리를 어지럽게 함이 너무 심하지 아니한가. 나는 삶을 좋아하는 마음으로, 한 사람이라도 살 곳을 잃어버리는 것을 오히려 하늘과 땅에 죄를 얻은 것같이 두려워했다. 하물며 이제 왜구가 탐욕과 악독한 행동을 제멋대로 하여 뭇 백성을 학살하여 천벌을 자청하여도 오히려 용납하고 참아서 토벌하지 못한다면, 어찌 나라에 사람이 있다 하겠는가. 이제 한창 농사짓는 달을 당하여 장수를 보내 출병하여 그 죄를 바로잡으려 하는 것은 부득이한 일이다. 아아, 신민들이여, 간흉한 무리를 쓸어버리고 생령을 수화水火에서 건지고자 하여, 여기에 이해를 말하여 나의 뜻을 일반 신민들에게 널리 알리노라.'며 나라 안에 알려서 가르쳤다.

대마도 정벌은 이렇게 시작되었다. 이종무를 삼군도체찰사三軍都體察使로 임명하여 총대장으로 삼았다. 병선 227척과 1만 7천여 명의 군사를 거느리고 대마도에 상륙하여 왜구 114명을 참수하고 2천여 채의 가옥을 불태웠고 129척의 선박을 불태우거나 노획했다. 이렇게 대마도 정벌은 성공적으로 끝났으나 식민지로 삼아 관리를 보내거나 조선 영토로 편입하지 않았다. 오히려 대마도의 도주에게 관리권을 넘기고 정벌군은 귀환하였다. 이러한 정벌 이후의 사후처리는 왜구의 노략질이 계속되는 빌미를 주었다. 이 점에서 상왕의 대마도 정벌은 궁극적으로 실패한 것이 된다.

세종은 늘 '조종의 강토는 줄일 수 없는 것이다. 지난번에 야인들이 우리 땅을 침범 점거한 것이 이미 많았는데, 지금 또 물러 옮긴다면 이는 버리고 지키지 않는 것이다. (……) 따라서 물러나 줄일 계획을 한다면 조종의 토지를 개척하는 뜻에

아주 어긋나는 것이다.'*라고 생각했다. 그렇기 때문에 두만강
과 압록강을 지키는 데 최선을 다하고자 했다.

　요녕성 환인현을 흐르다가 나중에 압록강과 합류하는 강이
있는데, 이름이 파저강이다. 지금은 통자강으로 불리고 있다.
환인은 주몽이 그의 부족을 이끌고 북부여에서 내려와 고구려
를 건국한 지역이다. 그 지역에 여진족이 많이 살았는데 명나
라에서 이들을 관리하기 위해 건주여진이 거주하는 '건주위'를
설치했다. 요즘 말로 하면 일종의 자치구면서 명나라의 관직을
받았다. 건주여진의 부족 중에서 올량합 부족의 족장인 아합출
에게 지휘사의 관직을 부여하면서 동시에 이승선이라는 이름
도 내려주었다. 나중에 올량합 부족의 아합출의 손자인 이만주
가 지휘사를 세습하였다. 다른 부족인 올적합이 올량합 부족을
압박해오자 근거지를 파저강 유역의 다회평으로 옮겼다.

　두만강이나 압록강 유역에서는 여진족들이 자주 국경을 넘
어와 약탈과 납치를 저질렀고 때로는 조선에다 먹고 살 식량
과 소금을 요구하기도 하였다. 조선에서는 이들을 회유하고
국경의 백성들이 피해를 입지 않도록 하기 위해 자주 요구 조
건을 수락하였다. 그럼에도 불구하고 여진족의 국경 침탈 행
위는 끊이질 않았다.

_____

* 세종 9년 8월 10일

세종 즉위년 9월 7일

야인 40여 명이 여연군에 들어와 거주민 남녀 70인과 소 8마리를 약탈해 가지고 돌아갔다.

세종 4년 9월 24일

혐진嫌眞 올적합 부족의 거을가개가 군사 1백여 명을 거느리고 경원부를 침범하여 두 사람을 죽이고 한 사람을 활로 쏘았다.

세종 4년 10월 27일

야인이 또 강계 지경에 들어와서 곡식을 불사르고 갔다.

세종 4년 10월 28일

야인 30여 명이 의주의 지경에 들어와서 인민을 죽이고 노략질하며 곡식을 불살랐다.

세종은 여진족의 국경 침탈에 대해 노심초사하였다. 귀화한 여진족으로 조선에서 벼슬살이를 하고 있는 사직 마변자를 올랑합 부족한테 보내 진무하였다. 그럼에도 여진족들은 끊임없이 국경을 넘나들며 조선 백성들을 살해하거나 곡식을 불태웠다. 결국 1433년 파저강에 근거를 두고 있는 여진족이 강계와 여연을 공격하여 수십 명이 전사하는 등의 피해가 발생했다. 세종은 더 이상 참을 수가 없었다. 마침내 파저강 정벌의 계획을 세우고 실행에 옮겼다.

압록강을 건너는 일은 간단한 일이 아니었다. 그것은 명나라의 국경을 넘는 일이어서 명 황제의 허락을 받지 않으면 월경이 불가능했다. 세종은 1432년 12월 26일에 상호군지금의 중장계급 김을현을 진헌사로 임명하여 북경에 보냈다. 북경으로 떠났던 김을현한테서 통역사 김정수를 통해 보고가 도착한 것은 다음 해 3월 14일이었다.

세종 15년 3월 14일

진헌사 김을현이 칙서가 내렸음을 통사 김정수를 보내어 보고하다

진헌사 김을현이 먼저 통사 김정수를 통해 치계馳啓. 말을 달려와서 아뢤하기를 "신이 예부 상서에게 청하기를 (……) '또 야인은 얼굴은 사람이라도 마음은 짐승과 같아서, 은혜와 신의로서 족히 그 미련하고 사나운 마음을 결탁할 수 없고, 보화로써 족히 많은 욕심을 채울 수 없으니, 횡포하게 거슬려 오는 것을 그대로 받고 보복하지 아니하면 화가 그치지 않을 것이니 어떻게 하오리까. 태종 황제께서 조선에 이르기를 '야인이 침노하고 포학하거든 쫓아 잡아서 모두 죽이라.'고 하였으니, (……) 다른 날에 만일 국경을 넘어 침범하는 일이 있으면, 일체 성지에 의하여 군사를 준비하여 쫓아 잡는 것이 우리 임금의 소원이오니, 대인께서 아울러 이 뜻을 가지고 주문하여 시행케 하옵소서.' 하였더니, 이에 칙서가 내렸습니다."

군사를 이끌고 월경을 해도 된다는 진헌사의 보고였다. 세
종은 이를 토대로 정벌의 계획을 확대하였다. 세종은 정벌군
총사령관에 평안도절제사 최윤덕을 임명하고, 평안도의 보병
과 기병 1만 명과 황해도의 기병 5,000필을 준비하였다. 2만
여명의 군대로 1433년 4월 10일 공격개시를 명령하였다. 정
벌군은 강계를 출발하여 압록강을 건너 파저강 일대의 여진족
을 초토화했다. 정벌은 세종의 마음을 흡족하게 할 정도로 성
공적이었다. 안타까운 것은 이만주를 생포하거나 죽이지 못한
점이었다.

이만주는 그 후로도 계속 조선의 국경과 국정을 농락하였
다. 그는 압록강 유역에 대한 조선의 지배를 근본적으로 인정
하지 않고 있었다. 이만주는 건주위 지휘사라는 직함을 이용
해 사신을 보내는 등의 온갖 악랄한 방법으로 조선을 괴롭혔
다. 세종은 이만주에게 쌀 등을 하사하였다. 그래도 교묘한 악
행을 그치지 않았다. 세종의 마음에는 점점 화가 쌓였다.

세종 16년 3월 29일

야인들이 계속하여 곡식의 종자를 청하므로 이를 들어주지 말자고
호조에서 건의하다

호조에서 '앞서 도독 이살만답실리와 지휘 이만주에게 각기 쌀 20석
을 하사한 적이 있습니다. 이로 말미암아 야인들이 계속해 나와서는
모두 곡식의 종자를 청구하고 있습니다. 만약 그 청구를 다 들어준

다면 이 뒤에도 끝이 없게 되어 장차 계속하기 어려울 것이오니, 후
히 위로해 보내고 곡종은 주지 말도록 하옵소서.'라고 아뢰었다.

세종은 이만주를 잡아야겠다고 결심했다. 이만주는 조선으
로부터 포로를 돌려받고 세력을 규합하였다. 한편으로는 조선
에 토산물 등을 바치면서 1435년부터 두 해에 걸쳐 압록강과
두만강의 국경지대를 잇달아 유린하였다. '이만주 등이 연달
아 사람을 시켜 소금·장·양식 등 물건을 억지로 청구하므로
모두 주도록 하고, 갖은 방법으로 무휼撫恤하고 있던 중, 뜻밖
에 이만주와 야인이 나쁜 짓을 쌓아 고치지 않았다. 또한 홀라
온을 꾀어 무리를 모아 여연 군에 와서 성을 포위하고 약탈하
였다. 7월 초십일, 9월 18일에도 군사를 이끌고 연달아 침입하
여 사람을 죽이고 사람과 가축과 재산을 약탈해 갔다.'* 세종
은 그해 9월에 동지중추원사 이사검을 보내 국경의 긴급한 문
제에 대해 보고하도록 하였다. 1436년 2월 이사검이 명 황제
의 칙서를 갖고 돌아왔다.

세종 18년 2월 17일

이사검이 칙서를 받들고 북경에서 돌아오다

'건주위 도지휘사 이만주 등이 나쁜 행동을 쌓아 고치지 아니하고,

---

* 세종 17년 9월 21일

홀라온의 야인을 여러 번 꾀어 조선의 변경에 와서 겁탈하고 죽이는 등의 일을 상세히 알았다. 대개 이 도적은 짐승의 성질이 있으므로 덕으로써 교화시킬 것이 아니니 모름지기 위력으로써 겁나게 해야 될 것이다. 조선왕은 군비를 엄하게 단속하여 그들이 재차 침범하거든 즉시 이를 무찔러 없애버려, 변방의 백성이 편안함을 얻게 하라.

칙서를 받은 세종은 대신들의 반대에도 불구하고 파저강 2차 정벌을 계획하였다. 총사령관은 평안도 병마도절제사 이천을 임명하였고 평안도와 황해도의 병력 7,800명이 동원되었다. 조선군은 1437년 9월 7일부터 8일간 조선군이 압록강 중하류 지역의 대안에 거주하는 파저강 근거지를 공격하였다. 그들은 근거지가 완전히 초토화되면 다시 세력을 규합할 수도 없고 회복할 수도 없다는 것을 알고 사력을 다해 저항하며 매복과 기습 작전으로 조선군을 괴롭혔다. 조선군은 악전고투 끝에 파저강의 이만주 근거지를 초토화했다. 하지만 이번에도 이만주를 처리하지 못했다. 이만주는 근거지를 북쪽의 혼하로 옮겨버렸다. 1차 정벌에 비해 전과는 미약했으나 이만주를 북쪽으로 몰아내는 바람에 조선은 압록강 중하류 지역을 군사적으로 확보할 수 있었다.

파저강 2차 정벌은 사실상 실패했음에도 세종은 승전이라고 주장했다. 세종은 토벌이 성공적으로 이루어졌으니 논공을 하라고 했으나 은근히 반대가 많았다. 내시 김충이, 의정부의 정승들도 분분한 의견 속에서도 반대가 우세하고 우의정 노한의 반대가 심하다고 보고하였다. "평안도 병마도절제사 이천이 토벌한 것은 적의 농막 한두 곳에 불과하고, 야인은 대군이 온다는 것을 듣고 모두 두려워하여 도피하였다. 야인이 아닌 중국 사람은 '조선 군사는 우리를 해치지 않을 것이다.' 하며 안심하고 거처하고 있었는데 이천이 모두 죽였다. 부녀자에 이르기까지도 아울러 죽여 없앴다. 오직 열 살 남짓 된 계집아이 하나만 살았을 뿐이다. 그 계책이 음흉스럽다. 여연판관 이종효에게 군사 이삼백 명만 거느리고 가게 하였더라도 포획한 것이 이보다 못하지는 않았을 것이다. 후일에도 변방의 장수로서 이와 같은 일이 많을 것이니 어찌 다 상을 줄 수 있겠는가"라는 말에 세종은 진노했다.

"이번에 이천은 7천 명 군사로써 토벌하여 60여 명을 포획하였고, 군사를 온전하게 해서 돌아왔다. 어제 대신들이 모두 치하하였고, '군사를 온전하게 돌아왔으니 매우 기쁩니다.'라고 하였다. 그런데 이제 말을 바꾸니, 우의정 노한은 대신의 체통에 어긋남이 있으니 파직하라."*

---

* 세종 19년 10월 17일

세종이 우의정 노한을 파직하자 노골적으로 반대하는 여론
은 잦아들었다. 그러나 여론은 결코 세종에게 좋은 평가를 내
리지 않았다. 무엇보다도 파저강 2차 정벌의 목적은 이만주의
처리에 있었는데, 그것을 이루지 못했던 것이다. 세종으로서
는 여론이 그렇다고 하더라도 공식적으로 실패를 인정하기 어
려웠다. 1차 정벌 때와는 달리 2차 정벌은 신하들의 반대가 만
만치 않자 거의 독단적으로 결정하고 밀어붙였기 때문이었다.

근거지를 옮긴 이만주는 그 후에도 온갖 위선과 기만으로 조
선을 농락했다. 세종은 이만주를 비롯한 야인들을 달래며, 한편
으로는 국경의 경비를 강화하여 백성의 삶을 안정적으로 유지
하도록 했다. 이만주를 다시 칠 계획을 세우기가 쉽지 않았다.
그런 이만주를 처리한 왕은 세조였다. 세조는 이만주를 그냥 두
고 보진 않았다. 세조는 아버지인 세종이 이 문제로 얼마나 노
심초사하였는지 잘 알고 있었다. 다행히 명나라에서 이만주를
칠 계획을 세우고 조선군의 출병을 요청하였다. 세조는 1만여
명이 넘는 군사를 조직하여 파저강으로 보냈던 것이다.

세조 13년 10월 10일

강순이 승전의 봉서를 올리다

주장主將, 총사령관 강순이 '신이 군사를 거느리고 9월 26일에 우상대
장 남이와 더불어 만포에서부터 파저강으로 들어가 공격하고 이만
주와 이고납합·이두리의 아들 이보라충 등 24명을 참하고, 이만주

와 이고납합 등의 처자와 부녀 24명을 사로잡고, 활로 사살하고서 머리를 자르지 않은 사람이 1백 75명이고, 중국인 남자 1명, 여자 5명과 아울러 병장·기계·우마를 얻었고 집과 쌓인 곡식은 불태웠나이다. 그 뒤 진을 물려서 요동의 군사를 기다렸으나, 여러 날 동안 성식_{省息}먼 곳에서 전하는 소식이나 편지이 없기 때문에 이달 초2일에 군사를 돌이켜 초3일에 강을 건넜습니다. 좌상대장 어유소는 고사리로부터 올미부_{兀彌府}로 들어가 공격하여 21명의 머리를 베고, 활로 사살하고 머리를 참하지 못한 것이 50명이고, 중국 여자 1명과 아울러 병장·기계·우마를 얻고 집 97채를 불태우고, 또한 요동의 군사를 기다렸으나 만나지 못하고, 이달 초4일에 그 잡은 중국 사람 등을 여러 고을에 나누어 붙이고 옷과 양식을 급여하였나이다. 노획한 병장·기계·우마의 수는 따로 기록하여 보고합니다.'

신하들은 "하늘의 위엄이 진동하니, 잠깐 사이에 삼첩의 소식이 날아들고, 삭막_{朔漠, 북쪽에 있는 사막}에 티끌이 개이자 마침내 사방의 하례가 달려옵니다."라며 축하를 아끼지 않았다. 비록 세종 시절에 이만주를 처리한 것은 아니지만 그 아들 세조가 파저강 일대를 제대로 정리하였으니 경사가 아닐 수 없었다. 이로써 북쪽의 국경지대는 편안하게 되었다.

국가의 기능 중에서 결코 소홀히 할 수 없는 것이 안보다. 군사력이 약하면 국가 내부의 평화를 보장할 수 없다. 우리는 그 상태를 안보가 무너졌다고 말한다. 조선은 세조 이후 점차 군사력을 상실하고 말았다. 세종은 아버지 태종한테 군사의 중요성에 대해 학습했다. 그랬기에 국방을 튼튼히 하고 사군육진의 설치로 국경을 완성할 수 있었다. 그러나 문신들은 성리학만 숭상한 나머지 점차 무신들을 무시하기 시작하였고 끝내는 군사력을 유지하는 데 실패했다. 그 결과가 임진왜란과 병자호란이었다. 정치가 제 역할을 못 한 결과였다.

20.
세종의
지리 영토와 평화

　백두산을 세 번 다녀왔다. 두 번은 북한에서 갔고, 한 번은 중국에서 올라갔다. 2000년 6·15 평양회담 이전에는 중국을 경유해 백두산을 여행하자는 제안들이 많았지만 번번이 거절했었다. 나는 우리 땅인 북한을 통해 가고 싶었다. 정확히는 개마고원을 지나 그렇게 하염없이 트래킹을 하면서 가고 싶었다.

　2005년 6월 15일, 평양에서 개최한 '6·15 공동선언 5주년 기념 민족통일대축전'에 6·15 공동선언실천 남측위원회 백낙청 상임대표의 비서 자격으로 참가하게 되었다. 6월 14일, 남측 대표단 295명이 서해 직항로를 통해 평양의 순안공항으로 대한항공 전세기를 타고 방북했다. 순안공항에서 평양까지 들어가는 길에 평양시민 6만여 명이 열렬히 환영해주었다. 무사히 평양에서의 일정이 끝나고 순안공항에서 고려항공을 타고 삼지연으로 이동하여 백두산에 올랐다. 백두산의 날씨는 언제 어느 때 바뀔지 모른다고 했는데 운이 좋았는지 천지를 한눈에 볼 수 있을 만치 맑았다.

그리고 2005년 7월 20일부터 평양에서 '6·15 공동선언 실천을 위한 민족작가대회'가 개최되었다. 분단 이후 남북의 작가들이 처음으로 만나는 대회였다. 나는 이 대회를 위하여 2003년부터 실무접촉을 이끌어왔고, 대회의 실무를 총괄하는 역할을 담당하고 있었다. 대회가 진행되는 동안 평양의 더위도 바람에 흔들리는 나뭇잎도 느껴볼 겨를이 없었다.

7월 22일 아침 11시 40분, 순안공항에서 고려항공의 프로펠러가 달린 소형 비행기가 이륙했다. "평양에서 삼지연까지는 505km로서 1시간 10분 걸립니다. 우리 비행기는 5,700m 높이에 시속 600km로 날고 있습니다." 승무원의 상냥한 목소리가 기내에 울려 퍼졌다. 평양에 처음 갈 때는 북경에서 고려항공을 타고 갔었다. 그때, 승무원의 "손님 여러분, 우리 비행기는 막 조국에 들어섰습니다."라는 방송에 작은 창으로 아래를 내려다보니 압록강이 아득하게 보였다. 심장이 두근두근 뛰었던 추억이 다시 살아났다.

삼지연공항에 내려 백두산 밀영에 들렀다가 베개봉호텔로 가서 여장을 풀었다. 호텔의 회의실에 남북의 작가들이 모여 23일 새벽에 있을 백두산 시낭송회 연습을 했다. 정지아 소설가가 김남주 시인의 〈조국은 하나다〉를 낭송했다. '탄생의 말

응아웅아 위에, 죽음의 말 아이고아이고 위'에도 '조국은 하나 다'라고 쓰겠다는 김남주 시인. 나는 그를 전주교도소에서 만났었다. '보리밥 위에도 쓰리라'에서 눈물이 터졌다. 부끄러운 줄도 모르고 눈물이 줄줄 흘렀다. 남북작가대회를 마치고 백두산 기슭의 호텔까지 오게 된 긴 여정의 우여곡절이 주마등처럼 스쳤다. 어찌 울지 않을 수 있으랴.

연습을 마치고 호텔 바에서 술을 마셨다. 어떤 시인은 바에서 근무하는 북측의 여복무원에게 손목시계를 풀어주기도 했다. 새벽이 올 때까지 바에서 동료작가들과 술을 마시느라 잠을 거의 자지 못했다. 새벽 두 시, 작가들을 깨워 버스에 오르게 했다. 버스를 타고 이깔나무 숲길을 한참 달려 본격적으로 백두산 장군봉을 향했다. 장군봉으로 올라가는 구절양장의 구불구불한 백두산 기슭의 산길을 가는데 하늘이 아침노을로 붉게 물들어가기 시작했다. 백두산 아래 장엄하게 펼쳐진 구름밭은 온통 붉은 빛이었다. 파란 하늘에는 달이 떠 있었고, 노을은 바다처럼 펼쳐져 구름의 파도를 일으키고 있었다.

날씨는 기가 막혔다. 서쪽 하늘에는 달이 떠 있고, 동쪽 하늘에서는 붉은 해가 떠오르기 시작했다. 일월을 한 하늘에서 보는 행운을 백두산 정상에서 누리는 감격이란 이루 말로 다 할 수가 없다. 날씨는 매서웠다. 하늘은 맑았으나 어디선가 냉기를 가득 담은 바람이 거칠게 불었다. 지난밤에 연습한 대로 남북의 작가들은 목소리를 높여 시를 낭송했다. 그랬다. 남과 북의 작가들은 세종의 지리 영토 안에서는 서로 떨어져 살았지만 언어 영토 안에서는 함께 살고 있었던 것이다. 아득하게 천지가 보였다. 그러나 천지로 내려갈 수가 없어 안타까울 뿐이었다. 하늘 호수의 가운데로 북한과 중국의 국경이 지나간다는 사실이 떠올랐다.

"천지의 대부분이 중국 소유라면서요?"

옆에 있는 북한 안내원에게 물었다.

"일 없습네다. 천지의 55%는 우리 땅입네다."

안내원이 자랑스러운 태도로 대답했다.

세종 11년 11월 11일

전국의 영험한 곳에서 제사 드리는 것을 국가에서 행하는 치제의 예에 따를 것을 건의하다

예조에서 아뢰기를 '건의하는 자가 아뢰기를 '(……) 이제부터 산천의 기암과 용혈과 사사절과 사당 등 영험한 곳에 제실과 위판을 설치하고, 매양 사중월2, 5, 8, 11월의 길일에 사자를 보내어 예를 행하게 하소서' 하니, '이를 논의하라' 명하였다. 변계량이 아뢰기를 '함길도에서는 (……) 영흥의 현덕진·백두산·미물관 (……)이 그것입니다.'

백두산은 세종 시절부터 민족의 영험한 곳으로 지정되어 있었다. 함길도에 속한 조선의 영토임이 분명히 기록되어 있다. 또한 《세종실록지리지》에는 '압록강은 의주 서쪽에 있는데,

옛 이름은 청하 또는 용만龍灣이라고도 한다. 그 근원은 백두산으로부터 나와서 수백여 리를 흘러 함길도 갑산군을 지나고, 여연·강계·이산을 거쳐서 독로강평안북도 강계군 동쪽 낭림산맥의 소백산 부근에서 발원하여 서북 방향으로 흘러 압록강에 합류하는 강 물과 합하여, 벽동·창성·소삭주를 지나 압록강이 되고 위화도를 감돌아 암림곶暗林串을 지나 바다로 들어가'는 강으로 기록되어 있다. 세종은 기록으로 백두산과 압록강이 우리 영토임을 명백하게 선언하고 있는 것이다. 천지도 역시 우리 민족의 오랜 영토가 분명했다.

남한에서는 김일성이 백두산 천지를 중국에 양보했다는 설이 있다. 민족의 땅을 팔아먹은 배신자의 굴레를 씌우기 위한 내용이 대부분이었다. 그러나 이 혐의를 확인할 방법은 없었다. 그러던 어느 날 중국 심양에서 남북 공동의 행사를 협의하기 위해 실무접촉을 하던 중에, 김일성이 백두산의 반절을 중국에 넘겨줬다고 하는 말이 있는데, 사실이냐고 물었다. 실무접촉을 나온 보위부원은 펄쩍 뛰었다.

"1962년 10월 초에 중국의 주은래 총리가 평양에 왔습니다. 두 나라 간의 국경을 논의하기 위해서였죠. 주은래 총리가 평양에 오기 전에 김일성 주석은 관계자들에게 백두산 정계비에 관해 충분히 연구하라고 지시를 해두었습니다. 우리는 1909년의 간도협약이 무효라는 것을 주장하며 토문강 이남의 땅인 간도는 조선 땅이라는 주장을 하고 있는 상태였습니다. 중국은 백두산 지역에서 국경을 확정하는 문제는 백두산 정계비를 기준으로 해야 한다고 주장하는 상태였고요. 정계비는 장군봉 정상에 있는 것이 아닙니다. 조선 숙종 시절에 정계비를 세웠는데 늙고 허약한 신하들이 비를 들고 청나라 대표를 따라가다가 중간에서 포기하고, 조금 젊은 군관들이 갔는데, 그들도 정상까지 가지 않았답니다. 정상에서 동남쪽으로 4km 아래쪽에다 정계비를 두고 온 것이라고 합니다. 정계비가 세워진 위치에서 보면 '토문강'이 '두만강'을 가리킨다고 볼 수 있는 여지가 아주 많습니다. 민족의 영산인 백두산과 천지가 우리 영토 밖에 있다는 해석이 가능하잖아요. 김일성 주석은 이 문제를 해결하기 위해 고심이 많았습니다. 마침내 주은래 총리가 비공식적으로 평양을 방문했지요. 하지만 김일성 주석께서는 병을 핑계 삼아 입원해버렸습니다. 일주일 동안이나 김일성 주석을 만나지 못하자 마침내 주은래 총리가 병문안을 갔답니다. 그 자리에서 주은래 총리가 웃으며 김일성 주석에게 허심탄회하게 이야기를 하자고 했답니다. 그 자리에서 김일성 주석은 압록강과 두만강의 한 가운데를 국경선으로 하자고 했으며, 두 강의 모든 섬은 조선 땅으로 하자고 했고, 백두산 정계비의 현재 위치에서 국경을 정할 수 없으니 천지를 반으로 나누자고 했지요. 그것을 주은래 총리가 호탕하게 웃으며 받았습니다. 1962년 10월 12일, 두 분 사이에 맺은 조·중 국경에 관한 합의지요. 남조선 사람들 천지를 중국에 바쳤다는 둥 그렇게 지껄이는 것을 우리도 잘 알고 있습니다. 그치만 그건 사실이 아니고, 그 정도라도 지키느라 얼마나 번민했겠습니까."

그 보위부원의 말이 사실인지 아닌지, 나로서는 증명할 길이 없다. 그저 고개를 끄덕일 수밖에 없었다. 북한과 중국의 국경 협약*의 결과는 김일성의 뜻대로 되었다는 것이다.

양측은 압록강–백두산–두만강 선을 국경으로 하였다. 먼저 백두산 지구에서는 천지를 분할하고 그 지형적 특성상 모두 21개호 28개의 국경표지를 설치하였다. 그런데 이는 1909년의 간도협약에서 획정된 것과 비교하면, 간도협약이 압록강–백두산정계비–두만강 석을수 선을 국경으로 하였는데, 변계조약은 백두산 정계비를 무시하였을 뿐만 아니라 동시에 압록강–천지분할선–두만강 홍토수 선을 국경으로 함으로써 양측 간의 국경이 북쪽으로 이동하였고, 따라서 북한 측이 과거보다 많은 영토를 확보한 셈이 된다고 하겠다.**

북한은 백두산 정계비와 1909년 일제의 간도협약에 따른 국경선 획정 시 결정한 석을수보다 북쪽으로 올라간 홍토수를 국경선으로 확정함에 따라 천지 등 백두산 일대를 되찾은 땅이 280km로 서울시 면적의 45%에 해당된다. (······) 안병욱 교수는 "우리 민족이 갖

---

* 조·중 변계조약
** 노영돈,《백산학보 제82호》,〈북한–중국의 국경획정 상황의 고찰〉, 258쪽

는 최초의 국경조약문인 셈이다. 그 결과 정계비 건립 당시보다 우리는 더 많은 부분을 확보하게 됐다."고 했고, 이형석 박사는 "청·일의 간도협정에 규정된 석을수보다는 훨씬 북쪽이어서 상당한 면적의 영토가 중국에서 북한 쪽으로 넘어오는 효과를 냈다."고 긍정적인 평가를 하였다. 이종석 박사는 "아마 중국은 중·소 분쟁이 격화되는 가운데 친중국 노선을 걷고 있던 북한에 대한 배려로 중국 외교에서 좀처럼 보기 드문 양보를 했던 것으로 짐작된다. (……) 이러한 백두산 국경선은 중국의 자세에 비추어 볼 때 북한에 상당히 유려한 분할이었다. 만약 정계비 기준이라면 천지는 완전하게 중국의 소유가 될 수밖에 없었지만, 북한은 나름대로 외교력을 발휘하여 천지를 중국과 유리하게 나눌 수 있었던 것이다."라고 평가하였다.*

이외의 다른 논문에서도 김일성이 주은래에게 요구했던 내용이 협약에 대부분 반영되었다는 것을 확인할 수 있었다. 물론 김일성과 주은래의 병원 회동이랄지 그 외의 깊은 내막을 언급한 논문은 없었다. 이 협약의 결과로 주은래는 중국에서 많은 비난을 받았다. 남한에서도 백두산의 반을 중국에 양보했다고 김일성을 비난하는 목소리가 있다. 사실관계 확인을

---

* 조병현,《한국지적학회 추계학술대회》,〈북한과 중국의 백두산지구 국경획정에 관한 연구〉, 75~76쪽

깊게 하지 않은, 비난을 위한 비난에 가까운 인신공격들도 있다. 물론 부정적인 평가도 있다. 부정적인 평가를 하는 연구자들은 1909년의 간도협약 자체가 무효이기 때문에 주권을 다시 찾은 입장에서 다시 거론해야 한다는 입장이다.

세종의 지리 영토와 언어 영토 안에서 살고 있는 필자는《겨레말큰사전》을 남북공동으로 편찬하기 위해 주력하고 있으며 동시에 소설가로서 세종의 한글에 온 생애를 걸고 살아가는 사람이다. 뿐만 아니라 여전히 세종의 지리 영토 안에서 분단을 극복하기 위한 노력을 하고 있기도 하다.

"지리 영토를 어떻게 완성하셨습니까?"
"사군과 육진을 설치하고 군사를 배치하였다."

세종은 두만강을 태조와 태종이 처음으로 기초를 정한 땅이라고 생각했다.

'두만강은 하늘이 저들과 우리와의 한계를 만들어준 것이었다. 경원으로부터 부거로 물러나와 있는 뒤로 호인들이 마음대로 강을 건너서 방자히 노략질하고, 혹 몇 날을 유숙하였다가 돌아갈 적에도 아무도 제어하는 자가 없어서 평지에 다니듯 하였으니 탄식이 터져 나왔다. 만약에 두만강의 경계를 회복하여 군사로 하여금 지키는 곳으로 두고 북쪽 변경을 진압한다면, 우리는 방어하는 편의가 있고 저들은 두려워하는 마음이 있어 감히 두만강을 넘지 못할 것이다. 또 두만강 남쪽은 기름진 들이 수백 리나 되어 농사를 지으면 곡식이 반드시 무성하고 짐승을 먹이면 마소가 반드시 살찔 것이니, 백성들이 영구히 살 수 있는 집을 세울 만한 땅이다.'*

물론 압록강도 소중하게 여겼다. 압록강의 지류인 파저강에 근거지를 둔 여진족들을 방어하기 위해 세종은 정벌을 두 번이나 강행할 정도였다.

세종은 압록강에는 사군을 설치하고, 두만강에는 육진을 설치했다. 사군은 압록강 중하류의 여연·자성·무창·우예의 네 군을 말하고, 육진은 두만강 하류의 종성·온성·회령·경원·경흥·부령의 여섯 진을 말한다.

먼저 사군은 파저강 1차 정벌 이후에 본격적으로 설치되었다. 1433년에 여연과 강계의 중간에 있는 자작리에 성을 쌓아 자성군이라 하고, 1440년에 여연군 동쪽 압록강 남안에 무창현을 설치하였다가 1442년에 군으로 승격시켰다. 1443년에는 여연과 자성의 중간 지점인 우예보에 우예군을 설치했다.

육진은 세종의 적극적인 북진정책의 결과로 탄생하였다. 1433년 여진의 우디거족이 알목하斡木河, 회령의 여진어 이름 지방의 오도리족을 습격하는 사건이 발생했다. 오도리족의 추장과 그

---

* 세종 19년 5월 20일

아들이 죽었다. 여진족 내부에서는 분란이 일어났고 부족끼리의 전투가 끊이질 않았다. 세종은 내분을 이용하기로 하고 김종서를 함길도 도절제사에 임명하고 이징옥을 판회령도호부사로 재임명하여 육진 설치를 추진하였다. 1434년부터 육진을 설치하기 시작하여 종성, 회령, 경원, 경흥에 부와 군을 설치하고 1440년에 온성을 부로 승격하였으며 1449년에 부령부를 설치해 육진을 완성하였다.

세종은 조종의 옛 땅을 보존하는 데에 그치지 않고 조종의 땅을 넓히는 것에 진력했다. 그 결과가 사군과 육진의 설치였다. 이로써 조선의 국경이 미흡하나마 획정될 수 있었다. 그러나 짧은 글로는 결코 형언할 수 없는 고초들이 있었다.

당초 신읍을 설치할 때에는 여러 신하들의 의논이 자못 달랐다. 지금은 대신들이 모두 말하기를 '서북의 압록강과 동북의 두만강이 어찌 경중의 구분이 있겠습니까. 번진을 건립하여 봉강영토을 견고하게 하는 것이 마땅한 일입니다.'라고 했다. 간혹 경솔하게 의논하는 자는 모두 무식한 사람들이다. 세종 혼자만이 깊이 염려하는 것은 대개 성 쌓는 것을 늦출 수 없고, 백성들의 폐단을 생각하지 않을 수 없는 것이다. (……) 재물이 다했으니 무엇을 입으며, 식량이 다했으니 무엇을 먹으며, 힘이 다했으니 어떻게 하며, 도망을 다했으니 누구를 부리겠는가. 하물며 언어가 서로 다른 여진족들이 귀화하여 작업에 종사하고 있으니 더욱 연민을 갖고 구휼해야 했다.

세종은 번번이 이를 생각할 때마다 어찌할 도리가 없다. 비록 그렇더라도 왕이 궁궐에 깊이 거처하고 있어 국경의 일을 멀리서 짐작만 할 뿐이며 그 실정을 자세히 알 수 없었다. (……) 국경에 진을 설치한 것이 장차 실효성이 있겠는가. 백성의 재력이 장차 다할 것인가. 백성의 원망이 날로 더욱 더할 것인가. 민심이 장차 안정될 것인가. 야인의 변이 장차 종식될 것인가. 옛날에는 함길도의 어리석은 백성들이 뜬소문을 지어 내어 인심을 놀라게 한 것이 한두 번이 아니었다. 세종은 염려가 되었다.*

세종은 사군과 육진을 설치한 뒤에 남쪽의 백성들을 옮겨 살게 하였다. 그들에게 특혜를 베풀었으나 워낙 궁벽한 곳이라 도망치는 백성들도 많았다. 물론 즉위년부터 이주를 시행했었다. 그러나 이주가 성공적인 것은 늘 아니었다. 여진족이 쳐들어와 처자가 죽는 일이 비일비재한 탓이었다.

세종 즉위년 8월 22일

함길도 경원 병마절제사 조비형이 이주시킨 백성의 상황에 대해 아뢰다

함길도 경원 병마절제사 조비형이 '새로 이주할 백성 4백 호 가운데서 도착한 사람은 다만 1백 80호에 불과했습니다. 무인년에 공주

---

* 세종 19년 8월 6일의 실록을 발췌하여 글에 맞게 고침

성을 크게 고쳐 경원부를 설치하고, 도내의 부유한 백성들을 이주 시켰습니다. 다시 병란을 겪게 되자 백성들이 사방으로 흩어져 가고 말았습니다. 각지의 관리들에게 그들을 돌아오게 하라고 명령하였으나 관리들은 그들의 호적이 없다는 핑계로 당장에 처리하지 않고 있습니다. 그렇지만 그들의 산업기지産業基地가 아직도 그대로 있어서 분별하기가 어렵지 않습니다. 아무쪼록 그들의 호적 여부를 막론하고 전부 돌려보내주기를 바랍니다. 또 원주민들은 그들의 부모처자가 모조리 도적에게 잡혀갔거나 죽었으므로, 모두 이산하여 도적이 출몰하는 용성 땅에 이주하여 여러 해 동안 이곳을 방어하고 있다가, 경원부가 다시 설립된 후에는 제일 먼저 옮아와 살고 있으니, 참으로 가상합니다. 그러하온즉 그들에게는 첨설검교檢校월급을 받지 않는 명예직 관리의 직으로 상을 내려주어, 그들의 마음을 위로하여 주시기 바랍니다.'라고 보고하였다.

세종은 병조에 검토하라고 지시했다. 병조에서는 '함길도 내에서 산업을 갖고 있지 않은 자들을 그곳으로 이주시켜서 3년 동안은 부역을 시키지 말고 조세를 면제해주는 게 좋겠다.'는 보고를 올렸다. 세종은 인구가 적은 평안도 등에 전라·경상·충청의 하삼도 백성을 이주하는 계획을 세우면서 10년 동안 복호復戶부역 등을 면제하는 일하고 조세도 면제하여 우대하고자 했으나 쉬운 일은 아니었다.

그래도 하삼도의 백성을 이주시키기 위하여 여러 가지 생각을 해보았다. 그런데 함길도로 이주하기를 꺼리어 자살하는 자도 있으니 폐해가 아주 심했다. 앞서 이주하는 각 고을 사람들에게 특혜를 주었으므로, 싫어하거나 괴로워함이 지금과 같지는 않았다. 이제 대부분 고향에서는 세력이 있는 자들이 이주하려고 하는데, 먼 곳으로 고향을 떠나가니 그들의 마음을 위안하고 기쁘게 하여주지 아니하면 그들의 원망이 그칠 리 없을 터였다. 별도로 상전^{특혜}을 시행함이 마땅했다. 하삼도에서 이주하는 사람으로 원래 벼슬한 자이면 벼슬을 높여주고, 관직이 없는 자는 8품직을 주고 하번갑사^{부사관 정도의 계급}의 직에 충당하여 임무를 맡기고, 만약 4품 이상으로 제수할 자가 있거든 그때마다 살펴서 시행하여 그들의 마음을 즐겁게 해주는 방법을 찾으려 하였다. 하지만 의정부의 반대로 당장 시행하지는 못했다. 그러나 세종은 차근차근 이주시켜 국경을 안정시켰다.

우리는 세종의 영토 안에 살고 있다. 남북을 포함한 우리 민족은 정확히 세종의 지리 영토 안에 살고 있다. 우리는 또한 세종의 언어 영토 안에 살고 있다. 세종의 언어 영토 안에서 한글이라는 문자로 우리말을 마음껏 기록하고 창작하며, 노래하고 춤추며 살고 있는 것이다. 하지만 불행히도 세종의 지리 영토는 분단되어 있다. 지리 영토의 분단은 세종의 영토를 둘로 나눠 각각의 주권을 가진 국가를 성립하게 만들었다. 이것을 우리는 분단 혹은 분단체제라고 불러왔다. 분단체제는 우리 민족이 고대에나 겪었던 내부의 전쟁을 현대에서 다시 겪게 만들었다. 그로 인해 지리 영토만 분단된 것이 아니라 정치·경제·사회·문화는 물론이고 개인의 실존에 이르기까지 분단체제가 섬세하게 작동하고 있는 것이다. 비극이 아닐 수 없다.

현재, 이 땅의 분단체제는 중대한 갈림길에 서 있다. 죽임의 분단체제를 지속할 것인지 아니면 살림의 평화체제로 전환할 것인지의 갈림길이 우리 민족 앞에 놓여 있는 것이다. 지난 몇 년 동안 전개된 역사의 전개를 보면, 분단체제를 강화하려는 진영과 평화체제로 나가려는 진영과의 물러설 수 없는 승부를 보는 느낌이 든다. 특히 대한민국은 남남갈등이라는 내부의 분단체제가 매우 강고하게 자리 잡고 있었다. 그래서 어떤 시인은 하루 세끼의 밥상에도 분단이 존재한다고 하였다.

지난 70년을 돌아보면, 세종의 지리 영토에는 두 개의 레짐 regime이 들어서서 분단체제라는 시스템을 구성하고 있다. 레짐을 갖고자 열망했던 이데올로기의 괴물들은 6·25와 같은 민족사적 대참화도 주저 없이 선택했다. 백낙청은 분단체제의 특수한 조건을 크게 세 가지 유형으로 정리했다. 첫째, 분단체제는 세계체제의 하위범주로 동아시아에 존재하는 고유한 체제. 둘째, 분단된 두 개의 국가가 자기재생산능력을 가지고 있고 각각의 역사와 현실을 만들어가는 체제. 셋째, 반민주적이고 비자주적인 체제라고 했다. 나는 여기에 더해 넷째, 분단을 이용하여 권력의 연장을 끊임없이 지속하려는 정권의 체제. 다섯째, 실생활과 인격에도 작용하는 내면의 체제라고 정의하고자 한다.

어느 시대나 정치가 과도하게 권력을 행사하게 되면 삶이 적대적 위험상태로 빠져들게 된다. 정치의 과도한 권력 행사나 과도한 선전 선동을 정치 과잉이라고 나는 생각한다. 1945년 8월 제2차 세계대전 종전 이후로 한반도는 정치 과잉의 상태에 놓여 있었다. 그것은 지금도 마찬가지이다. 대한민국은 미디어에 의한 정치 과잉이 나날이 재생산되고 있으며, 그로 인해 정당한 의견마저도 과감하게 정치적으로 왜곡하는 힘이 국가와 시장과 시민사회를 지배하고 있다. 반면 조선민주주의인민공화국은 군사조직, 당조직, 생활조직을 통한 정치 과잉을 재생산하고 있다. 그로 인해 사물의 온전한 이해에 가닿지 못하는 것은 물론이고 타자성을 배제한 주체의 강조만이 난무하고 있다.

삶의 외면과 내면이 조화를 이루지 못하면서 끊임없이 대립을 발생시키고 그 결과 개인의 인격이 모순적인 상태에 놓이게 되었다. 아울러 개혁과 혁명과 정의를 어떤 시대보다 더 많이 추구하고 소유하고 있다는 착각에 빠지게 되었다. 정치 과잉으로 인해 민족의 삶은 훼손되었고, 개인도 성숙을 방해받았다. 이것이 분단체제가 낳은 상처의 핵심이라고 나는 생각한다.*

---

* 필자가 여러 군데의 〈남북관계 보고서〉에 썼던 글

정치 과잉은 남이나 북이나 막론하고 세종의 지리 영토에 거주하고 있는 모든 생명을 황폐하게 만들었다. 그 어느 때보다 과잉을 버리고 품격을 찾아야 할 때다. 과잉은 이로움을 추구하는 것이고, 품격은 의로움을 추구하는 것이다.

　세종의 지리 영토는 다시 온전성을 회복해야 한다. 비핵화 등의 군사적 긴장의 완화와 종전선언을 통한 평화체제 구축, 남북 간 교류협력을 통한 공존과 번영, 자유왕래를 통한 개인 안보의 확장, 연방이든 연합이든 무엇이든지 간에 국가 연합, 그리고 통일로 가는 단계로 나가야 한다. 그래야 세종의 지리 영토의 온전성이 회복되는 것이다. 그것으로 가는 길은 단계적이며 동시적이어야 한다. 동시적이지 않으면 단계를 밟아나갈 수가 없을 것만 같기 때문이다.

품격 있는 정치를 위하여

휴머니즘이 없는 정치는 말라버린 논바닥과 같다. 애써 심은 모들이 메말라 죽고 나락을 수확하지 못하면 백성들은 굶주리어 유리걸식을 하게 된다. 노인들의 시체가 거리에 나뒹굴고 부황 든 아이들의 입과 눈 주위에는 파리 떼들이 우글거리게 된다. 조선 후기의 정치가 그러하였다. 분노한 민심은 결국 쇠스랑과 낫과 죽창을 들고 일어서고, 조정에서는 군대를 보내 참혹하게 진압했다. 휴머니즘이 없는 정치는 이처럼 백성들의 삶을 지옥으로 몰아넣고도 어떠한 성찰도 하지 않았다.

왕도정치의 핵심은 휴머니즘에 있다. 그렇다면 휴머니즘이란 무엇일까? 휴머니즘을 굳이 서양 철학에서 찾을 필요는 없다. 휴머니즘을 인간주의로 해석하면 곤란하다. 인간주의는 자칫하면 인간중심주의로 흐를 수가 있다. 인간중심주의는 우주 만물의 조화를 우선시하지 않고 천지의 기운을 혼란에 빠트릴 수 있다. 자연과 균형을 맞추지 못하는 정치는 휴머니즘이 없는 정치에 불과하다. 그리하여 결국 권력만 남고 정치는 실종되는 극단의 상황을 낳을 수도 있다.

　세종은 즉위교서에서 '삼가고 조심하여 하늘을 공경하고 백성을 사랑하겠다.'고 밝혔다. 이것이야말로 휴머니즘이 내재된 정치의 품격인 것이다. 맹자는 권력을 갖고 있을수록 이익을 버리고 인의仁義를 추구하라고 했다. 불쌍한 것을 보고 못 견디는 마음, 즉 측은지심을 확장하고자 하는 인애의 정신과 왕의 덕심德心이 휴머니즘이 아닌가 생각한다.

　진실로 의義로움을 뒤로 하고 이利로움을 앞세우는 짓을 한다면 빼앗지 않고서는 만족하지 않습니다.*

　그러나 지금의 정치는 빼앗는 것에만 몰두하고 있다. 어찌 품격이 있을 수 있겠는가. 정치의 본질은 휴머니즘이다. 이 글을 쓰는 동안 내내 정치의 품격에 대해 생각했다. 정치의 품격은 국민을 안전하게 지키는 것에 있다. 국민의 안전에는 전염

---

* 맹자, 이기동 역해,《맹자강설》,〈양혜왕장구〉, 성균관대학 출판부, 22쪽

병으로부터의 방역뿐만 아니라 일상의 여일함도 포함된다. '여일如一하다'와 '여여如如하다'는 '변하지 않고 한결같다.'라는 뜻이다. 특별할 것도 없이 보통의 한결같은 생활을 국민들에게 보장하는 것이야 말로 정치가 할 수 있는 최고의 단계이다.

그러나 21세기의 대한민국은 진영의 입장에 따라 모든 것을 이분법으로 나누고 있다. 품격 있는 정치를 하고자 하여도 반대가 너무 심하다. 국민의 안전과 삶의 질을 보장하려고 하면 '좌파니 빨갱이니' 반대를 하고, 국민의 안전보다는 국가의 안보를 더 우선시하는 논리를 펴는 것이다. 국민의 안전과 국가의 안보는 진보와 보수의 진영적 독점물이 아니다. 그럼에도 불구하고 진영 간의 극단적인 언행과 무조건적인 반대는 정치의 품격을 나날이 떨어트리고 있다. 이는 코로나19의 상황에서도 잘 드러나고 있다. 코로나19에도 분단체제의 이념투쟁이 매우 강력하게 투영되어 있는 것이다.

1차 대유행에 이어 지난 8·15의 광화문 집회 이후 2차 대유행이 시작되었다. 그동안 코로나19로 인한 피해를 줄이기 위해 노력했던 모든 정책과 대책들이 물거품이 된 것만 같다. 일부 극우적 기독교인들이 조직적 참가를 통해 대규모 집회를 개최했다. 문제는 집회 후에 터졌다. 코로나19 감염자가 확산된 것이었다. 그동안 사회적 거리두기를 통해 간신히 억제하고 있었던 방역체계가 한순간에 무너진 것이었다. 나의 가까운 친척 중에도 광화문 집회에 참석했던 사람이 있는데, 그는 보건소에 가서 검진을 받으라는 연락에도 주사파와 공산주의의 음모라는 이유로 버티고 있다. 감염의 심각한 위기가 가족들한테 들이닥쳤는데도 불구하고 음모론만 폭력적으로 주장하고 있는 것이다. 심지어 그들은 거짓 진술을 대정부 투쟁으로 미화하고 지역감염을 확산시키기도 했다. 세종이었다면 어떻게 했을까? 코로나19에 증오와 혐오까지 뒤섞여 국민의 안전을 위협하고 있는데도 분단체제 종사자들은 그것을 이용하고만 있다. 물론 세종의 시대는 분단의 시대가 아니었다.

슬프고 안타깝다. 게다가 의사협회와 전공의, 의대생들까지 나서서 공공의료 정책을 반대하면서 파업을 하고 있다. 세종의 시대에도 일부 의사들은 환자의 생명을 돌보지 않았고 이기적 행동을 계속하였다. 자아의 욕망이 공공의 안전을 뒤로 하고 있는 것이다. 많은 사람들이 BCBefore COVID-19로 돌아갈 순간만을 기다리며 ACAfter COVID-19를 견디고 있었는데, 돌아갈 수 있는 시간이 그만큼 더 늦춰진 것만 같다.

앞으로 세계는 BC와 AC로 나뉠 것이다. 뉴욕타임스 칼럼니스트 토머스 프리드먼의 말이다. 나는 여기에 덧붙여 '앞으로 세계는 BC와 WCWith COVID-19로 나뉠 것이다.'라고 생각하고 있다. 인간의 시각으로는 보이지도 않는 미세한 바이러스가 태풍처럼 인류를 덮쳐 모든 것을 바꾸고 있다. 일상이 깨지고, 직장생활 혹은 노동의 현장은 다른 방식으로 전환하고 있으며 아울러 경제는 뒤흔들리다 못해 마이너스 성장을 기록하고 있다. 우리가 알고 있던 선진국의 기준도 달라지고 있다. 사람과 사람 사이에는 사회적 거리두기라는 경계가 새로 생겼고, 한 국가가 다른 국가를 봉쇄하는 경우까지 발생했다. 단기간에 발생한 사망자의 수치는 전쟁으로 인한 사망자의 수치를 크게 능가하고 있다. 이 변화는 대체 무엇일까? 그러나 정치는 변화의 핵심에 대해 아직 의문조차 품지 않고 있는 듯하다. 사람들은 여전히 BC를 추억하며 힘든 시기를 견디고 있는데 말이다.

'고급식당에 몰려가서 늦게까지 시간을 보내며 느끼는 즐거움, 매일같이 영화관 앞에 줄을 서고 온갖 공연장에서 댄스홀에 이르기까지 만원을 이루며 공공장소라면 그 어디라도 성난 파도처럼 퍼져나가는 무질서한 인파, 몸이 닿으면 뒤로 물러나면서도 사람들은 다른 사람들에게로, 팔꿈치를 팔꿈치에게로, 이성을 이성에게로 다가가게 하는 인간의 온기에 대한 열망'*이야말로 BC의 풍경이었다. 페스트를 겪는 중에서도 오랑시의 시민들은 페스트 이전의 삶을 극도로 추구하였다. 그 추구를 비난할 수는 없다.

세계의 주요 공항마다 어딘가로 떠나는 사람들로 몸살을 앓고 있고, 해외여행의 열광적 소비가 곧 교양의 척도며 중산층 문화의 풍경이자 내면의 행복이었던 시절이 불과 예닐곱 달 전

---

* 알베르 까뮈의 소설《페스트》중에서

까지만 해도 존재하고 있었다. 그 시절을 BC라고 부른다. 코로나19가 오자 세계는 AC로 진입하였다. AC의 시대에 사람들은 어서 빨리 백신이 개발되어 BC로 돌아갈 날만을 기다렸다.

이제 마스크는 사람의 얼굴이 되어버렸다. 도서관과 전시장, 극장과 박물관은 문을 닫았다. 예정되었던 강좌와 학술포럼도 취소되고 있으며 교실은 텅 비었고 직장인들의 일부는 재택근무를 해야만 했다. 아이들이 학교에 가지 않고, 직장에 나가지 않으면서 가족 내의 불화와 폭력과 갈등이 증폭되었다. 아들딸이 등교하거나 출근하지 않자 오래지 않아 어떤 어머니는 삼시 세 끼 끼니를 챙겨줘야 하는 부담 때문에 분노를 드러냈다. 시장은 텅 비었고, 식당과 술집도 한산해졌다. 인터넷 쇼핑은 매출액이 급등해 하루에도 몇 번씩 택배가 왔다. 반면에 자유직업을 가진 문화인들과 자영업자들은 생존이 위협당하는 지경까지 몰리게 되었다. 일상도 완전히 어그러지고 말았다. 이것이 AC의 풍경이다.

사람들은 AC의 날들을 견디면서 BC로 돌아갈 날을 기다리고 있다. 하지만 과연 BC로 돌아갈 수 있을까? 내 생각에는 그럴 수 없을 것 같다. AC가 되자 신자유주의 체제가 얼마나 허약한지 금방 드러났다. 국가 간의 이동은 금지되었고, 교역의 상황은 날마다 나빠지고 있으며 이주노동자의 이동도 중단되었다. 문제는 인간의 오만함이다. 사실은 눈에 보이지도 않는 추상적인 바이러스에도 일상이 온통 어그러지고 생존에 위협을 받는 허약한 존재이면서도 여전히 옛 추억_{BC의 추억}에 빠져 있을 뿐이다. 근대 이후 인간중심주의가 자연에 대해 얼마나 혹독한 상처를 입혔는지 그리하여 지구가 얼마나 병들었는지 성찰하지 않고 있는 것이다.

이제 우리는 BC로 돌아갈 수 없다. 코로나19는 수없이 많은 변종으로 변이하며 끊임없이 등장할 것이다. 마치 독감처럼 말이다. 백신을 맞아도 코로나19가 아닌 코로나21이 발생할 수도 있다. 그렇게 되면 다시 혼돈의 시대가 찾아올 것이다. 그것에 대해 인류는 성찰하고 대비해야 한다. 즉, 함께 살아야 하는 것이다. BC가 오지 않는다면 WC로 가야 하는 것이다. 무한 소비의 삶을 돌아보고 욕망을 절제하고 자연과 조화하며 사는 방식에 대해 깊은 고민을 해야만 하는 것이다.

코로나의 시대에 정치는 국민의 안전을 위해 사회안전망을 더욱 굳건히 해야 하며 동시에 삶의 질이 폭락한 국민들의 경제도 회복할 수 있도록 최선을 다해야 한다. 사회안전망에는 공공의료 정책의 수립이 필수적이다. 미국의 경우 사망자가 8만 명을 넘긴 이유 중 하나는 의료보험이 공공의 영역에서 설계되지 않고 기업의 이윤을 극대화하는 것으로 설계되었기 때문이다. 그리하여 의료보험이 없는 저소득층들이 코로나19에 감염되어 떼죽음을 당하고 있는 것이다.

어떤 사람에게는 긴급재난지원금이 푼돈일 수 있지만 다른 사람에게는 생명줄처럼 소중한 돈일 수 있다. 자영업자, 소상

공인을 비롯한 프리랜서 문화예술인, 일용직 노동자를 비롯한 저소득층의 삶을 피폐하게 둘 수는 없는 노릇이다. 긴급재정 지원금의 지급으로 인한 국가 재정의 파탄보다 국민 개개인의 재정 파탄이 더 무서운 노릇이다. 국가 재정을 든든하게 방어 하느라 사회안전망이 무너지고 개개인의 삶이 질곡에 내몰린 다면, 국가는 무엇이고 정치는 무엇이란 말인가. 해고자들과 일용직 노동자들과 매출 제로에 가까운 사람들의 벼랑 끝에 몰린 전염병 시대의 삶에 대한 깊은 고민이 어느 때보다도 필요하다.

'인류의 역사에서 정의로운 자는 곤궁했고 비참했으며, 정 의롭지 않은 자들은 부유했고 찬란했다. 애국자보다 매국노가 더 잘 살았다면, 역사란 도대체 무엇인가?'라는 의심으로 품계 석을 바라보았다. 그리하여 시간을 견디고 서 있는 품계석과 가슴의 서늘함과 정의롭지 않은 것들에 대한 시를 썼고, 그 시 는 당연히 입상작이 되지 못했다.

그로부터 40년이란 세월이 낙엽처럼 내 안에 쌓인 어느 추 운 겨울 오후, 촛불을 들기 위해 일찌감치 광화문에 나왔다가 나도 모르게 경복궁으로 들어가게 되었다. 경복궁을 보는 마 음은 겨울처럼 쓸쓸했다. 끊임없이 다독이고 반성해가면서 민 족주의자가 되지 않으려고 노력해왔지만, 이 자리에 서면 우 리가 겪어야 했던 지난 백이십 년의 아픔과 그 흉터를 다시 한

번 생각해보지 않을 수가 없었다.

　그런 의미에서 경복궁은 지난 백이십 년 동안의 상처가 집약된 민족의 커다란 흉터였다. 아직도 진물이 흐르고 흘러 아픔이 고스란히 느껴지는 흉터, 경복궁은 겨우 십여 채의 건물로 간신히 명맥을 유지하고 있을 뿐이었다. 하지만 흥선대원군이 온갖 비난을 무릅쓰고 임진왜란 때 불타버렸던 경복궁을 다시 지었을 때만 해도 건물이 팔백 채가 넘을 정도로 큰 규모였다. 그런데 또 일본에 의해 경복궁은 참혹하게 유린되었던 것이다. 그들은 심지어 남의 나라 궁궐에 버젓이 총독부 건물을 지었다. 그 뻔뻔함은 도가 지나쳐도 한참 지나쳤다. 하지만 그들은 여전히 선진국으로 건재하고 있다. 그들은 일체의 성찰을 거부하며 오늘도 역사 왜곡을 자행하고 있다.

　아무리 위대한 사랑도 시간을 견디지 못한다. 몇천 년의 문명이나 건축물도 시간을 견디지 못한다. 그러나 시간을 견디는 것은 사람의 말과 글이다. 우리말과 글이 시간을 견딜 수 있도록 만든 이는 경복궁의 주인이었던 세종대왕이다. 세종이 친히 한글이라는 문자를 만들었든 혹은 아니든 그것은 결정적으로 중요하지 않다. 그러나 세종이 한글 창제의 최초 기획자였던 것만은 분명하다. 인간의 마음 위로 떠오른 최초의 몽상은 언제나 주변을 불편하게 만든다. 하지만 몽상을 현실로 바꾸어가는 불편함을 견디고 나면, 어느 날 문득 지상에 존재하지 않았던 것들과 마주치게 되는 감격을 맛볼 수 있다. 비록 그 감격의 순간이 찰나에 지나지 않더라도 인간은 가끔 그것에 목숨을 건다.

세종도 그랬을 것이다. 그가 꿈꾸고 기획하고 상상하지 않았다면, 한글은 이 세상에 없었을지도 모른다. 세종의 언어에 관한 상상력으로부터 문자 창제의 기획은 서서히 시작되었다. 그것은 어쩌면 대군이었던 시절에 마음속에서 일어난 작은 의심과 회의가 결정적 동기였을 수도 있다. 그러나 어디에도 한글 창제에 관한 세종의 내면이 구체적으로 기록된 곳은 없다. 우리는 다만 상상할 수 있을 뿐이다.

진정한 창조성은 자기 부정에서 비롯된다. 현재 자신의 존재를 부정하지 않는다면 새로운 것이 나올 수 없다. 너무나 당연하게 아무런 의심 없이 중국의 문자를 사용하던 시대에, 자기를 부정하는 세종의 정신이 바로 한글의 샘물이었다. 세종의 자기 부정은 곧 중국의 문화적 지배에 대한 부정이기도 했다. 그렇지 않았다면 세종은 조선의 영원한 왕이 될 수 없었을 것이다.

세종에 대한 인문학적 평가는 이미 많이 존재한다. 어떤 이는 'CEO'의 관점에서 세종을 평가하기도 했고, 어떤 이는 '조선의 표준'을 제정했던 군주의 관점에서 세종을 평가하기도 했다. 또 어떤 이는 세종이 읽거나 출간한 책들만 갖고도 세종에 대해 새로운 관점을 제시하고 했다. 그러나 굳이 여기에 크게 다르지 않은 평가를 다시 시도하는 것은 자신의 현재를 끝없이 갱신하고자 했던 세종의 창의성 때문이었다. 그리고 하나의 인간, 벌거벗은 인간으로 세종을 바라보고 싶기도 했다. 세종은 세상의 모든 왕들과 확연히 '다른' 왕이었기 때문이었다.

《세종실록》을 뒤지고, 세종과 관련한 많은 논문과 글을 읽어가면서 나는 세종이 조선의 다른 왕들과 참으로 많이 '다르다'는 생각을 하게 되었다. 세종은 '조선 유일의 이단적 군주'였다. 니체는 '창조성이란 자신의 현존재를 부정하는 것'에서 출발한다고 했다. 어떤 사람이든지 간에 자신이 존재하고 있는 현재를 부정하기는 매우 어렵다. 그것을 부정하고 다른 상상력으로 미래를 기획하지 않으면 창조성은 그저 사전에 등재된 하나의 낱말에 불과할 것이다. 세종의 이단성은 바로 세종이 자신과 신생국가 조선의 현재를 부정하면서 시작되었다.

나는 역사의 기록에만 의존하지 않겠다고 생각했다. 역사에 대해 혹은 아득한 어느 날의 풍경에 대해, 그 풍경 속의 사람에 대해 상상하기로 했던 것이다. 기록된 것과 상상한 것의 차별과 부정확이 두렵진 않았다. 중요한 것은 세종이 애초에 지닌 창의성을 드러내는 일이었다. 세종의 독립적이고 독창적인 문화적 창의성을 드러내는 것, 이것이 이 글의 목적이다.

나는 이 목적을 달성하기 위해 600년이라는 아득한 세월을 거슬러 그날의 구름과 바람, 궁궐 지붕 위의 어처구니들 사이로 비끼는 저녁노을 그리고 창호지에 그림자를 만들어내는 촛불의 풍경 속으로 성큼 걸어가고자 했다. 궁궐의 깊은 처소에 앉아 촛불 아래 '가'라고 발음하는 수양대군을 만나고, 그 발음에 집중하는 아버지 세종의 모습을 보며 이 나라 산하의 새소리와 물소리 그리고 천년의 바람 소리까지 포착해 표현할 수 있는 위대한 문자의 탄생을 상상하기도 하였다.

세종이 조선의 역대 왕들과는 확연히 '다른' 왕이라는 사실이 나를 행복하게 만들었다. 세종만큼 우리 역사에서 정치의 품격을 지켜낸 왕은 존재하지 않았다.

세종의 다른 측면을 다루었다는 것은 새로운 사료를 찾아냈다는 것이 아니라 이미 존재하고 있는 사료에서 '다른 내면'을 읽어보려고 노력했다는 것을 의미한다. 하지만 소설가는 역사 전공자가 아니라는 점을 밝히고자 한다. 소설가는 텍스트에 의존하는 존재가 아니라 상상하는 존재다. 어쨌든 평생토록 자신의 전존재를 몰두하면서 성취한 역사학 전공자들에게는 참으로 송구한 면이 없지 않다. 아무쪼록 이 책을 읽어준 모든 분에게 감사의 인사를 전한다.

정치의 품격

세종에게 정치의 길을 묻다

초판 1쇄 발행 2020년 9월 29일
초판 1쇄 발행 2020년 10월 7일

지은이 정도상
펴낸이 김선식

경영총괄 김은영
책임편집 이호빈 **디자인** 박수연 **책임마케터** 기명리
콘텐츠개발6팀장 이호빈 **콘텐츠개발6팀** 임경섭, 박수연, 정다움, 한나래
마케팅본부장 이주화
채널마케팅팀 최혜령, 권장규, 이고은, 박태준, 박지수, 기명리
미디어홍보팀 정명찬, 최두영, 허지호, 김은지, 박재연
저작권팀 한승빈, 김재원
경영관리본부 허대우, 하미선, 박상민, 김형준, 윤이경, 권송이, 이소희, 김재경, 최완규, 이우철

펴낸곳 다산북스 **출판등록** 2005년 12월 23일 제313-2005-00277호
주소 경기도 파주시 회동길 357, 3층
전화 02-704-1724
팩스 02-703-2219 **이메일** dasanbooks@dasanbooks.com
홈페이지 www.dasanbooks.com **블로그** blog.naver.com/dasan_books
종이 · 출력 · 제본 ㈜상림문화

ISBN 979-11-306-3180-6 (03910)

다산북스(DASANBOOKS)는 독자 여러분의 책에 관한 아이디어와 원고 투고를 기쁜 마음으로 기다리고 있습니다.
책 출간을 원하는 아이디어가 있으신 분은 다산북스 홈페이지 '투고원고'란으로 간단한 개요와 취지, 연락처 등을 보내주세요.
머뭇거리지 말고 문을 두드리세요.